개정판

Bakery Cafe

anagement

력인 창업을 위한 길잡이

베이커리카페

창업경영론

신태화 저

ⓑ (주)백산출판사

머리말

우리나라 베이커리카페, 디저트카페 시장은 최근 빠르게 성장하고 있으며, 새로운 스타일의 매장이 들어오면서 많은 고객이 찾고 있다.

최근에는 근대 개화기 콘셉트의 베이커리카페가 2030 밀레니얼 세대의 '뉴트로 감성'을 자극하며 발길을 끌고 있다. '뉴트로(New-tro)'는 새로움(New)과 복고(Retro)를 합친 '새로운 복고'라는 의미의 신조어로, 과거의 유행을 완전히 새로운 트렌드로 인식하며 즐기는 경향을 말한다. 뉴트로는 2019년 외식 트렌드를 이끌어갈 키워드 중 하나로 2030세대의 독특한 소비문화로 자리 잡으며, 인기를 끌고 있다. 특히 베이커리카페는 과거를 경험하지 못한 세대들이 근대 개화기 콘셉트의 가게들을 새로움으로 인식하고, 뉴트로 감성을 담은 가게를 찾으며 트렌드로 자리 잡았다.

근대 개화기 콘셉트의 베이커리카페는 어머니, 아버지 세대에게 색다르고 이색적인 경험을 선사하는 동시에 기성세대에는 추억을 선사할 수 있어, 남녀노소 누구나 함께 즐길 수 있는 공간이라는 점에서 매력적이며, 같은 시대적 배경 속에서도 각자만의 독특하고 고유한 매력을 발산하는 매장이 많은 만큼, 근대 개화기 콘셉트 베이커리카페의 인기가 더욱 높아질 것으로 보인다.

요즈음 세대는 하나의 제품을 구매하는 것을 본인의 가치를 구매하는 것과 동일하게 생각한다. 위와 같이 다양한 트렌드를 따라가기 위해서는 어떻게 창업할 것인지, 점포설계 시 주의할 점과 방법은 무엇인지, 주방설비와 필요한 장비, 위생관리, 제품관리, 생산관리, 원가관리, 구매관리, 판매관리, 고객관리 등 준비해야 할 많은 것을 담고 있다.

이 책에서는 제품의 생산성을 높이고 효과적으로 제품을 관리하는 방법과 메뉴개발 등 고객의 만족을 높이는 점포 공간을 구성하도록 하였고, 베이커리카페 및 디저트카페 창업에 반드시 필요한 내용을 오랜 현장의 실무감각을 살려 중점적으로 집필하였다. 또한 창업을 위해서 반드시 고려해야 할 국내 베이커리 현황과 창업에 필요한 사항, 창업자의 요건, 경영방법을 다루었다.

본인의 만족을 위해 맛있는 곳을 찾아서 밥 한끼를 먹거나 빵, 디저트, 커피 한 잔을 마시더라도 자기만의 가치를 중요하게 생각하는 사람들이 계속 증가하고 있다. 또한 매장 분위기의 중요성이 높아지면서 공간 소비에 초점을 맞추어 카페형태로 변화되는 것 또한 최근의 트렌드라고 볼 수 있다.

최근의 통계자료에 따르면 한국은 현재 OECD 국가 중 자영업자 수가 세 번째로 많다고 한다. 그만큼 창업시장에 뛰어든 사람이 많으며, 경쟁력 없는 아이템은 살아남기 어렵다는 뜻이다.

다양한 창업아이템이 있지만 창업자들이 가장 선호하는 인기 창업아이템 중 하나인 베이커리카페 창업과 디저트카페 창업은 더욱 치열하게 경쟁하게 될 것이다.

국내 커피매장은 2017년 기준 9만 개를 넘었다. 따라서 단순히 커피만으로는 안정적인 창업이 어렵다고 판단하는 많은 사람들이 베이커리와 결합한 베이커리카페 또는 디저트카페를 창업하고 있다. 제과제빵 기술이 좋은 사람들은 나만의 콘셉트로 차별화하여 창업 준비를 하고, 경험 없는 초보자들은 가능한 프랜차이즈 베이커리카페를 염두에 두고 준비하는 것도 한 방법이다.

베이커리카페의 경쟁력은 매장에서 매일 직접 제조한 베이커리 제품을 커피와 함께 판매하여 자연스럽게 객단가를 높일 수 있다는 것이다. 고객들 입장에서는 맛있는 커피와 빵 및 디저트를 한 공간에서 즐길 수 있어 좋으며, 창업자 입장에서는 매출을 상승시키는 요인이 되는 것이다. 따라서 창업에 관심 있는 분들에게 이 책이 성공적인 창업에 도움이 될 것이라 기대한다. 아직은 많이 부족할 것으로 생각하며, 필요한 부분이 있다면 조언을 부탁드린다. 끝으로 책이 나오기까지 많은 도움을 주신 백산출판사 진욱상 사장님과 이경희 부장님, 편집부 선생님들께 깊은 감사를 드립니다.

2022년 여름
저자 신태화 씀

차례

Part 1

베이커리카페, 디저트카페 창업은 기본을 알고 시작하자

하나의 제품을 구매하는 것을 본인의 가치를 구매하는 것과 동일하게 생각하는 것이 요즘 세대다.

본인의 만족을 위해 맛있는 곳을 찾아서 밥 한끼를 먹거나 빵, 디저트, 커피 한 잔을 마시더라도 자기만의 가치를 중요하게 생각하는 사람들이 계속 증가하고 있다. 또한 매장 분위기의 중요성이 높아지면서 공간 소비에 초점을 맞추어 카페형태로 변화되는 것이 최근의 트렌드라고 볼 수 있다.

베이커리카페 혹은 디저트카페 창업에 수많은 브랜드 회사와 예비 창업자들이 인테리어에 초점을 맞추는 이유는 현재의 고객들은 제품을 소비하는 공간을 소통하는 또 다른 채널이라고 인지하기 때문이다.

분위기 좋은 인테리어가 돋보이는 수많은 매장이 있지만 그것과는 다른 나만의 다양한 인테리어 콘셉트와 차별화된 베이커리카페 혹은 디저트카페를 창업하는 것이 중요하다.

최근의 통계자료에 따르면 한국은 현재 OECD 국가 중 자영업자 수가 세 번째로 많다고 한다. 그만큼 창업시장에 뛰어든 사람이 많으며, 경쟁력 없는 아이템은 살아남기 어렵다는 것을 의미한다.

다양한 창업아이템이 있지만 창업자들이 가장 선호하는 인기 창업아이템 중 하나인 베이커리카페 창업은 더욱 치열한 경쟁을 하고 있다.

국내 커피매장은 2017년 기준 9만 개를 넘었다. 따라서 단순히 커피만으로는 안정적인 창업이 어렵다고 판단한 많은 사람들이 베이커리와 결합한 베이커리카페 또는 디저트카페를 창업하고 있다.

제과제빵 기술이 좋은 사람들은 나만의 콘셉트로 차별화하여 창업 준비를 하고, 경험 없는 초보자들은 가능한 프랜차이즈 베이커리카페를 염두에 두고 준비하는 것도 한 방법이다.

베이커리카페의 경쟁력은 매장에서 매일 직접 제조한 베이커리 제품을 커피와 함께 판매하여 자연스럽게 객단가를 높일 수 있다는 것이다.

고객들 입장에서는 맛있는 커피와 빵 및 디저트를 한 공간에서 즐길 수 있어 좋으며, 창업자 입장에서는 매출을 상승시키는 요인이 되는 것이다.

몇 년 전만 해도 베이커리카페 하면 대부분 일반 크림빵, 생크림케이크, 팥빵 등을 떠올렸다. 하지만 지금의 트렌드는 일반 베이커리 빵이나 브랜드 마트 PB상품이 아닌 백화점 식품관 또는 해외로 직접 나가야 접할 수 있는 유명 고급 빵과 디저트를 말한다. 이처럼 고객의 소비심리를 자극하기 때문에 베이커리카페 창업은 고객의 유입을 자연스럽게 지속시킬 수 있다. 그러나 색깔이 뚜렷한 베이커리카페 혹은 디저트카페 창업도 성공하는 창업을 위한 필수 요소가 있다. 바로 베이커리산업의 현재 시장상황과 미래를 예측하고 제과제빵에 관한 기본지식과 더불어 끊임없이 메뉴를 개발하는 것이다. 매장에 질 높은 제품이 준비되어 있다고 해서 베이커리카페 또는 디저트카페가 다 잘 되는 것은 아니다. 메뉴가 한정되지 않고 고객에게 계속해서 변화된 새로운 제품을 선보여야 성공 창업의 확률이 높아진다. 잠깐 유행하는 메뉴를 그때그때 출시해야 하는 것도 아니다. 트렌드에 맞는 시즌 이슈와 고객의 니즈, 동종업계의 전체적인 메뉴 분석 등을 통해 지속적인 연구, 개발로 신제품을 선보여야 한다.

01 베이커리산업 변화가 시작되었다

코로나-19 장기화로 간편식을 선호하면서 베이커리산업의 시장 규모가 커지고 있다. 이에 베이커리카페를 비롯하여 윈도우베이커리, 편의점 등 베이커리시장 매출 경쟁이 치열하다.

2015년 3조 7,319억 원이던 국내 베이커리시장 규모는 2019년 4조 3,792억 원으로 성장했고 2022년에는 4조 5,000억 원을 넘어설 것이라는 전망이 나오고 있다. 단순히 간식으로 여겨졌던 빵이 이제는 한끼 식사로 자리를 잡으면서 '빵식'(밥 대신 빵이 주식인 식생활), '빵지순례'라는 신조어가 등장하기도 했다. 통계청 가계 동향조사에서도 '빵 및 떡류'의 가계당 월평균 소비지출액은 2019년 2만 2,000원에서 2020년 25,000원으로 10%가량 증가했다. 현재 국내에는 약 1만 8천 곳의 베이커리 전문점이 영업하고 있으며, 1인 가구 증가, 식생활 변화 등으로 빵 소비가 늘어나면서 국내 베이커리시장은 성장세를 지속하는 것으로 나타났으며, 그 요인은 다음과 같다.

첫째, 1인 가구 증가, 식생활 변화 등으로 빵 소비가 늘어나면서 국내 베이커리시장 규모는 지속해서 성장하고 있다. 국민 1인당 하루 빵 소비량은 지난 2012년 18.2g에서 2018년 21.3g으로 늘었으며, 베이커리시장 규모도 매년 4.1%씩 확대되고 있다. 식료품이나 쌀을 포함한 곡류 관련 지출에 비해 빵 관련 소비지출이 빠르게 늘고 있으며, 특히 식사 대용 빵 수요가 젊은 층을 중심으로 커지고 있는 것으로 분석됐다.

둘째, 전국에 약 1만 8천 곳에서 성업 중인 베이커리전문점 창업은 2016년을 고점으로 2017년 감소했고 이후부터 다시 늘어나고 있다. 또한 베이커리전문점은 평균 영업기간이 8.8년으로 길고 치킨이나 커피 전문점 대비 종업원 수가 많으며, 전체적으로 베이커리전문점의 매출은 증가했으나 업체당 매출은 줄었으며, 영업이익률은 15.0%로 치킨이나 커피 전문점에 비해 낮은 수준이다.

셋째, 지난 2018년 기준 프랜차이즈 베이커리전문점은 약 9천 곳이 있으며, 시장 점유율은 매장 수 기준 47%, 매출액 기준 60% 수준으로 최근 특정 품목을 판매하는 전문점 형태의 브랜드가 증가하고 있다. 2018년 기준 프랜차이즈 베이커리전문점 매장 수는 9,057곳으로 시장 점유율은 매장 수 기준 47%, 매출액 기준 60% 수준으로 추정된다. 프랜차이즈 베이커리전문점 브랜드 수는 감소세를 보이고 있으나 매장 수는 한식이나 치킨 전문점에 비해 높은 증가율을 기록하고 있다. 브랜드별로는 파리바게뜨와 뚜레쥬르가 전체 가맹점의 56%, 매출의 78%를 차지하고 있으며, 특정 품목을 판매하는 전문점 형태의 브랜드가 늘고 있다.

넷째, 향후 국내 빵 소비는 지속해서 증가할 것으로 보이며, 건강 친화적 재료에 대한 선호, 비프랜차이즈 베이커리의 경쟁력 제고, 비대면 채널 확대, 홈베이킹 확산 등의 주요 트렌드 변화가 예상된다. 베이커리전문점은 비교적 진입장벽이 높고 초기 시장진입에 성공하면 비교적 장기간 안정적인 영업이 가능하다는 특징이 있고 제품 자체의 경쟁력과 고정 수요 확보, 비대면 소비 확대에 따른 변화에 대응하는 것이 중요한 과제다.

다섯째, 코로나-19가 길어지면서 냉동 생지 매출은 전년 동월 대비 1월 349%, 2월 859%씩 성장했다. 3월에는 1,088%나 급증했다. 냉동 베이커리시장은 2019년 296억 원에서 2020년 413억 원으로 약 40% 성장했다. 올해 시장 규모는 600억 원대에 이를 것으로 추산됐다.

여섯째, 사회적 거리두기 장기화로 편의점(CU, GS, 세븐일레븐 등)들이 베이커리 고급화 전략에 나서면서 가까운 곳에서 맛 좋은 빵을 구매하려는 고객의 니즈가 커지고 있기 때문이다.

02 국내 베이커리 소비 현황

(1) 국민 1인당 빵 소비량 추이

베이커리시장에서는 제조, 판매되는 방식에 따라 공장에서 완제품으로 생산되는 양산빵과 베이커리전문점에서 직접 만들거나 생지 등을 구워 판매하는 베이커리로 구분하며, 시장에서는 양산빵과 베이커리전문점의 판매량 비중은 3:7 정도로 추정하고 있고 판매 단가를 고려할 때 판매액 기준 베이커리전문점 비중은 80% 이상이 될 것으로 추정하고 있다. 1인 가구 증가와 식생활 변화 등으로 빵 소비가 늘어나면서 국내 국민 1인당 하루 빵 섭취량은 2012년 18.2g에서 2018년 21.3g으로 증가하였으며, 85g 단 팥빵 1개를 기준으로 연간 소비량은 78개에서 91개로 증가했다.

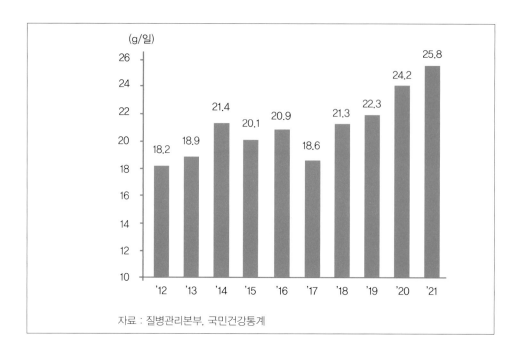

자료 : 질병관리본부, 국민건강통계

(2) 오프라인 베이커리전문점 시장 규모

빵 소비가 늘어나면서 직접 빵을 만들거나 생지를 구워 파는 베이커리전문점 시장 규모도 2015년 3조 7,000억 원 수준에서 2019년 4조 3,000억 원으로 연 4.1%(CAGR 기준) 성장했으며, 2022년에는 4조 5,000억 원이 넘을 것으로 예상된다.

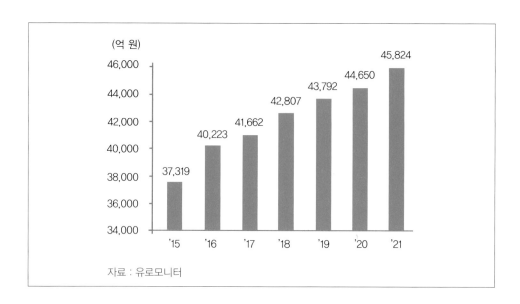

자료 : 유로모니터

(3) 베이커리전문점 현황과 영업 특성

2020년 8월 현재 전국적으로 18,502곳의 베이커리전문점이 영업 중이며, 지역별로 매장이 가장 많은 곳은 경기도(4,122곳) 다음으로 서울(3,888곳), 경남(1,182곳), 부산(1,162곳) 순이고, 수도권과 광역시를 제외한 지방에서 베이커리전문점이 빠르게 증가하고 있다. 2015년 이후 세종, 제주, 강원, 충남 등의 지역이 높은 매장 수 증가율을 기록하고 있다.

지역별 베이커리전문점 매장 수 추이

자료 : 행정안전부, 지방행정인허가 자료

(4) 2015년 이후 베이커리전문점 증가율

시군구별로는 강남구(428), 수원시(397), 제주시(394), 창원시(380), 고양시(373) 순으로 베이커리전문점이 많고 경기도를 중심으로는 대형 베이커리카페가 성황을 이루고 있다. 30곳 이상의 베이커리전문점이 있는 지역 중 2015년 이후 매장 수 증가율이 높은 지역은 하남, 양양, 서귀포, 강릉 등으로 신도시를 제외하면 주로 관광수요가 많은 지역에서 증가했다.

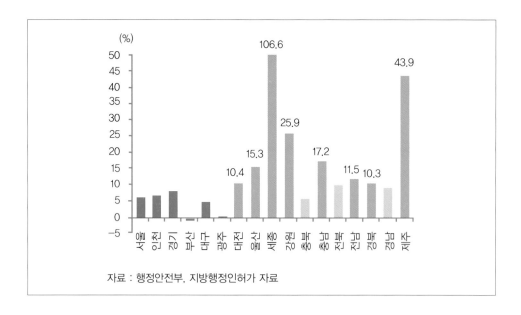

자료 : 행정안전부, 지방행정인허가 자료

(5) 성인이 주로 먹는 아침식사 종류

가계의 소비지출 금액도 빠르게 늘어 빵 및 떡류 관련 가구당 월평균 소비지출액은 2015년 19,000원에서 2019년 22,000원으로 16.6% 증가하였다. 이는 같은 기간 전체 식료품 및 비주류 음료 소비지출액이 8.4%, 쌀을 포함한 곡류 소비지출액이 1.7% 증가한 것과 비교해 높은 증가율을 나타내는 것은 상대적으로 간편하게 먹을 수 있는 빵을 식사 대용으로 찾는 수요가 젊은 세대를 중심으로 증가했기 때문이다.

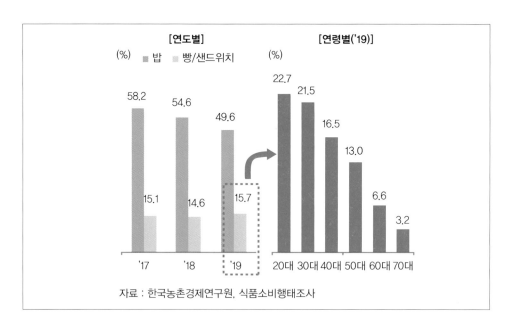

자료 : 한국농촌경제연구원, 식품소비행태조사

(6) 프랜차이즈 베이커리전문점 현황

2018년 기준 프랜차이즈 베이커리전문점 매장 수는 9,057곳으로 시장 점유율은 매장 수 기준 47%, 매출액 기준 60% 수준으로 추정하며, 프랜차이즈 베이커리전문점은 브랜드 수가 감소세를 보인다. 브랜드 간 경쟁은 완화되고 있지만 매장 수 증가세는 주요 업종 대비 높은 수준으로 전체 외식업 프랜차이즈 브랜드 수는 지속해서 증가하고 있지만 베이커리의 경우 2016년을 고점으로 감소하고 있다. 또한 2016년 대비 2018년 매장 수 증가율은 프랜차이즈 베이커리전문점이 8.5%로 커피 전문점에 비해서는 낮지만, 한식이나 치킨 전문점에 비해서는 높다.

프랜차이즈 베이커리 브랜드 수 추이

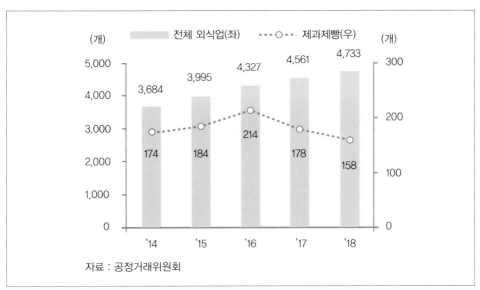

자료 : 공정거래위원회

(7) 주요 업종별 프랜차이즈 매장 증가율

2016년 대비 2018년 매장 수 증가율은 프랜차이즈 베이커리전문점이 8.5%로 커피 전문점에 비해서는 낮지만, 한식이나 치킨 전문점에 비해서는 높다.

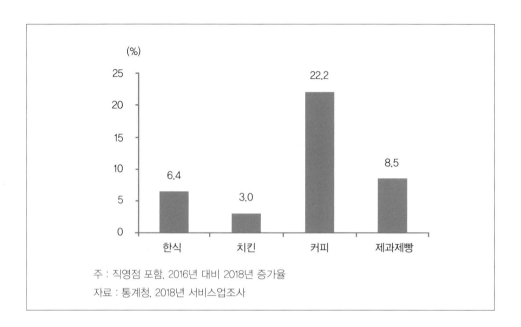

주 : 직영점 포함, 2016년 대비 2018년 증가율
자료 : 통계청, 2018년 서비스업조사

(8) 주요 업종별 프랜차이즈 매장 증가율

대표적인 프랜차이즈 베이커리 브랜드는 파리바게뜨와 뚜레쥬르로 두 브랜드가 전체 가맹점의 56%, 매출의 78%를 차지하며, 두 브랜드가 다양한 제품을 판매하는 종합 베이커리 브랜드로 볼 수 있다. 기타 브랜드의 경우 도넛, 프레즐, 샌드위치, 식빵 등 특정 품목 판매를 중심으로 하는 전문점 형태로 운영되는 브랜드다.

프랜차이즈 베이커리의 주요 브랜드 및 점유율

브랜드명	주요 제품	가맹점 수		매출액		
		가맹점 수 (개)	비중 (%)	가맹점 총매출액 (억 원)	비중 (%)	면적(3.3m^2)당 평균 매출액 (만 원)
파리바게뜨	빵류, 케이크	3,366	40.3	22,456	61.1	2,516
뚜레쥬르	빵류, 케이크	1,318	15.8	6,099	16.6	1,719
명랑시대쌀핫도그	핫도그	647	7.7	1,127	3.1	1,742
던킨/던킨도너츠	도넛	527	6.3	1,421	3.9	1,559
앤티앤스	프레즐	208	2.5	533	1.5	3,357
코코호도	호두과자	157	1.9	228	0.6	1,529
홍루이젠	샌드위치	157	1.9	524	1.4	4,194

브랜드명	주요 제품	가맹점 수		매출액		
		가맹점 수 (개)	비중 (%)	가맹점 총매출액 (억 원)	비중 (%)	면적(3.3m²)당 평균 매출액 (만 원)
마리웨일237	마카롱, 머랭	93	1.1	170	0.5	1,572
못난이꽈배기	꽈배기	90	1.1	82	0.2	901
블럭제빵소	식빵	87	1.0	157	0.4	1,541

자료 : 공정거래 위원회, 각사 홈페이지

전문점 형태의 프랜차이즈 베이커리 전문점 주요 브랜드 현황

구분	명랑시대 쌀 핫도그	앤티앤스	코코호도	못난이 꽈배기	블록제빵소	스트릿 츄러스
가맹사업 개시일	2016	2007	2006	2014	2016	2014
주요 제품						

자료 : 공정거래 위원회, 각사 홈페이지

(9) 소매점 식빵 매출 추이

식사 대용으로 빵을 찾는 수요가 늘어나고 소비자의 선택기준 역시 까다로워지면서 고급 재료를 사용한 빵에 대한 선호가 증가하고 있다. 간식으로 소비되던 것에서 벗어나 식빵 등 식사 대용 빵의 매출이 증가세를 보이고 있으며, 제철 과일이나 천연효모 등 건강 친화적 재료에 대한 선호도가 높다.

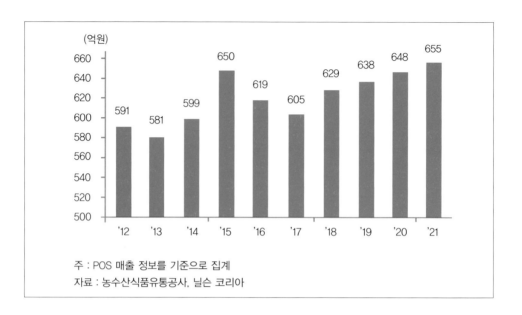

주 : POS 매출 정보를 기준으로 집계
자료 : 농수산식품유통공사, 닐슨 코리아

(10) 프랑스 밀가루 수입량 추이

빵의 기본 재료가 되는 밀가루에 관한 관심도 커져 최근 유명 베이커리전문점 등을 중심으로 프랑스산 밀가루 사용이 늘며 수입량도 매우 증가하고 있다.

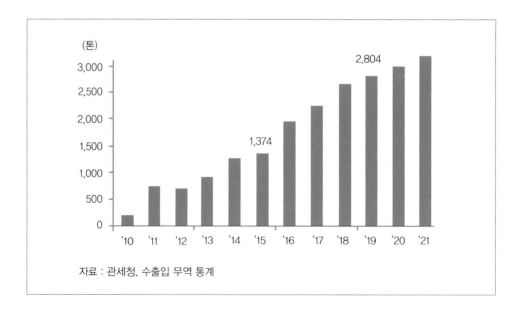

자료 : 관세청, 수출입 무역 통계

03 빵 소비 트렌드 변화와 시장 전망

1. 에어프라이어가 필수 가전제품으로 자리 잡으면서 냉동베이커리 시장이 빠르게 성장하고 있다. 이는 코로나19로 집에 머무는 시간이 많아지면서 간식이나 식사 대용으로 이용하기 때문이다.

2. 대전 성심당, 부산 옵스, 대구 삼송빵집 등 지역 기반의 빵집들이 소비자의 관심을 받으며 전국적으로 매장을 확장할 것으로 예상된다.

3. 파티시에 개인의 명성을 앞세운 매장들이 SNS 등을 통해 알려지면서 소비자들의 관심이 증대하고 천연 발효 빵, 유기농 밀가루 등 재료의 우수성과 매장만의 차별화된 대표 제품이 증가할 것으로 보인다.

4. 오픈 주방에서 반죽과 발효를 거쳐 빵을 구워내는 전 과정을 볼 수 있는 형태로 이루어져 고객에게 신뢰감을 주고 높은 신선도를 유지할 수 있다는 장점은 높은 경쟁력이 될 것으로 보인다.

6. 비대면 소비 확대와 함께 판매 채널을 다양화하려는 시도가 진행되어 베이커리 전문점은 매장을 방문하여 빵을 고르고 포장해 가는 것이 주된 판매 방식이었으나 최근 프랜차이즈 베이커리전문점을 중심으로 비대면 주문이나 배달 서비스를 확대하고 있어 베이커리 전문매장도 변화가 예상된다.

5. 향후 국내 빵 소비는 베이커리카페를 중심으로 당분간 지속해서 증가할 것으로 보이며, 영업 여건 역시 비교적 양호할 것으로 전망된다.

6. 전문 기술과 경험이 있어야 하는 베이커리전문점은 상대적으로 진입장벽이 높은 업종으로 초기 시장진입에 성공하면 비교적 장기간 안정적 영업이 가능할 것으로 예상된다.

7. 상권의 경우 고정 수요 확보가 중요한 과제로 재료와 맛, 신선도 등 판매하는 제품 자체의 경쟁력을 확보하는 것이 매우 중요하다.

8. 유동 인구가 많은 주요 상권이나 관광지의 경우 포장 판매와 함께 매장 이용 수요가 많아 빵의 모양과 색, 매장 인테리어 등도 중요한 요소로 작용하게 된다.

9. 인건비 및 재료비 등의 비용 부담이 크고 상대적으로 수익률이 낮다는 점을 고려할 필요가 있으며 비대면 소비 확대에 따른 대응이 중요한 과제가 될 것으로 보인다.

10. 다양한 제품을 판매하는 베이커리에 비해 특정 제품을 중심으로 판매가 이루어지는 베이커리는 트렌드 변화에 따른 영향을 크게 받는다는 점에 유의할 필요가 있다.

04 베이커리카페, 디저트카페 창업 시 반드시 고려할 사항

(1) 최근의 트렌드

① 베이커리카페, 디저트카페 창업 시 가장 중요한 것 중 하나가 포토존이다

예쁜 공간으로 꾸며진 곳은 포토존으로 유명해져 방문 손님이 증가할 수 있다.

② 빵류나 케이크류 먹는 곳과 휴식공간이 필요하다

밥이나 간식 대용으로 빵류를 찾는 분들이 많다. 또한 휴식도 할 수 있는 든든한 베이커리카페와 편안한 휴식공간이 함께 있으면 좋다.

③ 정원과 넓은 공간이 필요하다

여유를 찾는 고객들은 정원에서 편안한 시간을 보낼 수 있고, 넓은 공간의 베이커리카페는 테이블 간 거리가 여유로워서 개인 또는 구성원만의 시간을 누릴 수 있다.

④ 베이커리카페, 디저트카페를 창업하여 경영할 때 지속해서 관심을 가져야 할 부분은 다음과 같다

㉠ 트렌드 변화와 성공적인 비즈니스모델

㉡ 건강, 힐링, 웰빙에 관심을 가져야 한다.

㉢ 반려동물에 관심을 가져야 한다.

㉣ 나만의 제품이 있어야 한다.

㉤ 소유 대신 공유를 한다.

㉥ 환경을 보호한다.

㉦ 공유가치를 창출한다.

⑤ 면역력 증강을 내세운 그린푸드가 확산되고 있다

㉠ 그린 식단이 건강에 좋다는 것이 알려지면서 베이커리 풍경도 바뀌고 있다. 과거엔 밀가루 일색이던 빵이 베이커리 주력 상품이었다면 최근 트렌드는 빵은 인기 있는 품목을 중심으로 최소화하고 샐러드와 샌드위치가 진열되고 있다.

㉡ 빵집에 가면 5~6가지 종류의 빵을 기본으로 구매하던 소비패턴도 바뀌고 있다. 젊은 여성들은 3,000~4,000원대가 넘는 좋아하는 빵을 한 개 정도만 사서 커피와 즐기는 게 보통이다. 더 이상 여러 종류의 빵을 구매해서 봉지 가득 들고 오지 않는다.

ⓒ 아이돌계에만 팬덤이 있는 것은 아니다. 제품에도 팬덤이 형성된다. 퇴근길에 단골 매장에 들러 매일 특정한 빵을 산다. 이 빵 없이는 저녁을 못 보낸다고 할 정도다.

ⓔ 특정한 빵이 인기를 끌면서 특정한 맛집인 일명 '빵지순례'를 다니는 사람들도 있다. 서너 시간을 기다리면서 빵 한 개를 사는데, 이러한 것이 요즘 소비 풍속도다.

⑥ 색다른 매장 경험을 제공하는 것은 SNS 인증 욕구의 충족이다

ⓐ 최근 20·30세대 사이에서 '오픈런 맛집'으로 떠오르는 곳들을 보면 맛으로만 대결하기보다는 매장 디자인에 힘을 주는 경우가 많다. 단순히 맛있는 음식을 먹는 것을 넘어 공간에 머무는 것 자체가 색다른 즐거움이 되도록 만드는 전략이다.

ⓑ 베이커리카페, 디저트카페 디자인이 독특한 나라의 지역을 연상시키는 인테리어로 입소문을 타는 것이 특징이다.

ⓒ 색다른 매장 경험을 제공하는 것이 SNS 인증 욕구가 강한 젊은 층의 취향과 맞물리면서 카페 및 베이커리 업계의 트렌드로 자리를 잡고 있다.

ⓔ 매장을 해외 느낌으로 꾸미거나 캐릭터 카페로 만드는 등 이곳이 아니면 안 되는 차별화 전략이 필수지만 가장 기본인 맛에 충실한 것이 좋다.

⑦ 친환경 건강빵의 소비층이 넓어졌다

헬시빵의 경우 이전에는 비건주의자나 다이어트, 건강에 특별히 관심이 많은 이들이 주로 구매하는 빵이었으나 코로나 기간 전 연령대에서 건강에 관한 관심이 높아지며 저당질, 무글루텐 헬시빵의 소비층이 넓어졌다. 최근 들어 육류뿐만 아니라 유제품 사용의 감소에까지 관심이 확대되면서 비건 빵에 대한 인식과 점유율이 늘어나고 있고, 친환경 포장방법의 필요성에 대한 공감대가 확대되고 있다. 환경문제에 대한 개념과 의식을 하지 않고서는 이제 고객들의 지지를 얻어내기 힘든 시장과 세계가 온 것이다.

현재 국내 비건 인구는 250만 명에 달한다는 통계도 이를 뒷받침해 주는 중요한 증거라 할 수 있고 동물·환경 보호 등의 윤리적인 신념이 하나의 유행처럼 번졌다. 이 트렌드에 동참하는 젊은 층이 늘어나고 있으며, SNS를 통해 라이프스타일을 공유하는 성향이 강한 만큼 비건 내 젊은 층 비율은 빠르게 증가하고 있다.

⑧ 베이커리카페, 디저트카페는 이미 포화상태이다

선진국형 창업 트렌드인 카페 창업은 앞으로도 늘어날 것으로 예측된다. 그러나 카페는 이미 과당경쟁에 빠져 있어 창업자들은 마음이 앞선 나머지 무조건 뛰어들어서는 안 된다. 특히 프랜차이즈 창업을 준비하고 있다면 저렴한 창업 비용의 유혹에 빠져서는 안 된다. 낮은 창업비용보다 더 중요한 것은 창업 후의 지속가능성이다. 커피 등 음료 메뉴만으로는 경쟁 우위를 점할 수 없어 점포 매출을 올릴 수 있는 다양한 빵 메뉴, 디저트 메뉴 개발 능력이 되는 본사를 선택하는 것이 중요한 성공 포인트라는 점을 유념해야 한다.

⑨ 런던 베이글, 미국 샌드위치와 같이 확실한 임팩트가 필요하다

요즘 SNS상 최고의 핫플로 손꼽히는 곳 중 하나인 '런던 베이글 뮤지엄'은 런던을 그대로 옮겨온 듯한 베이글 전문점으로 그야말로 오픈런이 필수인 웨이팅 맛집 중 하나다.

물론 기본적인 베이글의 맛도 훌륭하지만, 소품 하나하나에서 느껴지는 런던의 감성과 감각적인 디스플레이로 20·30대 여성들의 마음을 사로잡았다. 기존 베이글에 비해 다소 높은 가격임에도 불구하고, 가격보다 더 높은 가치를 주는 공간의 힘이 느껴지는 곳이다. 입구부터 미국의 캐주얼 다이닝에 온 듯한 느낌의 인테리어와 미국식 샌드위치를 먹기 위한 웨이팅이 점점 늘어나고 있는 핫플레이스 중 하나다. 이곳은 외관에서부터 느껴지는 이색적인 인테리어로 웨이팅 중에도 일명 '인생 사진'을 남기며 SNS상 자발적인 입소문을 통해 미국식 샌드위치 맛집으로 자리 잡았다.

제1장

베이커리의 개념 및 발전과정

01 베이커리의 개념

베이커리(bakery)란 빵이나 과자를 제조하는 곳, 또는 빵·과자를 제조하여 판매하는 장소 등을 말한다.

일반적으로 베이커리에서는 빵(bread), 케이크(cake), 쿠키(cookie), 초콜릿(chocolate), 샌드위치(sandwich) 등을 판매한다.

「식품위생법」에서 베이커리는 식품 접객업으로 분류되어 휴게음식점 영업에 속한다.

휴게음식점 영업이란 음식류를 조리·판매하는 영업으로 음주행위가 허용되지 않는 영업을 말한다. 여기에는 차류를 조리·판매하는 다방, 빵, 떡, 과자와 아이스크림류를 조리·판매하는 과자점 형태의 영업이 포함된다.

호텔 베이커리의 경우에는 빵, 케이크, 초콜릿 등 다양한 제품을 만들어서 판매하며, 이외에 수입된 MD(merchandising)상품, 소시지, 햄, 와인, 커피, 음료, 도시락, 샐러드, 아이스크림 등을 판매하는 델리카트슨(delicatessen)의 기능과 함께 일반 베이커리와 차별화된 기능으로 호텔 내외부 고객을 유치하고 있다.

현재 호텔 베이커리는 계속해서 매출이 증가하고 있으며 호텔의 이미지를 상승시키고 지속적으로 고객의 욕구를 파악하여 트렌드 분석 및 새로운 상품을 개발하고 품목을 다변화하여 고객의 만족도를 높이고 있다.

유럽의 경우에는 빵집, 과자점, 초콜릿 전문점으로 명확히 구분하여 점포를 운영하고 있다. 특히 과자의 본 고장인 프랑스에서는 빵을 판매하는 곳을 블랑주리(boulangerie), 과자를 판매하는 곳을 파티스리(patisserie), 초콜릿 및 당과류 등을 판매하는 곳을 콩피즈리(confiserie), 아이스크림은 글라스리(glacerie)로 구분하여 판매영업 자체가 다르게 이루어지고 있다. 우리나라의 제조, 판매 형태에 따른 베이커리 분류는 다음과 같다.

제조 · 판매 형태에 따른 베이커리의 분류

베이커리 종류	베이커리 유형
홀 세일 베이커리 (whole sale bakery)	대량 생산한 빵이나 과자류를 도매하는 소위 양산업체 자사 공장에서 만든 빵을 소매점이나 중개업자에게 판매하는 베이커리 형태
리테일 베이커리 (retail bakery)	소규모 베이커리로 전문 기술자인 개인의 기술과 노하우를 가지고 베이커리 제품을 개발, 생산, 판매하는 베이커리
프랜차이즈 베이커리 (franchise bakery)	프랜차이즈 본사에서 가맹점주가 냉동생지를 비롯하여 다양한 제품을 공급받아 판매하는 오픈 시스템 형태의 베이커리
인스토어 베이커리 (in-store bakery)	슈퍼마켓, 백화점, 마트 등과 같이 대형 매장 안에 자리한 베이커리로 생산과 판매가 동시에 이뤄지는 베이커리
윈도우 베이커리 (window bakery)	점포 내의 공장에서 제품 만드는 것을 고객이 직접 볼 수 있도록 매장과 공장의 경계를 유리 창문으로 구분한 과자점
특수 베이커리 (special bakery)	독일 빵, 프랑스 빵 등 특수 제품만을 생산 판매하는 곳
델리카트슨 베이커리 (delicatessen bakery)	특급호텔 내에서 운영하는 베이커리로 미리 가공된 고기, 치즈, 샐러드, 소시지 등을 판매하고 빵이나 과자 상품을 즉석에서 조리 가공하여 손님들이 식사용으로 먹을 수 있도록 하는 베이커리

02 빵의 역사와 발전과정

빵은 곡식 가루와 물, 소금, 이스트로 반죽하여 굽거나 찌거나 튀겨서 만든 음식이다. 영국 브리태니커 백과사전에 따르면 "빵은 밀가루와 물로 만들어진 반죽을 구워서 준비한 일반식"이라고 정의하고 있으며, 한국의 국립국어원 표준국어대사전에서는 "밀가루를 주원료로 하여 소금, 설탕, 버터, 효모 따위를 섞어 반죽하여 발효한 뒤에 불에 굽거나 찐 음식, 서양 사람들의 주 음식" "먹고살 양식"으로 정의한다. 빵은 대부분 밀가루를 사용하여 만들지만 쌀, 옥수수, 보리, 감자 등 각종 곡식의 가루로 만들기도 한다. 발효하지 않는 케이크나 쿠키와 혼동되는 경우가 많으나 빵과 과자는 확연하게 다르다. 빵은 지구상에서 가장 오래된 음식 중 하나이며 신석기시대부터 만들었다.

최초의 빵은 아마도 곡식과 물로 반죽을 해서 만들었을 것이며, 우연히 또는 고의로 실험을 하면서 발전했을 것으로 보인다.

03 빵의 역사적 주요 시대

① 석기시대(B.C. 7000년경) : 스위스 호숫가에 살던 거주민들이 비스킷 형태의 단단한 빵을 제조하였다.(무발효빵 시초)

② 메소포타미아시대(B.C. 4000년경) : 밀이 재배되었으며, 납작한 무발효빵, 곡물 제조법과 빵 만드는 법을 동방으로 전파하였다.

③ 고대 이집트시대(B.C. 4000~B.C. 1500년) : 오븐이 발달하고 야생효모로 발효한 다양한 종류의 빵을 만들어 굽기 시작하였다.

④ 히브리시대(B.C. 1400~B.C. 1200년) : 종교의식에서 빵을 사용하기 시작하였으며, 빵 종류가 다양해졌고 약 60~70종의 빵을 생산하였다.

⑤ 그리스시대(B.C. 1000년경) : 유럽으로 빵 만드는 방법이 알려지기 시작했으며, 제과기술도 발전하고, 고운 밀가루를 사용하여 빵을 만들기 시작했다.

⑥ 로마시대(B.C. 200년경) : 제빵업이 상업화되기 시작했으며, 빵의 소비증가로 대규모 양산체제가 확립되었다.

⑦ 중세시대(1600년경) : 제분업과 제빵업의 분리가 시작되었으며, 로마시대에 발달되었던 제빵의 상업성이 퇴조를 보이기 시작하였다.

⑧ 1600~1700년경 : 공동 오븐을 설치하여 빵을 굽기 시작하였고, 호밀이 제빵의 주재료가 되었다. 상업적 제빵 판매업소가 출현하였다.

⑨ 1700~1800년경 : 효모산업이 발전하고, 제빵산업의 획기적인 전환점이 되었으며, 옥수수 빵과 비스킷 제조가 성행하였다.

⑩ 1800~1940년경 : 기계식 배합기와 간접 가열식 오븐이 발명되면서 대량생산이 시작되었다.

⑪ 현대 : 석유나 가스, 전기를 연료로 하는 오븐이 개발되어서 현대에 이르고 압착효모의 출현으로 많은 종류의 빵을 본격적으로 생산하기 시작하였다.

⟨한국의 경우⟩

① 구한말 선교사에 의해 본격적으로 빵이 소개되었다. 1890년경 외국 선교사에 의해 빵이 만들어졌다.

② 1950년 6·25를 거치면서 밀의 수입으로 많은 베이커리가 생겨나고 1960년대부터 빵을 대량생산하기 시작하였다.

③ 1970년대에 프랜차이즈 베이커리가 등장하고 규모가 큰 유명빵집이 전국에 분포하게 되었으며, 전문 셰프 출신의 소규모 베이커리 매장이 많은 곳에 생겨나기 시작하였다.

④ 2000년 이후에는 해외 유명 베이커리에서 본사와 동일한 식재료를 사용하여 동일한 제조기술로 국내에서 제품을 생산하여 판매하는 업체가 늘어나고 있다.

이들 업체는 마케팅을 주요 포인트로 삼아 프랑스를 본점으로 일본, 그리스 등 세계 각지에서 70여 개의 점포를 운영하는 Eric Kayser는 카페 레스토랑을 콘셉트로 한 프랑스의 Paul 등을 비롯하여 해외 대형 베이커리 브랜드들이 국내에 진출하기 시작하면서 국내 베이커리 시장도 고급화되기 시작하였으며, 국내 대기업도 고급화된 베이커리 브랜드를 해외시장에 진출시키기 시작하였다.

　　최근에는 특히 인스토어 베이커리, 소규모 프랜차이즈, 준양산업체 등의 자유경쟁 시대로 발전하고 외국과의 기술합작으로 점차 대형화, 고급화되고 있다. 특히 냉동베이커리 제품 발전으로 조리 빵의 수요가 증가하고 있다.

　　국내 베이커리의 발전과정은 다음과 같다.

구분	시기	주요 내용	비고
태동기	구한말~한일합방	• 구한말 외국선교사들이 국내에 빵을 소개함 • 우랑떡이 최초 제품으로 소개됨	명치옥 모리나가 제과점
유년기	한일합방~1945년	• 일제치하, 일본을 통해 화과자 및 양과자 수입	삼덕당, 이성당, 고려당, 태극당
소년기	1945~1960년	• 광복 이후 제대로 된 기술전수의 어려움 • 제일제당의 국산설탕 생산 시작, 국내 제분업 발전 시작	영일당, 독일빵집, 이화당, 성심당, 아세아
청년기	1961~1970년	• 국가적 차원의 분식 장려는 양산업체 등장의 기반이 됨 • 전국의 제과점 수 증가. 원부재료의 국산 재료 사용 시작	삼립산업제빵공사(삼립식품), 서울식품, 삼미식품, 부산삼립(기린), 나폴레옹과자점
성년기	1971~1980년	• 정부에서 백미 대신 해외시장에서 저렴한 소맥을 수입 • 정부차원의 분식 장려 정책. 빵 소비는 식생활 개선의 목적하에 급증 • 1979년부터 호텔업계에서 과자류 제조업 허가를 받았고, 신라, 프라자, 워커힐 등의 호텔이 1년 동안 20여 개의 매장을 오픈함	고려당, 뉴욕제과, 태극당
정착기	1980~1990년	• 1980년대 호텔은 고급 원재료를 이용한 제품 생산 • 외국계 패스트푸드(fast food) 국내 등장 • 1990년대에 들어오면서 프랜차이즈 업체들이 수도권에만 머무르지 않고 지방으로 진출 및 지방 공장 준공	신라명과, 크라운베이커리, 파리크라상 (파리바게트), 김영모과자점, 안스베이커리, 뚜레쥬르
정착기	1990년대 이후	• 대기업들 베이커리 시장에 진출 • 외국계 업체들과의 기술제휴 • 윈도우 베이커리 약화	
자율경쟁기	2000년대 이후	• 프랜차이즈 베이커리 기업화, 대형화 • 대기업 베이커리시장 진출 본격화 • 윈도우 베이커리 암흑기	레트로오븐 퍼블리크, 브래드피트, 아티장베이커스
자율경쟁기	2010년 이후	• 대형 프랜차이즈 베이커리 해외진출 본격화 • 대기업 시장 진출 주춤 • 윈도우 베이커리 재활성화	

국내 베이커리산업의 특징

제 2 장

01 국내 베이커리산업의 특징

대기업 프랜차이즈 베이커리부터 개인이 운영하는 윈도우 베이커리까지 빵·디저트는 우리 식생활에서 큰 비중을 차지하는 문화로 변해가고 있다. 특히 국내 커피산업이 꾸준한 증가세를 보임에 따라 커피와 함께 즐길 수 있는 빵이나 디저트에 대한 수요가 급증하고 있다. 또한 소비자들의 입맛이 서구화되고 빵과 함께 고급 디저트시장이 커가는 만큼 베이커리산업은 계속해서 성장할 것으로 전망된다. 그러나 대기업 프랜차이즈, 규모가 큰 지역유명 베이커리로 고객이 집중되는 현실을 직시해야 하며, 소규모로 창업하기 위해서는 제일 중요한 부분이 인력난이다. 제과제빵을 배우고자 하는 학생은 증가하고 있으나 이들은 개인이 운영하는 작은 곳에서 근무하기를 선호하지 않고 있다. 복지혜택이 미흡하고 임금이 상대적으로 낮기 때문이다. 또한 신세대 학생들이 진로선택에 있어서 제일 높게 비중을 두는 것 중 하나가 근무시간과 휴무제도인데 이것은 다음과 같은 특징이 있다.

① 근무환경에 따른 높은 이직률

빵이나 제과류가 생산에서 판매되기까지 베이커리산업 종사자들은 강도 높은 노동과정을 거쳐야 한다. 노동 강도가 높은 탓에 여성종사자들은 결혼 후 그만두거나 이직하는 경우가 많고, 남성들의 경우에도 임금 등 근로조건이 높지 않은 편이라 이직을 결심하는 경우가 많다. 따라서 숙련된 기술자를 양성하고, 유지하는 것이 매우 어렵다.

② 산업재해의 위험에 노출

개인이 운영하는 소규모 베이커리의 경우 장시간 노동, 반죽이동, 빵 굽기 등의 작업과정에서 반복된 직무로 산업재해의 위험에 노출되어 있다.

③ 일과 삶의 균형유지

장시간 노동과 다른 직업을 가진 사람들의 휴일에 더 바쁜 업무 특성상 인간관계의 단절, 가족관계의 어려움, 여가생활의 어려움, 종교활동 등 자신의 일과 삶의 균형을 유지하기가 매우 어려운 것이 현실이다.

④ 신규참여가 용이하여 경쟁이 극심함

베이커리산업은 비교적 적은 자본금과 특별한 기술을 가지고 있지 않아도 프랜차이즈 등으로 쉽게 창업할 수 있기 때문에 많이 생겨나고 없어지기도 한다.

⑤ 많은 규제와 견제가 강화되고 있음

생산에서 판매에 이르는 전 과정에 많은 규제와 견제가 강화되고 있으며, 원료와 제조공정의 안정성이 강조되고 있다. 또한 정부와 시민단체의 감시활동이 강화되고 있으며, 제조물 책임법 도입, 원산지 표기법 등 제조업체에 대한 법령 강화에 따라 제조업체는 품질뿐만 아니라 과정상의 모든 부분에 있어 안정성 확보에 많은 노력과 투자를 해야 한다.

⑥ 정부의 정책과 사회적 인식이 변하고 있음

최근 노동관계 법률의 강화와 사회적 인식의 변화 속에서 근무시간을 탄력적으로 조정하거나 교대제를 통해 근무시간을 단축함으로써 노동시간을 줄이고 근무환경이 많이 개선되고 있다.

⑦ 숙련된 기능인 확보와 유지는 베이커리산업의 핵심역량임

베이커리 경영자는 종사자의 근무환경을 변화시키고 이를 통해 종사자들의 경력 개발과 자기계발로 직무몰입을 높이고, 이직률을 낮추어 숙련된 기능인을 확보하며, 오래 유지시키는 것이 베이커리산업의 핵심역량이라 하겠다.

⑧ 국내시장에서 해외시장으로 눈 돌리기

베이커리산업도 한정된 국내시장에서 탈피해 세계로 눈을 돌려 다양한 제품과 품질로 경쟁해서 뒤지지 않고 있다. 최근 미국, 프랑스, 중국, 베트남 등의 세계시장을 적극적으로 공략함으로써 베이커리 제품도 주요 수출품목으로 자리 잡고 있다.

파리바게뜨는 2004년 9월 중국 상하이 1호점을 시작으로 해외 시장에 진출했다. 이어 미국, 베트남, 싱가포르, 프랑스 등에 매장을 열었다. 현재 360여 개 매장을 운영하여 한국 베이커리의 우수성을 전 세계에 알리고 있다. 해외사업이 가장 활발한 베이커리 브랜드는 뚜레쥬르다. 2018년 현재 해외 매장 400여 개로 뚜레쥬르는 한국 베이커리 브랜드 중 최다(最多) 진출국 최다 매장을 운영하며, 글로벌 베이커리로 성장하고 있다. 또한 뚜레쥬르는 베트남, 인도네시아, 필리핀, 캄보디아 등 동남아권에서는 핵심상권 위주로 진출해 성업 중이다. 두각을 나타내고 있는 베트남과 인도네시아에서 뚜레쥬르는 프리미엄 베이커리 중 1위 브랜드로서 확고하게 자리 잡고 있다.

02 국내 베이커리시장 현황

국내 베이커리시장은 빵, 디저트 주도로 성장세가 뚜렷하게 나타나고 있고 국민 1인당 평균 4일에 한 번씩 빵 1개를 섭취하는 것으로 파악되고 있다. 최근 베이커리산업 매출이 급증하며, 국내 제빵류 시장을 주도하고 있는 것으로 나타나고 있다. 특히 프랜차이즈 브랜드 규모가 60%대를 유지하고 있으며, 지역 유명 브랜드의 성장세가 강하게 나타나고 있다.

2018년 6월 7일 농림축산식품부와 한국농수산식품유통공사(aT)가 발표한 "빵류 시장에 대한 가공식품 세분시장 현황"에 따르면 2016년 기준 베이커리산업 매출은 5조 9,388억 원으로 2012년(3조 9,698억 원)보다 49.6% 급상승했다.

최근에는 식빵류, 카스텔라, 단팥빵, 도넛 등 특정 품목만 판매하는 전문점과 지역 유명 베이커리 전문점이 빠르게 성장하고 있다. 직접 만들거나 공장에서 생산된 냉동 생지 등을 구워서 판매하는 베이커리 빵과 공장에서 완제품으로 생산되는 양산 빵으로 나누어보면 프랜차이즈 외 브랜드 시장 규모는 2013년 1조 2,124억 원 대비 2016년 2조 3,353억 원으로 92.6%의 성장률을 기록했다. 그 비중은 28.6%에서 39.3%로 10.7%p 증가했다.

편의점 등에서 판매되는 양산 빵의 매출도 같은 기간 36.8% 증가한 4,251억 원의 매출을 기록했지만 베이커리보다 상대적으로 낮았다.

베이커리산업이 양산 빵보다 14배 이상 큰 시장을 형성하고 있는 것이다. 판매경로는 2016년 기준 편의점(30.7%), 독립 슈퍼(20.8%), 할인점(19.1%), 체인슈퍼(15.5%), 일반 식품(13.8%) 등에서 많이 판매되었다. 특히 편의점 디저트 빵류가 인기를 끌고 있다. 이는 편의점 디저트류가 1~2인 가구 소비자들에게 특화돼 있는 등의 영향이 큰 것으로 분석됐다.

최근에는 HMR(간편식) 트렌드에 따라 식사대용의 샌드위치, 조리빵 등이 인기를 모으며, 빵류 시장에서 규모가 확대되고 있다. 2016년 국민 1인당 연간 빵류 소비량은 약 90개다. 이는 2012년 78개에 비해 12개 정도 늘었다. 국민 1명이 평균 4일에 한번은 빵 1개를 먹고 있다.

성별로 남자(22.6%)가 여자(19.2%)보다 3.4g 더 많이 섭취했다. 특히 프랜차이즈가 아닌 동네 빵집의 시장 규모는 2013년 1조 2천여억 원에서 2016년 2조 3천여억 원으로 3년 사이에 2배 가까운 성장률을 보였다. 공장에서 만들어 편의점 등에서 팔리는 양산 빵의 경우 4년 사이 37% 늘었지만, 베이커리산업 전체 성장세에 비해 상대적으로 증가 폭이 작았다. 그 이유는 다양한 종류의 빵과 과자가 등장하면서 선택권이 넓어지고, 그에 따라 고객의 입맛이 변하고 더 높은 품질의 제품을 선호하기 때문인 것으로 보인다. 최근에는 고객들이 건강을 생각하고 구매하는 경향이 있어 도넛과 파이 등의 생산은 줄었고, 식빵의 경우 전문점이 많이 생기면서 공장에서 나오는 대량생산은 감소했다.

2018년 베이커리 주소록에 등록된 전국의 베이커리는 19,876개이다. 시도별 분포를 보면 경기도 4,422개, 서울 4,404개, 부산 1,353개, 경남 1,275개, 경북 1,078개, 대구 1,076개, 인천 954개, 충남 803개, 전북 661개, 전남 638개, 강원 608개, 광주 592개, 충북 513개, 제주 455개, 울산 395개, 세종 80개로 나와 있다. 여기에는 대표적인 프랜차이즈 베이커리도 포함된 것으로 파리바게뜨 3,393개, 파리크라상은 직영점 47개에 매장 총 3,440개, 뚜레쥬르 1,300개 외에 많은 프랜차이즈가 있다.

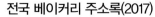

전국 베이커리 주소록(2017)

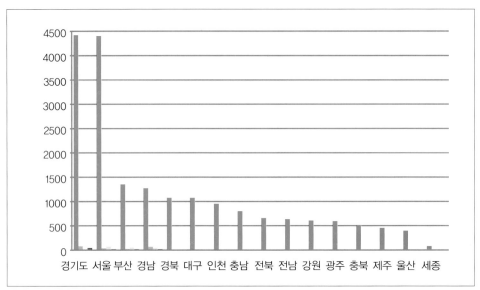

2017년 산업통상자원중소벤처기업위원회에서 분석한 자료에 의하면 전국 백화점 및 대형할인매장 베이커리 브랜드별 입점은 다음과 같다.

- 전국 롯데백화점에 입점한 63개 빵집 중 50.8%인 32개가 롯데 브랜드인 보네스뻬(16개)와 프랑가스트(16개)에 입점하여 영업하고 있다.
- 롯데마트에 입점한 121개 가운데서도 117개(96.7%)가 롯데 브랜드다.
- 신세계의 대형마트인 이마트에는 156개 빵집 모두가 자사 브랜드로 채워져 있다.
- 데이앤데이가 66개, 밀크앤허니가 54개, E-베이커리 25개, T-베이커리 11개 등은 100% 신세계 브랜드 빵집이다.
- 대형마트인 홈플러스에는 전국에 입점한 142개 빵집 모두가 홈플러스 베이커리인 몽블랑제가 입점해 영업을 하고 있다.
- 신세계백화점에는 110개의 빵집이 입점해 있었는데, 이 중 메나쥬리(7개), 밀크앤허니(1개) 등 8개(7.3%)가 신세계 브랜드다.
- 현대백화점은 입점한 146개 빵집 가운데 9개(6.2%)가 현대백화점 그룹 계열사 브랜드인 베즐리가 입점하여 영업하고 있다.

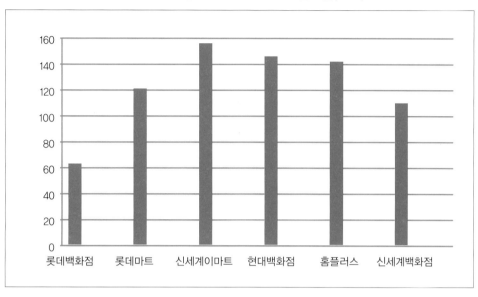

백화점 및 대형할인매점 브랜드 입점현황(2017)

① 개인이 운영하는 베이커리(Retail bakery)

소규모 형태로 개인이 직접 생산·판매하는 곳과, 일 매출이 수백만 원이 넘는 중·대형 베이커리로 분류할 수 있다.

소규모 형태의 베이커리는 대체로 근무환경이 열악하고 재무구조가 불안하여 이직이 많고 업주가 자주 바뀐다.

역사와 전통이 있는 국내 유명 베이커리는 끊임없이 변화하는 고객의 욕구에 빠르게 대처하여 건강, 맛, 트렌디한 인테리어 등으로 동네 베이커리의 매출이 급속도로 성장했다. 이 같은 요인에는 고객이 선호하는 빵의 기준이 변한 것이 주효했다.

군산 '이성당', 대전 '성심당' 같은 지역을 대표하는 유명 베이커리가 전국적으로 유명세를 타면서 동네 베이커리의 발전과 변화에 큰 획을 그었다.

소셜네트워크 서비스 인스타그램에 '빵지순례'를 해시태그로 단 전체공개 게시물 수가 4만 2,399개에 달한다. 빵지순례가 새로운 식도락 트렌드로 자리 잡은 것이다.

SNS로 입소문을 타기 시작하면서 지역에서 오랫동안 전통을 지켜온 빵집은 꼭 가봐야 할 관광명소로 등극했다.

이성당은 '팥빵'과 '채소빵', 성심당은 '튀김소보로'와 '판타롱부추빵', 대구 삼송빵집은 '마약옥수수빵'과 같이 유명 베이커리는 '시그니처 메뉴'가 하나 이상은 있다.

시그니처 메뉴는 지역 빵집이 유명해지는 데 매우 중요한 역할을 했으며, '빵지순레'라는 말도 여기서 생겼다.

현대인의 식습관이 바뀐 것도 큰 이유 중 하나다. 주식인 쌀 대신 빵을 먹는 사람이 많아지면서 동네 베이커리의 매출이 증가하는 큰 요인이 되었다.

이런 트렌드를 반영하듯 최근에는 프랜차이즈 베이커리보다 일반 베이커리를 창업하는 사람이 많아지고 있다.

통계청 자료를 보면 프랜차이즈 베이커리는 2013년 8,247곳에서 2016년 9,189곳으로 11.4% 늘어난 것에 비해, 일반 베이커리는 39.3%로 급증했으며, 프랜차이즈 베이커리를 앞서가는 동네 베이커리의 비결은 '다양함'이다.

프랜차이즈에서 판매하지 않는 다양한 종류의 제품과 베이커리 콘셉트 분위기 등의 많은 요소에서 프랜차이즈와는 차별화되는 전략으로 변화를 가져왔다.

최근에는 전통 제과점에서 변화하여 전문화되고 다양한 형태의 베이커리관련 업종이 형성되고 있다.

케이크와 커피를 주로 판매하는 케이크카페, 테이블을 놓고 빵류와 케이크류, 커피, 음료 등을 서비스하는 베이커리카페, 소비자들이 좋아하는 몇 종류의 빵만 만들어 판매하는 빵 전문점, 특정한 케이크만 판매하는 케이크 전문점, 타르트 전문점, 샌드위치 전문점, 도넛 전문점, 식빵 전문점, 단팥빵 전문점 등 단일품목 전문매장이 계속 생겨나고 있다.

또한 베이커리카페에서 간단한 요리도 판매하는 베이커리카페 레스토랑도 등장하기 시작했으며, 밀가루 대신 쌀가루를 이용한 라이스 베이커리, 매장은 없고 공장만 만들어 생산된 제품을 인터넷을 활용한 온라인으로만 베이커리 제품을 판매하는 곳도 나타나고 있어 앞으로 베이커리업종은 더 변화되고 전문화 · 다양화할 것으로 보인다.

또한 2008년부터 법이 변경되어 한 영업자가 한곳에 생산시설을 갖추고 반경 5km 이내까지 2개 이상의 베이커리를 운영할 수 있기 때문에 프랜차이즈 개념이 아닌 특정 지역의 유명 베이커리를 만들어 직영형태로 운영할 수도 있다. 이와 같이 국내 베이커리 시장의 치열한 경쟁 속에서 대기업 베이커리나 프랜차이즈 베이커리에 맞서 꾸준하게 성장하고 고객들의 사랑을 받는 유명한 베이커리들이 지역을 대표하여 존재하고 있으며, 이들은 대부분 자영 베이커리 형태로 운영되고 있다.

이들은 대부분 국내 베이커리 역사의 산 증인으로서 오랜 역사와 전통을 가지고 있을 뿐만 아니라 지금까지 고객의 사랑을 받고 있다. 모든 제품을 직접 생산, 판매하므로 자신만의 독특하고 개성 있는 레시피와 노하우로 다양한 제품을 선보일 수 있으며, 고객들의 요구 및 주문으로 제품의 변화가 쉬운 것이 특징이다. 대기업 프랜차이즈 베이커리나 기타 베이커리 형태들과 비교하면 환경변화나 마케팅 부분에서 경영능력 부족으로 어려움을 겪고 있지만 최근 전문기술과 노하우, 독창성, 고급화를 앞세워 매장 분위기를 바꾸고 진정성을 내세운 제품과 다양한 변화를 시도하려는 노력을 보이고 있다.

국내 유명 베이커리 현황

지역	베이커리명	설립연도	대표품목
서울	김영모 과자점	1982년	몽블랑, 바게트샌드위치
서울	나폴레옹제과점	1968년	크림빵, 사라다빵
서울	리치몬드제과점	1979년	슈크림, 밤식빵, 에끌레르
서울	폴엔폴리나	2008년	프레첼, 치아바타
서울	오월의 종	2008년	천연효모 호밀빵
서울	주재근베이커리	1990년	구겔호프, 스톨렌
서울	베이커스필드	2011년	슈
서울	브래드피트	2010년	우유크림빵
서울	보난자베이커리	2014년	치즈볼, 나쵸코
서울	쿄베이커리	2008년	먹물치아바타
서울	장블랑제리	1996년	단팥빵, 고로케, 초코범벅
서울	라몽떼	2013년	바게트, 깜빠뉴
서울	뺑드빱빠	2008년	치즈는 와인을 타고, 오로지 바게트
경기(수원)	하얀풍차	1993년	치즈바게트, 만득이버거
경기(분당)	앙토낭 카렘	1994년	마늘바게트, 크레존, 우유모닝, 양파빵
경기(이천)	태극당제과	1971년	양파빵, 몽블랑패스츄리
인천	안스베이커리	1989년	천연발효건강빵
대전	성심당	1956년	튀김소보루, 튀소구마, 판타롱부추빵
대구	근대골목단팥빵	1996년	옛날단팥빵, 생크림단팥빵, 생크림딸기단팥빵
대구	삼송빵집	1957년	옥수수빵, 소보르팥빵
광주	궁전제과	1973년	공룡알빵
광주	베비에르	2008년	바게트토스트
부산	백구당	1964년	크로이즌
부산	OPS베이커리	1989년	학원전

지역	베이커리명	설립연도	대표품목
전주	풍년제과(PNB)	1951년	수제초코파이, 붓세, 땅콩센배
군산	이성당	1945년	앙금빵(단팥빵)
경남(통영)	오미사빵집	1960년	오미사꿀빵
안동	맘모스제과점	1974년	크림치즈빵
목표	코롬방제과	1949년	생크림빵, 크림치즈바케트, 새우바케트
전남(순천)	화월당	1928년	볼카스테라, 찹쌀떡

자료 : 위키피디아(ko.wikipedia.org); http://blog.naver.com; 월간 파티시에, 비앤씨월드; 월간 베이커리, 대한제과협회

② 가맹점 가입을 통한 베이커리카페 프랜차이즈

현대인의 식습관 변화로 밥 대신 빵을 먹는 사람이 늘어나면서 빵과 디저트 시장에서 많은 변화를 가져오고 있다. 따라서 많은 사람들이 프랜차이즈 베이커리카페, 디저트 전문점 창업을 원하며, 유명한 성공 프랜차이즈 창업이라 생각하고 있다.

프랜차이즈란 모기업과 모기업의 독점적 판매권을 획득한 가맹점 사업자 사이의 계약을 말한다. 가맹업자는 모기업의 경험, 명성, 로고, 생산기술 등을 그대로 이용하는 편한 사업방식이다.

즉 프랜차이즈 본사(프랜차이저 franchisor)가 가맹점(프랜차이지 franchisee)에게 자기의 상표, 상호, 서비스표 등을 사용하여 자기와 동일한 이미지로 상품 판매 및 용역 제공 등의 일정한 영업활동을 하도록 하고, 그에 따른 각종 영업의 지원 및 통제를 하며, 본사가 가맹사업자로부터 부여받은 권리 및 영업상 지원의 대가로 일정한 경제적 이익을 지급받는 계속적인 거래관계를 말한다. 프랜차이즈 체인사업(가맹사업)이란 일반적으로 체인점을 말한다.

프랜차이즈 업체를 선정하기 위해서는 예비 창업자가 베이커리카페에 대한 기본적인 지식을 갖추고 있어야 한다. 또한 본사에서 공급되는 모든 것이 시스템으로 이루어지는지 세부적인 항목까지 꼼꼼하게 확인하고 창업 시 성공하기 위해서 성장가능성, 공신력, 경쟁회사 비교 등을 많이 살펴보고 계약을 해야 한다.

지난 몇 년간 프랜차이즈의 특징은 외형적인 성장보다는 가맹점 경쟁력 강화, 질 좋은 재료를 사용한 제품의 고급화 등 내실을 다지고 있고 점포관리 시스템을 도입하여 경영관리의 전산화, 품질향상 및 브랜드 이미지, 해외시장 진출 등의 끊임없는 변화를 추구하고 있다. 프랜차이즈 업체 선정 시 고려할 사항은 다음과 같다.

① 창업자 자기분석이 중요하다.
② 베이커리카페 시장상황을 고려한다.
③ 제품의 다양성과 품질을 체크한다.
④ 프랜차이즈 회사 선택이 중요하다.
⑤ 프랜차이즈 계약서 내용을 체크한다.

〈베이커리카페 프랜차이즈의 장점〉
① 창업 초기부터 모든 지원을 받을 수 있기 때문에 위험성이 적다.
② 브랜드에 대한 마케팅 등 모든 부분에서 도움을 받을 수 있다.
③ 일정지역에 대한 독점 판매권을 가질 수 있다.
④ 상권분석, 입지 선정 등 모든 것을 지원받을 수 있다.
⑤ 반제품, 완제품 등 판매하는 모든 제품과 원재료 구입이 용이하다.
⑥ 제품을 만드는 인적 자원을 지원받기 때문에 생산에 문제가 없다.

〈베이커리카페 프랜차이즈의 단점〉
① 자유로운 의사결정이 어렵다.
② 제품, 원재료 등 구입처가 일정하다.
③ 일정한 부분은 모기업과 이익을 공유한다.
④ 본사가 정한 모든 계약을 이행해야 한다.
⑤ 값비싼 가맹점 가입권을 구입해야 한다.
⑥ 모기업에 문제가 발생하면 함께 어려움에 직면한다.

프랜차이즈카페 베이커리는 개인이 운영하는 형태이지만, 본사로부터 제품을 공급받고, 경영지원 및 운영에 필요한 노하우를 지원받는 시스템으로 전문적인 기술이 없어도 가능하다. 판매와 관리만 잘하면 된다는 생각으로 쉽게 생각하는 경향이 있지만, 영업이익 면에서는 개인이 운영하는 베이커리카페보다 낮기도 하므로, 프랜차이즈 본사를 잘못 선정하면 어려움에 직면할 수도 있다. 또한 제품을 본사로부터 공급받지만 경영은 본인 자신이 해야 하기 때문에 효과적인 경영을 위해 경영분석을 철저히 하고 관리해야 한다.

국내 제과제빵 프랜차이즈 가맹점

브랜드	가맹점 수	상호
파리바게뜨	3,367	주)파리크라상
뚜레쥬르	1,306	씨제이푸드빌(주)
브레덴코	63	주)브레덴코
따삐오	153	에스피씨삼립
신라명과	24	주)신라명과
블럭제빵소	33	주)블럭에프에스
한스	17	주)한스제과
베이크팡	35	주)베이크팡
빵장수단팥빵	49	주)박기태쉐프
롤링핀	32	주)롤링핀컴퍼니
쁘띠렌	10	주)빠띠시에
정항우케익	34	주)명품정항우케익
앤티앤스	79	주)제원푸드
나나케이크	32	주)나나드림

자료 : 2017년 창업경영신문자료

③ 인스토어 베이커리

인스토어 베이커리란 백화점이나 호텔, 대형마트 등에 입점해 빵과 과자를 제조·판매하는 것을 말하며, 현재 대형유통업체 내에 다양한 인스토어 베이커리가 있다. 최근 쌀 소비량이 줄어들고 밀가루 소비가 늘어나면서 빵을 먹는 사람들이 많아졌다. 따라서 고객이 많이 모이는 장소에 인스토어 베이커리가 입점해 있다.

2018년 현재 전국 백화점 및 대형할인매장 베이커리 브랜드별 입점현황을 보면 전국 롯데백화점에 입점한 63개의 베이커리 중 50.8%인 32개가 롯데 브랜드인 보네스뻬(16개)와 프랑가스트(16개)이다.

롯데마트에 입점한 121개 가운데 117개(96.7%)가 롯데 브랜드다.

신세계의 대형마트인 이마트에는 156개의 베이커리 모두가 자사 브랜드로 채워져 있다. 데이앤데이 66개, 밀크앤허니 54개, E-베이커리 25개, T-베이커리 11개 등은 모두 100% 신세계 브랜드 베이커리다. 대형마트인 홈플러스에도 전국에 입점한 142개 베이커리 모두가 홈플러스 베이커리이다.

신세계백화점에는 110개의 베이커리가 입점해 있는데, 이 중 메나쥬리(7개), 밀크앤허니(1개) 등 8개(7.3%)가 신세계 브랜드다.

현대백화점은 입점한 146개 베이커리 가운데 9개(6.2%)가 현대백화점 그룹 계열사 브랜드인 베즐리 베이커리다.

백화점, 호텔, 대형마트의 중요 브랜드는 다음과 같다.

구분		
백화점	신세계백화점	달로와요, 베키아 에 누보
	현대백화점	베즐리
	롯데백화점	보네스뻬, 프랑가스트
호텔	조선호텔	베키아 에 누보
	롯데호텔	델리카 한스
	그랜드 힐튼호텔	알파인 델리
	워커힐 호텔	고메샵 더 델리
	그랜드 하얏트	델리
대형마트	홈플러스	홈플러스 베이커리
	이마트	데이엔데이, 밀크앤허니
	롯데마트	롯데브랜드

전국 백화점 내 베이커리브랜드 입점현황(2018)

백화점명	백화점 수	입점 브랜드명	매장 수
신세계	12	메나쥬리(7개), 밀크앤허니(1개), 블랑제리(1개), 이흥용과자점(4개), 박배철과자점(1개), 삼송빵집(5개), 곤트란쉐리에(2개), 미스터홈즈(2개), 프랭크베이커리(1개), 살롱드보네(1개), 브리오슈도레(2개), 메나쥬리케익(4개), 루시카토(5개), 움트(8개), 빌리엔젤(4개), 몽슈슈(5개), 디토르테(4개), 쿠와(1개), 베이크드아들르(3개), 픽어베이글(1개), 크림바바(5개), 르푸도레(1개), 베이크(4개), 근대골목단팥빵(4개), 앤티앤즈프레즐(8개), 스트릿 츄러스(2개), 홉슈크림(3개), 미스터도넛(2개), 르브레드랩(8개), 오뗄두스(3개), 팔고당(1개), 기타(3개)	106
롯데	32	보네스뻬(16개), 프랑가스트(16개), 옵스(6개), 베이크(2개), 삼송빵집(5개), 이성당(1개), 안스베이커리(3개), 나폴레옹(2개), 본누엘(2개), 후앙(1개), 김영모(1개), 베비에르(1개), 빵드캄파뉴(1개), 겐츠(4개), 파리바게뜨(1개), 성심당(1개)	63

백화점명	백화점 수	입점 브랜드명	매장 수
현대	54	베즐리 베이커리(9개), 르알래스카(2개), 콘트란쉐리에(1개), 메나주리(1개), 리치몬드(1개), 나폴레옹베이커리(3개), 이즈니베이커리(2개), 움트(11개), 루시카토(4개), 라보카(2개), 비스테까(6개), 몽상클레르(3개), 빌리엔젤(1), 프랭크(1개), 매그놀리아(3개), 망감(1개), 타르트에반하다(1개), 딜리저트(1개), 몽슈슈(3개), 북해도 스위트(1개), 마듀(3개), 메종드조에(1개), 키세끼카스테라(1개), 구로후네(2), 앤티앤스프레즐(14), 슐스타드(2), 슈엣(4개), 베이크(1개), 소보소보(1개), 봄눈슬듯(2개), 빠띠스리기야마(6개), 아리수베이커리(5개), 베떼엠(5개), 트윗젤(1개), 프랑스에서온붕어빵(2개), 단수이카스테라(1개), 베이커스필드(4개), 롤링핀(2개), 브레드웍스(1개), 마리올라(1개), 엘리스파이(3개), 저트리(1개), 미고당 by 팥고당(4개), 픽어베이글(2개), 바로크(1개), 마나비(1개), 교토마블(2개), 삼송빵집(7개), 르고메드파리16(1개), 메트로아티정(1개), 프리미움당케(1개), 르반드루(1개), 풍년제과(4개)	145
갤러리아	6	르브아(1개), 에릭케제르(1개), 브레드엔서플라이(1개), 뚜쥬르(1개), 마미갸또(1개), 하레하레(1개)	6
AK 프라자	4	라룸드빵(4개), 앙트레(1개), 봄눈슬듯(1개), 루시카토(1개), 움트(1개), 라보카(1개), 베떼엠(1개), 마고(1개)	11
NC 백화점	12	프랑제리(1개), 빵드프랑스(1개), 뚜레쥬르(1개)	3
합계	120		334

대형마트 내 입점현황

대형마트명	개수	입점(브랜드)빵집	매장계
이마트	157	이앤데이(66), 밀크앤허니(54), E-베이커리(25), T-베이커리(11)	156
홈플러스	142	몽블라제(142)	142
롯데마트	121	보네스뻬(90), 빠뮤(22), 베이크랩(1), 롯데제과베이커리(4), 팩토리베이커리(1), 파리바게뜨(1), 뚜레쥬르(2)	121
뉴코아아울렛	17	빵드프랑스(1), 나폴레옹(1), 곤트라쉐리에(1), 프랑리(1), 파리바게뜨(1), 뚜레쥬르(2), 빌리엔젤(2), 르들치(2)	11
2001아울렛	8	빵드프랑스(2), 파리바게뜨(1)	3

대형마트명	개수	입점(브랜드)빵집	매장계
메가마트	9	바스키아(9)-직영 매장임, 본브레드(1), 마이브레드(1)	11
탑마트	7	탑스베이커리(2), 탑베이컬(2)	4
코스트코	13	코스트코 직접 생산 판매(13)	13

SSM 내 베이커리 입점현황

SSM명	매장 수	입점(브랜드)빵집	베이커리매장
홈플러스 익스프레스	185	대형마트에서 빵을 구워 SSM으로 이동 판매(137) SSM 직원이 직접 생산한 몽블라제는 생지만 납품(38) SSM 점포에서 빵을 구워 이동 판매(10)	366
롯데슈퍼	466	보네스뻬(11), 따뻬오(41), 비어드파파(13)	55
GS슈퍼	280	삼립(31), 파리바게뜨(4), 뚜레쥬르(1), 쥬벨(11), 기타(24)	71
탑마트	74	탑스베이커리(32), 탑베이커리(33)	65
이마트 에브리데이	204	파리바게뜨(5), 케익하우스엠마(5), C-베이커리(5), 뚜레쥬르(4), 빵굼터(2), JO2(1), 베이커리조(1), 탑베이커리(1), 뽀띠르뽀미에(1), 에센브르(1), 브레드칸(1), 주슨베이커리(1), 따뻬오(1), 데일리브라운(1), 큐티라인(1), 095베이커리(1), (주)골든(1), 예담베이커리(1)	33
에스엠마트	31	기타(31)	31

④ 호텔 베이커리카페

　디저트의 시대다. 호텔 제과부의 강점을 이용하여 자기만족과 가치소비를 중시하는 사람이 늘면서, 디저트의 인기는 매우 높다. 편의점에서도 에클레어, 롤케이크 등 고급 빵과 케이크 디저트를 만날 수 있고, 디저트 전문 프랜차이즈도 증가하는 추세다. 그뿐 아니다. 맛있다는 소문이 퍼지는 호텔 디저트 뷔페는 많은 고객으로부터 사랑받고 있다. 디저트의 춘추전국시대라 해도 과언이 아닌 지금, 고급 디저트의 본가라 할 수 있는 호텔 델리카트슨 베이커리가 빠르게 변하고 유명 백화점 등에도 입점하여 고유의 분위기와 서비스, 호텔의 시그니처 메뉴를 바깥에서 판매하고 있다.

⑤ 양산 베이커리

전국적 판매망, 기계화된 시설을 바탕으로 대량생산을 하는 도매업 베이커리를 뜻한다. 국내의 주요 양산 베이커리 업체로는 삼립식품, 샤니, 기린, 서울식품 등이 있고 완제품의 형태로 제품을 할인점, 마트, 편의점 등에 공급한다. 최근 들어 양산베이커리 업체들의 매출 증가는 둔화되고 있다. 이는 소득증가, 식생활의 변화 등에 의해 고객들은 신선한 제품을 찾게 되었고, 양산베이커리 제품에 대한 소비자들의 인식과 인지도가 긍정적이지 못한 것이 그 원인이라 할 수 있다.

⑥ 베이커리카페 역사

베이커리카페는 테이블과 의자가 주어진 매장에서 샌드위치, 커피 등을 판매하는 매장을 말하며, 국내에는 1986년 서울 서초구 반포에 오픈한 파리크라상이 최초로 개업하였다.

베이커리카페 매장의 특징은 베이커리 제품을 직접 만들 수 있는 시설을 갖추고 제품을 생산하여 고객에게 판매하고 있으며, 또한 음료와 커피 등 다양한 사이드 메뉴를 같이 판매하는 것이다.

베이커리카페 문화는 판매 면에서 커피나 다른 음료가 아닌 빵이 중심이 되는 것이며, 베이커리카페의 가장 큰 특징이라고 할 수 있다.

기존의 베이커리 문화는 빵, 과자류를 사서 집에서 먹었다면 현재 베이커리카페는 분위기를 즐기고 여유를 즐길 수 있는 장소 제공으로 하나의 문화로 자리 잡고 있다.

고객은 베이커리, 베이커리카페, 카페, 커피전문점, 디저트카페, 브런치카페 등을 명확하게 구분하지 못하는 경우가 있지만 이는 서비스 스타일, 메뉴구성 등의 차이로 구분할 수 있으며, 베이커리 상품과 커피를 중심으로 가벼운 스낵, 음료를 제공하는 레스토랑의 형태라고 할 수 있다. 서양에서는 레스토랑과 다른 개념으로 가벼운 식사를 즐길 수 있는 개념이지만 동양에서는 식사 후 커피전문점을 따로 방문할 필요 없이 여러 디저트 메뉴와 함께 커피를 즐길 수 있는 곳이다.

국내 베이커리카페 성장 배경에는 사회·경제적 측면, 복합문화적 측면이 있다. 2005년 국민소득 1만 5천 불 시대를 맞이하여 외식 소비가 늘어나고, 여유시간의 증가와 여성의 사회 진출 증가, 도시 인구 수의 증가로 전통적인 식생활 문화가 점점 간소화되었다. 최근에는 다른 장소로 옮기지 않고 한 장소에서 빠르고 간편한 식사와 차, 대화, 휴식 및 문화 체험을 할 수 있는 편리하고 다양한 복합문화적 장소인 베이커리카페를 선호하는 현대인의 라이프 스타일(Life Style) 변화에 따라 1986년 서울 서초구 반포에 토종 브랜드인 파리크라상이 베이커리카페 국내 1호점의 문을 열었다. 이후 국민소득 2만 불 세대, 100세 시대, 소셜네트워크서비스 등이 새로운 변화를 이끌어 사회, 경제, 문화적인 활동 등 전반적으로 베이커리산업을 꾸준히 증가시키는 요인이 되었다. 프랜차이즈 베이커리 업체들도 기존의 베이커리 점포 운영 외에 카페와 베이커리의 복합적인 점포의 전환, 개점 등을 통해 변화하는 모습으로 다가가고 있다. 복합점포의 추진은 프랜차이즈 업계의 점포 수 유지 및 추가 확대로 이어지므로 매출 증대와 수익성을 극대화시키려는 노력의 일환으로 보고 있다. 베이커리카페는 베이커리 전문점과 커피전문점의 복합형태로 만들어 자리 잡은 산업이며, 20~30대의 여성 고객층을 확보하여 2007년 블루오션 창업아이템으로 전문가들이 추천하는 가장 유망한 창업분야로 선정되었다. 현재 베이커리카페는 2019년 국민소득 3만 불 시대를 맞이하여 새로운 메뉴개발과 투자를 확대하고 있어 취업이 어려운 30~40대 층들에게 신규 창업으로 활성화되고 있다. 또한 로컬 푸드의 유기농 베이커리카페, 어린 자녀와 함께 책을 보며 커피와 간단한 식사를 할 수 있는 아트카페와 북카페 등이 생겨나고 있다.

제 3 장

베이커리카페 창업 및 사업계획서

01 창업의 개념

창업이란 새로운 기업을 만들거나 사업을 시작하는 것으로 인적·물적 자원의 효율적인 활용으로 기업이 추구하고자 하는 목적을 달성하기 위하여 재화와 용역을 조달, 생산, 판매 및 기타 활동을 수행하는 것이다. 우리나라는 2001년 3월에 개정된 「중소기업 창업지원법」상 "'창업'이라 함은 새로이 중소기업을 설립하는 것으로서 새로운 사업자(법인 또는 개인사업자)로서 기존 사업과 연관 없이 원시적이고 실질적으로 사업을 개시하는 것"이라 규정하고 있다.

즉 기업을 새롭게 설립하여 사업을 시작하고 개인이나 법인이 돈 버는 것을 목적으로 기업을 새로 만드는 것이며, 창업자가 사업 아이디어를 갖고 자원을 결합해 시장에 판매하는 사업활동을 시작하는 것이다.

창업에 해당되지 않는 경우를 요약하면 다음과 같다.

① 상속, 증여에 의해 사업체를 취득, 동종 사업을 계속하는 경우
② 폐업한 타인의 공장을 인수하여 동일한 사업을 계속하는 경우
③ 사업의 일부 또는 전부를 양도, 양수에 의해 사업을 개시하는 경우
④ 기존 공장을 임차, 기존 법인의 사업과 동종의 사업을 영위하는 경우

02 창업의 목적

창업자의 경우 창업을 왜? 하려고 하는지? 명확한 목적에 따른 사유가 없다. 단순히 "돈을 많이 벌기 위해서, 직장생활이 싫어서, 남 밑에서 일 못 해서" 등의 사유로 창업을 생각할 수도 있지만 과연 이런 사람이 자신이 준비한 조직을 제대로 이끌어 갈 수 있을지? 의문이 있을 수 있다. 창업을 하는 데 명확한 사유가 꼭 필요한 것은 아니지만 적어도 자신이 왜? 사업을 하게 되었는지? 또는 어떻게 아이템을 개발하게 되었는지? 등에 대한 합당한 사유와 목적이 있어야 한다. 그러나 대부분 일시적 감정에 의해 아이템을 개발하거나 주변 사람들의 이야기를 듣고 아이템을 개발하여 투자하거나 사업할 생각을 가지고 한다면 90% 이상 문을 닫을 수밖에 없다. 창업에 대한 명확한 목표와 스토리 배경, 창업결심에 이르기까지 어떤 과정이 있었는지 데이터 분석을 통해서 어느 정도의 사업성과 전문성을 가지고 있는지를 판단할 수 있다. 사업성과 전문성은 창업자가 갖고 있는 창업 마인드와 경험에 의한, 즉 스토리에 전문성이 전체적으로 녹아 있어야 하며, 창업 사업계획서의 목적이 명확해야 한다. 창업의 궁극적 목적은 '가치창출'이기 때문이다.

03 창업의 환경변화로 생각이 바뀜

1997년 우리나라는 외환위기 때부터 창업에 많은 관심을 갖게 되었으며, 생계형 창업으로서 가정의 생계수단으로 인식되었고 최근에는 다양하고 새로운 방법의 신제품을 통한 가치창출을 위한 창업으로 변화하고 있다. 인간은 누구나 더 많이 성장하고 싶어 한다. 돈, 명예 등 추구하는 세계관은 다르더라도 인간은 본질적으로 더 많은 것을 얻고 싶어 한다. 그러나 그 성장을 이끄는 변화에는 많은 어려움이 따른다. 직장생활을 정리하고 유학을 가고 싶거나, 창업하여 새로운 것에 도전하고 싶거나 어떤 변화를 고민하면서 가장 기대하고 두려워하는 것들이 그 부분이다. 매월 정기적으로 들어오던 월급을 받지 못하는 것, 갑자기 나의 든든한 배경인 직장이 사라지는 것, 혹시나 실패하여 실업자가 될 것 같은 불안감이 있기에 직장을 떠나 창업을 실행하는 요인으로 작용하는데 이를 구체적으로 정리하면 다음과 같다.

① 시대의 변화에 따른 평생직장의 인식 변화와 고용불안의 원인 증가, 계약직·비정규직, 불완전한 고용 증가 등 많은 요인이 있다.

② 정보통신의 발달로 전자상거래가 활성화되었고 온라인쇼핑몰은 소자본으로 창업이 가능하며, 단기간 최대수익 창출이 가능하기 때문이다.

③ 창업에 대한 정부 지원 확대로 소규모 기업도 경제적 부가가치를 창출하는 원동력이며, 고용확대에 도움이 될 수 있고 창업이 곧 일자리 창출의 원천이므로 각종 창업 지원을 하고 있다.

④ 창업 연령의 다양화와 온라인을 통한 창업이 연령층에 상관없이 보다 쉽게 창업할 수 있어 자신의 개성, 아이디어를 바탕으로 20, 30대 창업이 늘고 있다.

⑤ 창업 유형의 다양화로 청년창업, 가족창업, 여성창업 등 창업영역의 확대 및 성별, 연령에 관계없이 쉽게 할 수 있다.

⑥ 정보기술발달의 가속화로 새로운 창업환경을 만들고 고객의 요구에 신속히 대응, 새로운 부 창출의 기회를 제공한다.

04 창업의 장단점, 직장생활의 장단점

창업을 하여 자기 사업을 하는 사람이 즐길 수 있는 가장 좋은 점은 자유다. 문제는 이런 자유를 편안하게 즐길 수 있도록 시장에서 가만히 두지 않는다는 것이다. 끊임없이 연구하고 노력하여 시대변화를 따라가야 한다. 그렇지 않으면 직장생활할 때보다 더 어려워질 수 있으므로, 그에 따른 장점과 단점을 비교해 보자.

〈창업의 장점〉
① 창업자의 신념과 경영방침에 따라 준비할 수 있다.
② 창업자에게 자율권이 보장된다.
③ 창업을 준비하는 과정에서 최신기술, 장비, 원새료를 보유 선택할 수 있다.
④ 최신유행에 따라갈 수 있다.
⑤ 시장을 자유롭게 선택할 수 있다.

〈창업의 단점〉
① 성공적인 창업 보장이 없다.
② 판매나 이익 목표 예측이 불가능하다.
③ 창업계획의 합리성 검증이 어렵다.
④ 유통경로 및 시장 확보가 쉽지 않다.

⑤ 창업 시 준비기간이 많이 소요된다.

⑥ 창업 자금의 확보가 어렵다.

〈직장생활의 장점〉

① 매월 정해진 일자에 정해진 액수가 나온다.

② 회사 업무가 많아서 연장근무, 야근, 휴일근무, 특근 등을 하면 그에 따른 별도 수당이 나오는 직종이 많다.

③ 별도 수당이 봉급의 1/2 이상 되는 회사들도 많이 있다.

④ 명목상 정해진 봉급 액수보다 많이 나온다.

⑤ 일정액을 매월 받으니 생활변동은 크게 없지만 계획적으로 생활할 수 있다.

⑥ 재산을 늘리는 데 한계가 있지만, 대신에 가지고 있는 재산을 잃을 염려도 적다.

〈직장생활의 단점〉

① 많은 행동에서 제약을 받고 창의력에 대한 보상이 미흡하다.

② 모든 것이 나에게 맞추어져 있지 않으며, 회사의 근무시간에 맞추어져 있다.

③ 몸이 불편해도 나가야 하고, 개인적인 사정이 있더라도 자유롭게 업무를 보지 못한다.

④ 업무와 관련하여 더 잘하고 싶고 많이 하고 싶으나 결국은 회사의 정해진 모든 것에 맞추어야 한다.

⑤ 상사와 마음이 맞지 않으면 내가 아무리 창의적이어도 한계가 낮아지게 마련이다.

05 창업방법

창업하는 방법은 시작단계부터 창업에 이르기까지 모든 노력이 창업자에 의해 이루어지는 경우와, 창업시스템이 잘 갖춰진 프랜차이즈에 의해 이루어지는 경우, 기존의 사업체를 인수하여 창업을 하는 경우로 나눌 수 있다. 새로운 기업을 창업하는 방법은 가장 어렵고 힘든 방법이지만 가장 크게 보람을 느낄 수 있는 방법이다. 기존에 없는 사업을 진행해야 하기 때문에 많은 준비와 노력을 요구한다. 창업자의 자질과 능력이 갖추어져야 하고, 창업자 스스로가 꼭 성공해야 한다는 굳은 의지가 필요하다.

06　창업 준비 전에 고려할 사항

① 경험도 없고 무작정 준비 없이 선택하는 건 아닌가?

베이커리카페를 프랜차이즈로 결정했다면 그 업종에서 경험해 보는 게 제일 좋으며, 그렇지 못할 경우 최소한 몇 군데 다니면서 먼저 창업한 사장님들의 경험과 경영에 대한 정보 및 기본적인 지식을 갖추고 시작하는 것이 좋다. 특히 매장에서 판매하는 제품 발주와 제품관리, 재고관리를 어떻게 하고 있으며, 현재의 프랜차이즈 시장상황을 체크해 봐야 한다.

② 나도 잘할 수 있을까?

창업에 관심도 없고 잘 모르는 분야를 내가 시작해서 고객에게 판매할 수 있을까? 남들이 해서 잘된다고 무작정 창업할 경우 과연 성공할 수 있을까? 창업을 준비할 때 창업박람회에 가서 비용이 적게 들고 손쉽게 할 수 있다는 말에 무작정 창업하는 것은 아닌가? 커피 전문가도 아닌데 갑자기 커피를 팔 수 있을까?

빵이나 과자를 전혀 못 만드는 사람이 주방에서 만들어 그 제품을 자신 있게 고객에게 판매할 수 있을까? 모든 것이 걱정이다. 결론은 내가 관심 있고 어느 정도의 기본적인 지식이 있는 업종을 선택하는 것이 많은 도움이 된다는 것이다.

③ 현재 시장상황 트렌드가 창업 아이템에 맞는가?

빠르게 변화하는 시대의 흐름에 따라 패션, 식습관, 생활패턴에도 트렌드가 있다. 과거 우리 사회가 가족 중심적이었다면 지금은 개인이 중시되고 혼자 생활하는 1인 가구 중심의 사회로 변화하고 있다.

주거공간도 중·대형 평형의 아파트에서 소형평형 아파트로 변하고 원룸, 투룸, 오피스텔 등 혼자 주거하는 공간으로 변화하며, 혼밥, 혼술족이 많아지면서 음식도 생활가전도 변화하고 있다. 베이커리카페도 항상 유행에 따라 바뀌고 있으며, 유행에 따른 창업 역시 잠깐의 관심을 받을 수도 있지만 반대로 시간의 흐름에 따라 트렌드가 바뀌어 언제 매출이 하락할지 모른다.

④ 창업하고자 하는 지역과 내가 선택한 업종이 맞는가?

창업하고자 하는 업종, 판매가격에 따라 지역 선택이 가장 중요하다.

지역과 맞지 않는 업종을 선택할 경우 창업 성공확률이 많이 떨어진다.

　예를 들어 학생이 주 고객층으로 형성된 지역에서 높은 가격의 제품이나 음식을 판매한다면, 직장인이 많은 지역에서 낮에만 장사하는 업종이라면 과연 성공할 수 있을까? 이는 누구나 알고 있다. 충분한 시장조사와 준비가 없다면 아무리 좋은 업종, 프랜차이즈라도 성공하긴 쉽지 않다.

⑤ 자금계획에 따라 창업비용을 조달하는 데 무리가 없는가?

　창업업종과 지역을 선택했다면 또는 프랜차이즈를 선택했다면 창업비용과 조달계획에 문제가 없는지 확인해야 한다.

　창업에 들어가는 전체 비용 내에서 보증금, 월세, 권리금, 인테리어 비용 등이 가능한지, 프랜차이즈에서 동종 업종에 비해 과도한 비용을 청구하는지 확인해야 하며, 여기에 추가로 들어갈 수 있는 교육비, 마케팅지원비, 홍보물제작비 등을 모두 체크해봐야 한다.

　무리해서 창업하면 재료비, 인건비, 월임대료 등 소요되는 비용 외에 추가비용이 지출되므로 순수익률이 떨어지며, 광고비용이나 고객에게 서비스할 수 있는 비용에 부담을 느낄 수 있어 초기 창업이 힘들어질 수 있다.

⑥ 월임대료와 매출액 및 이익에 대한 비율을 산정하였는가?

　창업 시 아무리 위치가 좋고 업종의 선택이 좋다 하여도 월임대료가 높고 인건비가 많이 발생하면 순이익이 낮아져 이로 인해 임대인과 직원들의 돈만 벌게 해주는 상황이 될 수 있다.

　최근에는 위치 좋은 곳에 베이커리카페를 창업하고 직원을 고용해서 운영을 잘했더라도 판매이익에서 순이익이 낮으면 창업비용 회수가 어려워지는 상황이 발생할 수 있다.

⑦ 창업 시 상가 계약 전에 용도에 맞는지 확인했는가?

　매장의 위치와 월세 등 조건이 맞으면 창업하고자 하는 업종의 인·허가 사항이 있는지, 신고만 하고 영업이 가능한지, 인·허가권 승계가 가능한지 먼저 확인하고 계약을 해야 한다. 예를 들어 음식점 창업 시 영업허가권이 있어야 한다.

　승계가 가능하다면 바로 양도·양수를 받으면 되지만 영업허가권이 없다면 절차도 복잡하고 인테리어 후에 허가권신청이 가능하므로 먼저 확인한 후에 계약서를 작성해야 한다. 계약을 하고 인테리어를 마치면 후에 허가를 신청하는데 불법건축물 혹은 영업정지 등의 행정처벌이 있어 허가권 발급이 안 되거나 늦어지면 막대한 경제적 손실이 올 수 있다.

창업 시엔 항상 많은 고민과 어려움이 따른다. 따라서 철저히 준비와 현재의 시장 상황 변화를 예측하여 결정한다.

아이템 선정에서 장소 계약까지만으로도 책임지고 해야 할 것이 너무 많기 때문에 충분한 시간과 준비를 해야 한다.

제 4 장

베이커리카페 창업

01 베이커리카페 창업하기

　창업이란 창업자가 사업기회를 포착하고 이익을 창출하기 위해 자본과 경영을 통해서 고객이 원하는 상품이나 서비스를 제공하는 기업을 설립하는 것을 말한다. 즉 창업이 성립되기 위해서는 창업의 3대 구성요소라고 부르는 창업자(인적 요소), 사업 아이템, 창업자본이 있어야 가능하다. 이 중 어느 하나라도 부족하면 아무리 훌륭한 사업구상이라도 성공할 수 없다.

　베이커리카페 창업 준비는 일종의 투자를 하는 것이다. 다양한 방법으로 힘들게 자금을 모아 가장 큰 이익을 창출할 수 있는 곳에 투자하는 것이기 때문에 사전 준비가 매우 중요하다. 베이커리카페 창업절차는 크게 창업계획, 창업 준비, 사업아이템 설정, 사업계획 수립, 입지 선정, 창업자금 확보, 영업 준비, 개업 등의 8단계로 나눠볼 수 있다.

　베이커리카페 창업은 처음 창업하려는 사람과 여성창업자의 창업아이템 선호도에서 몇 년간 상위에 올라온 업종이다.

　지나가다 무심코 작고 예쁜 가게에 다양한 제품이 진열되어 있는 개인 베이커리카페를 보면 하는 일도 그리 많거나 어렵지 않을 것 같고, 깨끗하고 분위기도 좋고 왠지 품위도 있을 것 같고, 고객의 수요가 많으니 수익도 괜찮을 것 같아 쉽고 할 만한 아이템이라고 생각하겠지만 이는 아름다운 겉모습만 보기 때문으로 실제로는 긴 근무시간과 많은 노동력이 필요하고 직원 이직률이 높기 때문에 경영에 많은 스트레스를 받는다. 일반인들이 흔히 '빵집'이라고 하는 베이커리는 웬만한 상권, 동네에는 없는 데가 없다. 그렇기 때문에 창업시장에서도 새롭게 창업하는 것보다 기존에 하던 것을 인수하는 경우가 더 많다. 몇 년 전 부터 변화는 시작되었다. 대형 상권 내에서 브랜드 베이커리와, 커피와 베이커리, 커피와 케이크 전문점 등 복합매장이 많이 생겨나고 있다. 또한 도넛 전문점, 아이스크림 전문점에서도 커피와 함께 대형화로 복합화해서 약속장소, 대화의 장소로서 고객들이 많이 찾고 있다.

최근 들어 취업이 어렵고 취업을 해서도 오래 근무하지 못하고 나온 다수의 젊은이들이 소자본으로 적은 규모의 전문매장을 많이 창업하고 있으며, 또한 창업자금이 부족하고 경험과 기술이 없는 일반 창업자들이 손쉽게 접근하여 많은 매장이 늘어나면서 경쟁이 심화되는 점도 고려해서 창업해야 한다.

창업에 많은 관심을 가지고 고객층을 분석해 보면 주 고객이 누구인지는 쉽게 알 수 있다. 대부분 젊은 여성을 비롯하여 가까운 거리에 사는 가정주부들이 많다. 이들은 동네에서 잠시 이웃이나 친구를 만나더라도 대화할 공간이 없다.

이들에게 저렴한 가격에 커피나 음료와 함께 작지만 편안한 대화의 공간을 제공한다면 어떻게 변할지 많은 고민이 필요하다.

현재도 테이블 몇 개를 놓고 공간을 제공하는 베이커리도 많지만 이용률이 높지 않아 보이며, 아직까지는 빵집이라는 인식이 강하고 커피와 음료 등 편안하게 먹을 수 있는 공간과 메뉴 아이템의 다양성이 부족한 관계로 커피와 빵 한 조각의 여유를 찾기 힘들다. 이것이 갖추어지면 젊은 여성과 주부들을 고객으로 하는 베이커리카페 창업의 동기가 될 수 있다.

베이커리카페 창업 시 유의할 점은 현재 영업하는 매장을 인수하고자 할 경우 수익성과 경쟁력을 반드시 체크해 봐야 한다.

최근 베이커리카페 창업은 기존 점을 인수하는 경우가 많다. 신규로 입점할 만한 자리도 많지 않고 새롭게 경쟁에 뛰어드는 것보다 기존의 경쟁력을 장점으로 시장에 진입하고 싶은 마음과 안정적으로 접근하고 싶은 욕구가 많기 때문이다. 그러나 부동산 등을 통해 매물로 나와 있는 베어커리매장의 권리금이 매우 높기 때문에 당연히 입지가 최상이고 일 매출 얼마 이상을 보장한다는 식으로 많은 초보 창업자를 현혹하고 있다. 그러나 그들은 책임지지 않는다. 즉 창업자 스스로 투자한 금액에 대해 적정한 수익을 낼 수 있을 것인지를 판단해야 한다. 총 투자한 금액 대비 월 3% 이상의 수익이 가능할 것인지, 지불할 권리금은 최소한 계약기간 동안에 벌어들일 수 있을 것인지, 또 점포를 내놓고자 할 때 적정권리금을 받아 나올 수 있을 것인지를 판단할 수 있어야 한다. 또한 주변 경쟁업소와의 경쟁력에서 시장 점유율은 어느 정도일지, 현재의 상황보다 충분히 경쟁력을 갖춰 우위에 설 자신이 있는지도 판단해야 한다.

이미 고객들의 인식 속에 확고하게 자리 잡은 브랜드 베이커리 전문점과의 경쟁은 피할 수 없다. 또한 브랜드 베이커리 전문점 상호 간의 경쟁도 치열하다. 경쟁을 피할 수 없으면 경쟁을 즐기라는 말이 있다. 이는 지속적인 아이디어와 고객의 니즈 파악을 통해 고객들의 욕구를 끊임없이 만족시키려 노력하는 매장만이 가능하다.

경쟁력 부분 중에 입지, 규모, 인테리어, 가격, 맛 등은 이제 기본이다. 고객카드 및 쿠폰 등을 통한 고객관리도 기본이다. 기본은 바탕으로 하되 이에 덧붙여 +α가 필요한 때다. 이 +α가 무엇인가? 고객 니즈의 파악이며 변화이다. 이는 창업자가 해야 할 중요한 과제이다. 1980년대 후반부터 시작하여 IMF를 거치면서 국내 베이커리업계는 프랜차이즈 베이커리의 등장으로 큰 전환점을 맞는다. 상권 내 경쟁이 치열해지면서 개인 제과점이 하나둘씩 문을 닫기 시작했고, 프랜차이즈 베이커리의 시장 점유율 상승이라는 결과로 이어졌다. 최근 상황은 독특한 개성을 갖춘 소규모 개인 베이커리와 규모가 큰 베이커리카페, 디저트카페, 프랜차이즈 가맹점의 각축전으로 정리할 수 있다. 이는 그만큼 시장이 점차 커지고 있다는 증거이기도 하다. 현재 베이커리산업은 식빵 전문점, 빵 전문점, 파이 전문점, 타르트 전문점, 디저트 전문점, 케이크 전문점, 초콜릿 전문점, 쿠키 전문점 등으로 세분화되어 경쟁하고 있다. 빵과 함께 커피를 비롯한 다양한 음료를 판매하는 베이커리카페 형태의 개인 제과점이 시장에서 살아남기 위해 나타난 새로운 형태의 베이커리로서, 앞으로 제과제빵분야의 창업을 준비하는 예비 창업자가 참고할 만한 아이템이다. 소규모 전문점은 개인이 운영하는 형태로 매장은 보통 15평 내외에서 빵, 타르트, 케이크, 디저트 등을 직접 만들어 판매하는 곳을 말한다. 자신의 이름을 내걸고 하루하루 치열한 경쟁을 벌이는 이들은 제품 만들기에 강한 자부심을 느끼고 있으며, 제과제빵 직업을 천직으로 생각하는 사람들이 많다. 어떻게 보면 초보 창업자들이 쉽게 도전할 수 없는 분야처럼 보이지만, 실제로 개인 창업한 이들을 보면 처음부터 베이커리 창업을 꿈꿔왔던 사람은 많지 않다. 오히려 베이커리와 전혀 무관한 직종에서 일하다가 새로운 직업을 갖기 위해 창업한 사람이 많다.

베이커리카페 창업단계

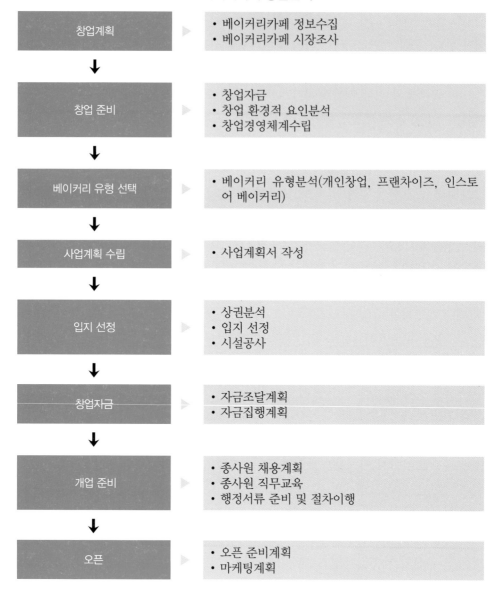

| 창업계획 | ▷ | • 베이커리카페 정보수집
• 베이커리카페 시장조사 |

↓

| 창업 준비 | ▷ | • 창업자금
• 창업 환경적 요인분석
• 창업경영체계수립 |

↓

| 베이커리 유형 선택 | ▷ | • 베이커리 유형분석(개인창업, 프랜차이즈, 인스토어 베이커리) |

↓

| 사업계획 수립 | ▷ | • 사업계획서 작성 |

↓

| 입지 선정 | ▷ | • 상권분석
• 입지 선정
• 시설공사 |

↓

| 창업자금 | ▷ | • 자금조달계획
• 자금집행계획 |

↓

| 개업 준비 | ▷ | • 종사원 채용계획
• 종사원 직무교육
• 행정서류 준비 및 절차이행 |

↓

| 오픈 | ▷ | • 오픈 준비계획
• 마케팅계획 |

02 창업계획 체크포인트

준비되지 않은 창업은 어떠한 경우라도 성공할 수 없으며, 준비된 창업이라 할지라도 사업이 제대로 진행되지 않는다면 그에 대한 대비책도 마련해 두어야 한다. 열정과 의욕은 '올인'하되 모든 가능성을 100% 낙관하면 안 된다.

창업에 관심이 있어 계획했다면 그 과정에서 꼼꼼히 체크하고 준비해야 할 사항들이 많이 있다.

① 당장 회사를 그만두고 창업하는 것이 가장 좋은 선택이라고 섣불리 판단하는 것은 좋지 않다. 창업 전 가장 안전하게 준비하는 방법 중 하나는 회사에 고용되어 있을 때 자신만의 사업을 천천히 계획하는 것이다.

② 자신이 주력으로 삼고자 하는 상품이나 서비스의 시장 동향, 대상 고객, 인력 등을 모두 꼼꼼하게 계획한다.

③ 행동으로 옮기기 전 창업계획을 체계적으로 정리하여 문서를 작성하는 것이 성공적인 창업을 위한 지름길이다.

④ 본인의 재정상황은 어떤지 확인해야 한다. 자신의 재정상황을 확인한 뒤, 투자자나 정부 지원금 등을 생각해 본다.

⑤ 자신의 창업을 알맞게 시작하려면, 현재 다니고 있는 직장을 그만두기 전에 창업과 관련된 법적인 사항 등을 꼼꼼히 체크해야 한다. 어떤 형태의 회사를 운영할 것인지, 라이선스가 필요한지, 규제 세금 등의 문제는 어떻게 운영해야 할 것인지를 확인하고 설계할 필요가 있다.

⑥ 창업하는 데 들어가는 경비는 최대한 줄인다는 생각으로 창업을 계획하는 것이 좋다. 현재 비용을 들이지 않고도 활용할 수 있는 자신의 자원은 무엇인지를 꼼꼼히 체크하여 정리한다. 창업을 먼저 해서 이미 사업을 운영하는 친구에게 물어 좋은 회계사나 마케팅 전문가 등을 낮은 비용으로 계약할 수도 있다.

⑦ 회사 규정을 무시하고 갑작스레 퇴사를 통보하거나, 회사를 욕하거나, 자신이 맡았던 업무를 다하지 않았거나, 후임에게 인수인계를 제대로 하지 않은 채 회사를 떠나는 것은 가장 안 좋은 선택이다.

⑧ 자기 사업을 시작하기 위해 떠나는 것이지만, 언제든 좋은 관계로 만나고 자기 자신을 신뢰할 수 있는 비즈니스맨으로 만들어두고 떠나는 게 좋다.

⑨ 자신만의 새로운 사업을 운영하는 것은 설레는 일이지만 생각보다 더, 많이 힘들

수 있다. 수익이 나지 않아도 혼자 매우 긴 시간 동안 일해야 할 수도 있고, 적자를 보며 얼마간 고생길을 걸어야 할 수도 있다.

⑩ 낭만적인 상상만으로 창업을 시작하지 말고, 어느 정도 고생을 각오하고, 꼼꼼히 준비하며 창업을 계획하자.

03 창업 준비

베이커리카페 창업주는 사업주체로서 모든 창업과정에서 핵심적인 역할을 한다. 그는 사업 시작과 운영에 대한 책임 위험요소를 지고, 그에 상응하는 보상을 기대하며, 가치 있는 새로운 것을 창조하는 사람이다.

창업을 결심했다면 첫 번째로 해야 할 일은 경영이념을 설정하는 것이다. 베이커리카페 창업을 무엇 때문에 왜 사업을 시작하려고 하는지와 어떻게 사회에 기여할 것인지를 검토함으로써 보다 의미 있는 출발점으로 시작하는 것이 좋다.

그 다음에는 창업환경에 대한 이해가 필요하다. 이를 위해서는 외부적으로 어떤 기회요소와 위협요소가 있는지를 살펴보는 외부 환경요인을 분석하고 창업자 자신의 장점과 약점을 검토해 보는 내부 환경요인을 분석해 보는 것도 많은 도움이 된다.

(1) 외부 환경요인

베이커리카페 창업의 가장 큰 문제 중 하나가 정치, 경제, 사회, 문화 등 외부환경요인들이 사업체 외부에서 많이 발생하는데, 이것은 경영자가 쉽게 예측하고 적절히 해결할 수 있는 것이 아니다.

① 정치적 요인

- 정부의 과다한 규제(식품위생법, 일회용 품목 쓰레기처리, 신고포상금 등)
- 과세정책의 변화
- 불합리한 상가 임대차법

② 경제적 요인

- 과다한 물가상승(식재료비, 인건비, 임대료)
- 국내외 경기상황

③ 사회적 요인

- 고객층의 다양한 욕구
- 저출산 고령화로 인구 불균형

④ 문화적 요인

- 빠르게 변화하는 소비자의 행동

(2) 내부 환경요인

내부 환경요인은 매장과 주방에서 일어나는 것이 대부분으로 경영에 직접적으로 많은 영향을 미치며, 매우 중요한 부분이다.

① 인적 자원과 관련된 문제

- 직원모집, 채용, 교육, 관리 등
- 직원 이직률 문제

② 판매 제품과 관련된 요인

- 식재료관리 및 제품 판매관리
- 재고관리 및 쓰레기 처리 문제

③ 작업환경 및 시설 장비문제

- 제품생산의 효율성과 판매의 효율성 문제
- 생산에 필요한 장비 및 적정도구를 적재적소에 배치

창업을 준비하는 과정에서 창업의 3요소인 창업자(인적 요소), 사업 아이템, 창업자본은 매우 중요하다.

창업자는 창업의 주체자로 창업에 필요한 다양한 아이디어를 확보하고 창업 사업성 분석, 창업계획 수립, 창업계획 실행을 수행한다.

창업의 준비단계에서는 창업에 필요한 전문지식을 습득하고, 사업전망, 상권분석 및 경쟁사 분석, 구매수요 파악, 영업에 필요한 법적인 제한여부, 생산제품설정, 투자금액 예상 후 추정 손익계산서를 작성하는 단계이다.

창업자는 창업에 필요한 인적 자원과 물리적 자원을 준비하고 새로운 것을 창조하려는 기업가 정신이 필요하며, 자본은 창업하고 경영해서 유무형의 자산을 형성하는 데 기본적으로 필요하다. 사업장을 설비하고 원재료를 구입, 제품을 생산하는 기술자 인건비 등의 경영자원을 조달하고 기술개발, 제품개발, 판매하기까지 창업의 가장 어려운 요인이 자금 확보에 있다. 또한 베이커리카페 창업에 적정한 베이커리유형과 판매제품을 설정하며, 3~4개월 전부터는 창업 매장을 선정하고 매장에 대한 조사를 하여 상권입지조사, 경쟁점포조사, 주변 가격조사, 상권평가, 매장가치를 평가하고 입점조건, 임대기간, 임대료, 임대조건 등을 계약한다. 그다음 인테리어와 시설 및 설비 구축 영업전략을 세워 추진한다.

창업 준비가 끝나면 인테리어 공사 일정표를 작성하여 그 일정에 맞추어 주방기기 설치, 직원 채용과 교육, 원재료 입고, 소모품 입고, 판촉행사 등의 일정을 계획하고 최종적으로 개점일을 확정한다.

베이커리카페 개점 일정표(7월 오픈 예정 예시)

항목	항목별 내용	5월	6월	7월
인테리어공사	도면 최종검토			
	견적접수, 계약준비			
	공사 시작 및 완료			
	의자, 테이블 수량 확정 및 입고			
	간판설정, 로고체 설정, 간판규격, 간판 제작 및 부착			
주방기기	기계류 및 소도구류 구매 계약			
	설치완료			
	시운전			
	인수인계			
메뉴확정	메뉴 레시피 체크 및 조정			
	식재료 리스트 작성			
	구매처 결정			
	식재료 입고			
	제품 생산 및 맛 테스트			

항목	항목별 내용	5월	6월	7월
주방비품, 소모품, 청소용품	주방비품 리스트 결정			
	소모품 리스트 결정			
	청소용품 리스트 결정			
	유니폼 결정			
인원 구성	주방인원 구성			
	매장인원 구성			
	전체 직원 교육			
인허가사항	전화기 신청 및 설치			
	영업허가 신청			
	보건증 신청			
	사업자 등록증 신청			
	위생교육 신청			
영업관리	오픈 플래카드 설치			
	카드기기 설치			
	오픈홍보, 이벤트 방법 결정			
판촉물 제작	메뉴북 제작, 메뉴북 입고			
	리플릿 제작 및 입고			
	DM 발송			
	포장 봉투 입고			
	개점 최종점검			
	오픈			

04 베이커리카페 유형 선택

창업을 생각하는 예비 창업자라면 가장 먼저 선택해야 하는 것이 독립적으로 본인이 창업할 것인지, 프랜차이즈 창업을 할 것인지의 결정이며 이것은 매우 중요하다.

현장에서 오래 근무한 전문가들도 이에 대해 어느 형태가 더 좋고 나쁘다고 말할 수는 없지만, 어떤 형태가 각 창업자에게 더 잘 맞는지는 조언할 수 있다.

베이커리카페의 창업환경과 자신에 대한 객관적인 검토를 거쳐 최근 트렌드와 자신에게 맞는 베이커리카페 유형을 찾아내야 한다. 개인 베이커리카페를 할 것인지 프랜차이즈를 할 것인지 성공적인 업종 선정을 위해서는 수익성, 안정성, 성장성 등을 갖추어야 하며, 자금조달 범위 안에 있는 업종이어야 하는 등 여러 가지 조건을 충족해야 한다.

업종 선정기준을 충족하는 후보업종이 선정되었다면 그 업종이 과연 얼마나 사업적으로 타당한가를 구체적으로 검토해 볼 필요가 있다.

이를 위해서는 우선 시장조사를 통해 시장규모, 예상 시장점유율 및 매출액 등의 유용한 데이터를 수집하여 최대한 이용한다. 이들 자료를 기초로 사업타당성이 가장 높게 나타난 유형을 최종적으로 선택한다.

다음은 베이커리카페 유형인 개인이 운영하는 독립창업과 프랜차이즈 창업의 각 장단점이다.

(1) 개인이 운영하는 창업

① 독립창업의 장점은 가장 부담이 되는 창업비용을 어느 정도 줄일 수 있는 것이다.
② 자신의 역량을 맘껏 펼칠 수 있다.
③ 독립점포가 안정화되고 성장하게 되면 이것을 본사로 하여 프랜차이즈 사업을 시작할 수 있고 사업을 다양하게 운영할 수 있다.
④ 경영자 자신이 수익에 대한 결정권을 가지고 점포를 운영하기 때문에 그 누구의 간섭도 받지 않는다.
⑤ 개인이 창업하는 경우 창업 준비부터 홍보, 운영, 제품개발, 제품판매 등 모든 것을 혼자 결정하고 실행할 수 있다.
⑥ 최소한 3개월 이상 기존동종 또는 유사업종의 사업장에서 경험을 쌓은 후 도전하는 것이 실패를 줄이는 방법이다.
⑦ 성공과 실패에 대한 모든 것은 창업자 본인이 책임을 져야 한다.

(2) 프랜차이즈 창업

① 프랜차이즈 창업의 큰 장점은 상권분석과 점포입지 등 창업의 초기부터 오픈과 경영에 이르는 프로세스를 프랜차이즈 본사에서 책임지고 지원해 주는 것이다.
② 경험이 없는 예비창업자라고 해도 쉽게 도전이 가능하다.
③ 프랜차이즈 창업 시 검증된 가맹본사를 선택하는 것이 중요하다.

④ 부실한 가맹본부를 선택할 경우 경영지원이 원활하지 않고 브랜드 이미지 실추로 매출하락의 원인이 될 수 있다.

⑤ 독립창업보다 마진이 낮고 가맹본사의 영업지침이나 관리지침을 준수해야 한다.

⑥ 독자적으로 영업전략을 펴거나 운영할 수 없다.

프랜차이즈 베이커리카페 창업을 위해 상권 입지를 선정할 때는 주변에 어떤 상권이 형성되어 있는지를 꼭 확인해야 한다.

상권은 학교, 오피스, 인구, 교통에 따라 다각도로 영향을 받기 때문에 꼼꼼하게 체크해야 하며, 프랜차이즈 창업을 위해 점포를 선정할 때는 장소의 권리금과 임대료를 고려하지 않을 수가 없다. 매출에 비해 지나치게 권리금이 높은 곳은 피하고, 주변의 상가임대료와 비교하여 적정한지 판단을 잘 해야 한다.

05 베이커리카페 사업계획서

베이커리카페 사업계획서란 사업자가 베이커리카페의 창업을 목적으로 사업 운영 시에 필요한 내용을 서식으로 표현한 문서이다.

베이커리카페 사업을 계획하기 위해서는 베이커리카페 창업의 목적, 베이커리카페 사업의 노하우, 사업에서 얻을 수 있는 순이익 등 사업 진행 시 사업 경영에 꼭 필요한 내용들을 구체적으로 작성해야 한다.

사업계획서를 작성할 때에는 베이커리 제조비용, 식자재 구매비용, 인건비, 자금 등과 같은 경제적인 부분에 대한 계획이 필요하며, 해당 분야의 사업시장에 대한 현황을 객관적이고 냉정하게 조사, 분석해야 한다. 이 사업계획서는 베이커리카페 사업의 성공을 위해 꼭 거쳐야 하는 중요한 과정이며, 사업 구상이나 생각을 사업계획서라는 틀 안에서 체계적으로 정리함으로써 창업 진행과정과 사업의 경영에 많은 도움이 될 수 있다.

사업계획서의 내용과 구체적인 실행계획을 담고 있는 사업계획서는 사업의 추진방향과 성공여부를 결정하는 매우 중요한 자료이다.

여기에는 업종과 제품선정, 시장현황에 대한 조사 및 분석 결과를 토대로 마케팅계획, 사업운영계획, 자금 및 수지계획 등이 포함된다.

베이커리카페 사업계획서에는 베이커리 제품의 종류, 기술부분, 제조과정, 시장조사, 마케팅전략, 투자 자금회수 가능성 등을 중점적으로 작성한다. 특별히 사업에 대한 노하우가 있다면 내용을 별도로 작성해서 사업의 핵심내용으로 구분하여 관리하는 것이 효과적이며, 사업계획서 목록은 다음과 같이 한다.

① 베이커리카페 회사소개
② 베이커리카페 창업 목적 및 특징
③ 베이커리카페 매장 입지 및 상권분석
④ 베이커리카페 영업장 개요
⑤ 조직 및 인원계획
⑥ 기계장비 및 기물 계획
⑦ 베이커리카페 메뉴 계획
⑧ 시장분석 및 영업전략
⑨ 자금계획 및 예산편성
⑩ 근무규정 및 매뉴얼

(1) 사업계획서 작성 시 유의사항

① 객관성 있게 사업계획서를 작성해야 한다. 사업계획이 너무 과대 포장되어 자기 주관적으로 치우치면 사업실행에 오류가 생길 수 있으며, 제3자로부터 신뢰를 얻는 데도 문제가 생길 수 있다. 가능하면 창업의 목적이 개인적인 이익을 추구하는 것이 아니고 공공의 이익을 위한 것이면 좋다.

② 자금조달 계획은 차질 없도록 정확해야 한다. 자금조달 운용계획은 정확하고 실현 가능성을 확보해야 한다. 자금에 차질이 생기면 사업위험이 클 수밖에 없다. 추측이나 가정은 하지 않는 것이 좋으며, 소요자본이나 운영비를 너무 적게 예측하지 않는다.

③ 사업계획서는 상황에 따라 계속 수정되어야 한다. 사업계획서는 한번 만들면 그만 인 것이 아니라 상황에 따라 새로운 요소가 발견되면 수시로 수정해야 한다. 그리고 계획사업에 잠재되어 있는 문제점에 대해 항상 점검하고 수정 보완해야 한다.

④ 사업계획서는 자신감을 바탕으로 작성되어야 한다. 창업자 자신이 가지고 있는 목표와 아이템을 고객에게 설득력 있게 납득시키는 것이 사업계획서의 목표임을 생각하고 자신 있게 작성해야 한다. 사업내용이 차별화되도록 핵심 사업내용을 기록한다.

⑤ 경쟁점포의 시장점유율을 과소평가하지 마라. 틈새시장을 집중적으로 공격할 전략을 제시하고 구체적인 숫자의 예측부터 사업이 성공할 것이라는 객관적인 자료

를 제시한다. 특히 제품의 가격, 이윤, 판매량, 시장점유율 등을 예측할 때는 지나치게 낙관적인 자세로 임해서는 안 되며, 예상되는 경쟁관계를 과소평가하지 않아야 한다. 또한 사업계획에 잠재되어 있는 문제점과 향후 발생 가능한 위험요소를 심층 분석하고, 예기치 못한 사정으로 창업이 지체되지 않도록 수시로 점검해야 한다.

(2) 프랜차이즈 사업계획서

프랜차이즈 사업계획서는 상품을 유통하거나 판매 및 서비스를 하고자 프랜차이즈 가맹점 체인에 참여하는 독립점 사업을 창업하기 위해 작성하는 사업계획서 양식이다. 가맹본부(franchisor)와 가맹사업자(franchisee)가 점포운영에 관한 계약을 체결하고 본부가 상호, 상표, 기타 영업에 대한 운영방법 상품제조 노하우를 제공하여 상품의 판매나 기타 영업행위의 행사권리를 부여하는 대신 가맹사업자는 일정한 대가를 본부에 지급하고 사업에 필요한 자금을 투자하여 가맹본부의 지도나 통제에 의해 사업을 운영하는 일체의 비즈니스 사업을 할 경우에 작성한다. 우리가 잘 알고 있는 체인형태에 따른 분류로는 본부 직영 체인점과 임의적 체인점, 프랜차이즈 체인점이 있으며 권리 및 독점권의 범위에 따른 분류로는 점포 단위 프랜차이즈, 지역 단위 프랜차이즈, 지역별 하위 가맹점 모집권 부여 프랜차이즈 등의 형태가 있다.

가맹사업자의 입장에서 작성할 경우에는 사업계획서 작성 목적에 맞게 회사소개와 사업소개 및 목적에 맞는 제안 내용이 들어가야 한다. 특히 자본금이 부족하여 정부기관 및 금융기관에 자금 대출을 목적으로 작성한다면 사업 의지와 차입금 상환 계획을 잘 세워 작성해야 한다.

〈프랜차이즈 사업계획서 서식 목차〉

① 회사 일반현황

회사 개요, 회사연혁, 대표자 사항, 임원현황, 조직현황

② 이커리카페 상품의 개요

메뉴의 개요, 상품의 특성 및 장점, 상품의 가격, 상품사진

③ 매장 입지 및 상권분석

상권현황 및 특성, 경쟁점포 상권분석, 상권분석 체크리스트, SWOT분석

④ 사업추진계획

사업 전개방안, 점포 입지현황, 점포 설비현황 및 투자계획, 조직 및 인원계획, 행사 및 마케팅계획, 식자재(재료) 구입계획(월간), 매출계획, 경비지출계획(월간), 사업추진 일정계획

⑤ 자금조달 및 차입금 상환계획

추정 소요자금 및 자금조달계획, 담보제공계획, 차입금 상환계획

⑥ 추정재무제표 수립

추정 손익계산서, 추정 재무상태표

06 입지 선정

(1) 입지(Location)의 개념

입지란 해당점포가 있는 장소를 의미하며, 입지가 중요한 이유는 아무리 좋은 상권에 좋은 사업 아이템이라도 입지가 안 좋으면 상대적으로 고객에게 다가갈 수 있는 빈도가 낮기 때문에 규모가 작은 점포는 입지가 매우 중요하다.

업종을 먼저 선정할 것인지 아니면 입지를 먼저 선정할 것인지에 대한 논쟁은 의미가 없다. 창업가의 사정에 따라 적절하게 대응하면 된다. 업종을 먼저 선정했다면 선정한 업종의 주 고객층이 많이 모여드는 곳에 입지를 정한 다음 상권분석 과정을 거치면 된다. 점포사업을 할 경우 상권분석은 사업의 성패가 걸릴 만큼 중대한 문제다.

상권분석의 핵심은 유동인구를 파악하는 것이다. 연령대별, 성별, 시간대별로 유동인구를 조사하고 해당 상권의 현재 상황뿐만 아니라 앞으로의 전망을 분석해야 한다.

(2) 다양한 정보 수집방법

점포매물에 관한 정보 수집을 위해서는 부동산 중개업소를 통하는 방법과 일간신문, 부동산전문 월간지와 주간지, 지역정보지, 인터넷 부동산사이트, 지역상권 뉴스, 신문에 삽입되어 있는 상가분양 광고 등의 전단지, 지역유통책자 및 광고책자, 가까운 지인 등을 통해 다양하게 접할 수 있다. 이 중에서도 부동산 중개소를 통하는 것이 가장 일반적인 방법이다. 구두로 매물을 알아보기보다는 서면으로 점포의 형태, 용도,

필요시기, 예정 점포구입비용, 권리금과 보증금 등의 희망조건을 작성해야 한다. 또 다른 방법은 본인이 신축 건물이나 공사 현장사무실을 찾아가 확인하는 방법이다. 이 경우에도 부동산 중개업소를 찾아가 중개를 의뢰하는 것도 한 방법이며, 이때 건물주의 인성이나 신용상태, 건물현황을 알아볼 수도 있다.

(3) 좋은 점포는 빨리 거래된다

특정 지역에 집중적으로 매물정보를 찾아보는 것이 효과적이다. 대부분의 매물은 사업성이 부족해서 나온 것이며, 좋은 매물은 빨리 거래된다. 좋은 점포는 매물의 특성을 이해하면 쉽게 구별되며, 유명상권에서도 권리금 없는 매물이 나올 수 있다.

(4) 매장은 가까운 지역의 중심상권에서 찾는다

많은 이익을 창출하여 행복한 가정생활을 영위하기 위한 사업이 가족과의 대화 부족과 무관심으로 역효과를 초래한다면 사업 자체에 환멸을 느끼고 심리적인 갈등 끝에 사업 또한 어려워질 수도 있다. 대부분의 예비창업자들은 자영업을 하면 아무래도 시간의 제약을 받지 않고 자유로울 테니 쉬고 싶을 때 항상 쉴 수 있다는 생각으로 사업을 시작하지만 현실은 그렇지 않다. 매출이 상승하지 않아 잠을 못 이룰 때가 있는가 하면, 경쟁업소에 뒤지지 않기 위해 밤낮으로 긴장하기 때문에 마음 편히 쉬는 것도 불가능하다. 또한 매장과 집이 거리상으로 너무 떨어져 있으면 출퇴근하는 것도 심리적 부담을 초래한다. 따라서 매장을 찾을 때는 매장과 자택의 거리가 통상 30분~1시간 이내가 좋으며, 거주지 주변이나 교통이 편한 곳을 선택하는 것이 매장 입지의 특성도 파악할 수 있고 창업 후 고정고객 확보에도 용이하다.

(5) 매장 입지로서 갖추어야 할 필수요건

① 해당매장이 운영될 수 있는 만큼의 인구·세대수가 갖추어져 있어야 한다. 즉 고정 수요가 될 수 있는 부분이므로 중요하다.
② 매장접근이 용이한 것이 좋다.
③ 가시성이 좋아야 한다. 매장을 알리는 데 소요되는 기간은 최소한 3개월 이상이기에 가시성이 확보되어야 한다.
④ 임대료 문제. 일 매출을 예상하여 보통 곱하기 3을 하는 것이 적정 임대료라고 하고 있으나 사람마다 생각이 다를 수 있다.

07 입지분석 과정 및 방법

입지분석은 총 2단계에 걸쳐 분석이 이루어진다. 1단계는 매장이 위치할 지역을 결정하고 2단계는 설정된 지역에 매장이 위치할 만한 특정지점을 선정·분석한다.

(1) 1단계 : 지역 설정

① 인구분석 : 판매하는 제품을 구매할 만한 고객 수가 충분한지 조사
② 구매력 분석 : 주변인구의 소득수준에 대한 조사. 구매력은 소득수준에 따라 다르다.
③ 고객의 구매 스타일 분석 : 상권 내 고객들의 소비 스타일을 조사·분석한다.

(2) 2단계 : 특정지점 선정

① 통행량 분석 : 매장에 들어오거나 매장 앞을 지나가는 사람의 수 조사
② 주변 매장분석 : 주변 매장의 영향은 당연히 나에게 온다. 그러므로 주변 매장들의 업종이 나에게 도움이 되는 것인지 피해를 주는 업종인지를 분석한다.
③ 매장 접근 용이성 분석 : 사람의 통행이 잦은 곳에 위치하고 건널목, 지하철입구 등 고객이 쉽게 접근할 수 있는지를 분석한다.
④ 매장의 가시성 분석 : 사람들의 눈에 잘 보이고 장애물이 없는 곳이 좋다.
⑤ 매장의 과거상황 분석 : 과거에 장사가 잘된 곳인지 실패하고 나간 곳인지를 분석하여 참고한다.

08 창업자금 마련

창업하려면 자금이 있어야 한다. 물론 무자본 창업도 있으나 순수하게 창업자금 없이 시작할 수 있는 사업은 없다. 창업을 한다고 결정하면 창업자금 계획을 세워서 세밀하게 자금계획을 해야 한다. 창업에 필요한 자금은 다음과 같다.

(1) 임대보증금

매장을 구하기 위해서는 임차보증금이 필요하다. 1층이나 역세권, 그 외 지역에 따라 천차만별이지만 대개 총 창업자금의 30%를 차지한다. 부동산이나 앱을 통해 상권 분석도 하고 주변을 돌아보면서 부동산을 구한다. 보증금이 낮으면 좋으나 주변 시세

와 차이가 너무 많이 나면 이유 없이 싼 곳은 없기 때문에 약간의 의심을 가지고 접근하는 것이 좋다.

(2) 권리금

말도 많고 탈도 많은 것이 권리금이다. 기존 업자가 매장을 운영하면서 투자한 인테리어 비용이나 광고, 단골손님의 수 등이 포함된 영업력을 의미한다.

① 바닥 권리금

바닥 권리금은 해당 매장의 지역 상권과 입지에 대한 가치를 말한다. 즉 장사가 잘되는 곳에 있기 때문에 기본 매장에 대한 권리금이라고 생각하면 된다. 번화가, 역세권 1층에 주로 많이 형성되어 있으며, 장소마다 시세가 다르다. 물론 권리금이 하나도 없을 수도 있다.

② 시설 권리금

매장의 시설, 인테리어, 장비, 기구 등에 대한 권리금이라고 생각하면 된다. 중고가격이지만 대체로 시설에 대한 감가상각은 1년에 30%씩 가치가 하락한다고 생각하고 계산한다. 상권에 따라 권리금이 없을 수도 있다.

③ 영업 권리금

영업력이 얼마나 있느냐에 따라서 즉 장사가 잘되느냐에 따라서 영업 권리금이 책정된다. 세금 신고를 제대로 하지 않았을 경우 정확한 매출액을 계산하기 어렵고 매장주인이 바뀌어도 영업이 그대로 유지된다는 보장은 없다. 영업 권리금은 주로 순이익 × 12개월로 계산한다.

④ 인테리어비용

매장 내 외부의 인테리어를 말한다. 인테리어는 바닥, 천장, 외부간판, 내부 조명공사, 기존 인테리어 철거공사가 주를 이룬다. 인테리어는 최대한 꼼꼼하게 체크하고 공사할 항목을 파악하며, 인테리어를 할 시공자는 최소 3군데 이상을 선정하여 견적을 받아보는 것이 좋다. 견적에는 부가세와 에어컨, 전기 등의 공사에 추가비용이 들어가지 않는지 확인해야 한다.

⑤ 시설 및 집기

난방기나 냉장고, 에어컨, TV, 각종 가구나 집기 등을 말하며, 인테리어 공사 업체에서 데스크나 선반 등 집기를 추가로 만들어주는 곳도 있다.

⑥ 예비운영자금

창업해서 처음 매장을 운영하기 위해서는 운전자금 즉 예비자금이 반드시 필요하다. 일반적으로 월세와 직원급여, 재료비, 광고 홍보비, 각종 공과금 등을 말한다. 최소한 6개월 정도의 예비자금이 있어야만 안정적으로 운영할 수 있다. 자금이 부족하면 운영에 어려움을 겪을 수 있다.

창업자금은 자금계획을 얼마나 치밀하게 수립했느냐에 따라 창업 초기 많은 돈을 절약할 수도 있고 예상 밖의 문제가 발생하여 자금난의 어려움을 겪을 수도 있다. 대부분은 창업자금이 부족하지만 오픈 등 바쁜 관계로 정신이 없다 보면 생각지 못한 추가 지출과 낭비가 발생할 수 있으므로 계획을 잘 세워서 진행한다.

창업자금의 50% 이상은 자기자금으로 하는 것이 원칙이다. 외부에서 자금을 과다하게 조달하면 창업 초기부터 무리수를 두게 되는 경우가 많고 예측하지 못한 사태가 발생했을 때 대응능력이 저하된다. 창업하는 과정이나 경영을 하다 보면 뜻하지 않은 곳에서 자금수요가 발생하는 경우가 많기 때문에 사업을 시작하기 전부터 은행 등 금융기관의 자금, 정부지원 자금에 대한 정보를 수집해 자금마련과 수지계획을 세워둬야 한다.

(3) 자금의 수요

• 운전자금 : 사업 시작 후, 사업활동(매출 등) 및 점포운영에 필요한 경비
• 시설자금 : 사업장 확보비용과 사업장에 필요한 집기비품 구입비 등

(4) 자금의 조달

• 자기자금 : 창업자 본인의 자금으로 조달비용이 들지 않음
• 타인자금 : 외부에서 조달하는 자금으로 조달비용을 지불함
• 운전자금 : 재료비(상품구입비), 인건비, 경비(임대료 등), 지급이자(금융비 등)
• 시설자금 : 임대보증금, 사무집기, 비품비, 가맹비, 인테리어 공사비, 권리금, 기타 시설자금

09 개업 준비

창업 준비를 잘해 여러 가지 과정을 원만히 처리했다고 하더라도 창업의 마무리 단계인 영업 준비를 철저히 하지 않으면 그동안 준비한 모든 과정이 의미 없는 결과를 가져온다. 이 단계에서는 고객에게 판매할 제품의 종류를 결정하고 생산관리, 품질관리를 해야 하며, 종업원을 채용하고 교육 훈련하는 일이 가장 중요하다. 그리고 영업허가나 신고 등의 행정절차를 밟아야 한다. 즉 해당업종을 담당하는 관청에서 사업의 인허가를 받아야 하고 해당관청에 사업자등록 또는 법인설립등기를 하는 단계이며, '개인기업'의 경우에는 사업장을 관할하는 세무서에 사업자등록을 위한 신청서를 제출한 후 사업자등록증을 교부받음으로써 간단히 설립할 수 있으나 '법인'의 경우에는 관할 지방법원이나 등기소에 설립등기를 한 후 관할세무서에 법인설립 신고를 하여야 한다.

효율적인 개업 전략을 일정별로 나누어보면 다음과 같다.

① 오픈 30일 전

현수막을 건물 외벽 등 눈에 잘 띄는 곳에 부착한다.

현수막은 독특한 디자인과 카피로 베이커리카페를 지나는 유동인구의 관심과 궁금증을 유발할 수 있도록 한다.

② 오픈 7일 전

창업자 사장님을 포함한 전 종사원은 매장에서 종사원 서비스교육과 제품의 특징, 고객의 동선 등 오픈에 대비한 최종 리허설을 마쳐야 한다.

③ 오픈 3일 전

가족이나 협력자를 초빙하여 오픈 때 판매하는 제품과 동일하게 만들어 서비스를 제공하여 시식회를 개최하고 참석자들에게 피드백을 받고 세심하게 검증받는다.

사전 예행연습 없이 오픈하면 제품의 품질과 고객 서비스 등으로 엄청난 혼란에 빠질 수 있기 때문이다.

④ 오픈 당일

베이커리카페 오픈을 알리는 이벤트를 준비하고 고객에게 나누어줄 기념품을 체크하며, 전 종사원이 깨끗한 유니폼을 입고 고객을 맞이하여 분위기를 한층 끌어올린다.

유니폼을 착용한 종사원의 모습에서 정갈함이 느껴지고 하얀 모자를 쓴 파티셰의 멋진 모습을 보면 제품의 맛과 정성이 느껴진다.

10 오픈

창업과정의 마지막 단계는 실제로 사업을 시작하여 시장으로 나아가는 것이다. 이제부터는 연습이 아니라 실전에 투입되는 것이다. 그러므로 특정 시장을 놓고 다투는 경쟁자를 이겨내지 못하면 자신이 희생되는 냉엄한 현실을 직시해야 한다.

창업자에게 오픈 전까지의 과정이 준비과정이었다면 오픈은 전쟁의 시작이다.

오픈한다는 것은 남의 단골손님을 빼앗아 오는 것을 의미한다.

그렇기 때문에 오픈의 마케팅 전략은 매우 중요하며, 우선 대상 고객을 어떤 방법을 써서라도 매장을 방문하게 만들어야 한다. 아무리 맛있는 제품을 많이 만들어 놓아도 일단은 고객이 들어와 구매해서 먹어봐야 한다.

오픈은 창업의 꽃이다. 하지만 시장에 늦게 진출하는 사람은 여러 면에서 위험에 노출되어 있다.

그만큼 더 열정적으로 도전하지 않으면 성공의 길은 멀어진다. 창업에서는 늦게 시작한 사람이 먼저 퇴출될 수 있다는 시장의 생리를 알아야 한다.

처음 오픈한 매장일수록 인테리어나 서비스에 미숙한 부분이 있어도 고객들은 쉽게 발길을 돌리지 않는다. 그러나 제품의 품질은 다르다. 맛없는데 양을 많이 준다고 좋아하지 않으며, 아무리 맛있는 제품이라도 터무니없이 비싼 가격이면 고객은 오지 않는다.

베이커리카페 창업에 있어서 가성비가 최우선임을 창업자는 명심해야 한다.

11 베이커리카페 창업자금 조달방법

베이커리카페 창업을 위해서는 창업자 본인의 열정과 자신에 대한 철저한 자기분석, 판매 메뉴에 대한 자신감, 고객에 대한 신념, 최근의 트렌드 등을 종합적으로 판단하여 베이커리카페 창업을 시작하는 것이 중요하다. 이러한 창업 시 준비해야 할 중요한 점들은 다음과 같다.

(1) 창업을 위한 투자 자금이 필요하다

베이커리카페를 운영하기 위해서는 기본적으로 들어가는 초기 자본금이 필요하다.

자기 자금만으로 창업할 수 있다면 가장 이상적이겠지만 대부분의 예비 창업자에게는 어려운 일이다. 자금부족으로 인하여 가족이나 친인척, 선후배, 금융기관 등에서 자금을 빌려야 한다. 최근에는 정부에서 다양한 방법으로 낮은 금리로 창업자금을 지원하고 있으며, 정부의 융자제도는 다음과 같다.

① 정부의 융자 창업자금 조달방법

제조업 또는 지식서비스업종의 경우는 중소벤처기업진흥공단의 창업기업지원자금(청년전용창업자금 포함)을 신청하고 소매업, 음식숙박업, 기타 서비스업은 소상공인 지원 자금을 신청하면 된다.

② 중소벤처기업진흥공단의 창업기업지원자금

1) 사업목적

가. 우수한 기술력과 사업성은 있으나 자금력이 부족한 중소 · 벤처기업의 창업을 활성화하고 고용창출을 도모하고자 하는 융자.

나. 융자규모 : 14,500억 원

다. 신청대상 : 일반창업기업지원자금, 청년전용창업자금으로 구분 지원(1인 창조기업 포함)

라. (일반창업기업지원)「중소기업창업 지원법 시행령」제2조 및 제3조의 규정에 의한 사업 개시일로부터 7년 미만(신청 · 접수일 기준)인 중소기업 및 창업을 준비 중인 자

마. (청년전용 창업) 대표자가 만 39세 이하로 사업 개시일로부터 3년 미만(신청 · 접수일 기준)인 중소기업 및 창업을 준비 중인 자

- 일반창업기업지원자금, 청년전용창업자금 모두 최종 융자시점에는 사업자 등록 필요함

바. 융자 범위

2) 시설자금

가. 생산설비 및 시험검사장비 도입 등에 소요되는 자금

나. 정보화 촉진 및 서비스 제공 등에 소요되는 자금

다. 공정설치 및 안정성평가 등에 소요되는 자금

라. 유통 및 물류시설 등에 소요되는 자금

마. 사업장 건축자금, 토지구입비, 임차보증금

- 토지구입비는 건축허가(산업단지 등 계획입지의 입주계약자 포함)가 확정된 사업용 부지 중 6개월 이내 건축착공이 가능한 경우에 한함

바. 사업장 확보자금(매입, 경·공매)

- 사업장 확보자금은 사업영위 필요에 따라 기업당 3년 이내 1회로 한정 지원

3) 운전자금

창업소요 비용, 제품생산 비용 및 기업경영에 소요되는 자금

4) 융자조건

가. 대출금리(변동금리) : 정책자금 기준금리(기준)

나. 일반창업기업지원자금의 시설자금 지원 시 고정금리 선택가능

다. 청년전용창업자금은 연 2.5% 고정금리 적용

5) 대출기간

가. 시설자금 : 8년 이내(거치기간 3년 이내 포함)

나. 운전자금 : 5년 이내(거치기간 2년 이내 포함)

다. 청년전용창업자금 : 시설은 6년 이내(거치기간 3년 이내 포함), 운전은 5년 이내(거치기간 2년 이내 포함)

6) 대출한도 : 공통사항의 '개별기업당 융자한도'

가. 운전자금은 연간 5억 원 이내. 단, 10억 원 이상 시설투자기업, 10인 이상 고용창출 기업 및 10인 이상 2년간 고용유지기업의 운전자금은 연간 10억 원 이내(청년전용창업자금 제외)

나. 청년전용창업자금 : 기업당 1억 원 이내

7) 융자방식

가. (일반창업기업지원) 중진공이 자금 신청·접수와 함께 기업평가를 통하여 융자대상 결정 후, 중진공(직접대출) 또는 금융회사(대리대출)에서 대출

나. (청년전용 창업) 중진공이 자금 신청·접수와 함께 교육·컨설팅 실시 및 사업계획서 등에 대한 평가를 통하여 융자대상 결정 후 직접대출(융자상환금 조정형)

다. 융자상환금 조정형 : 정직한 창업실패자에 대하여 심의를 통해 선별적으로
융자상환금의 일부를 조정

8) 소상공인 창업초기자금

가. 지원 대상

- 사업자등록증 기준 업력 1년 미만의 소상공인으로
- 중소벤처기업부 장관이 정한 교육과정을 12시간 이상 수료한 소상공인

교육 인정 기준

구분	시수	비고
① 공단 이러닝 교육 (edu.seda.or.kr)	12시간 이상	• 창업공통 · 경영공통 · 실전창업 · 실전경영 · 협동조합 등 전 교육과정
② 소상공인 사관학교	150시간 내외	• 소상공인 사관학교 이론교육 수료생
③ 신사업 사업화 교육	80시간 이내	• 신사업 사업화 교육 졸업생
④ 소상공인 경영 교육	12시간 이상	–
①~④ 교육 이외의 오프라인 교육	12시간 이상	• [붙임4] 중소벤처기업부 인정교육 범위 참조 • 관련교육 수료증 지참 및 확인 필수

「재난 및 안전관리 기본법」에 따른 특별재난지역 소재 소상공인 또는 지자체에서 재해확인증(또는 피해사실 확인서)을 발급받은 재해 피해 소상공인은 교육 이수 없이 신청 가능
1. 인정기간 : 교육 수료일로부터 1년까지
2. 융자조건
    가. 대출한도 : 업체당 최고 7천만 원
    나. 대출금리 : 정책자금 기준금리 + 0.6%p(분기별 변동금리)
    다. 대출기간 : 5년(거치기간 2년 포함)

창업 시 자기자금은 많을수록 좋다. 부채가 많으면 이자 등 지출이 많기 때문에 매장 운영에 매우 어려움이 따른다. 임대료, 식재료비, 급여 등 많은 지출을 약속된 날짜에 지급하기 어려워 이를 지키지 못할 경우 신용을 잃어 사업을 운영하는 데 큰 타격이 따른다. 그러므로 창업자금은 자기자금이 차지하는 비율이 50%는 넘는 것이 바람직하다.

소상공인 준비서류

구분	준비서류
공통	① 실명확인증표(운전면허증, 노인복지카드, 장애인복지카드, 여권 등) ② 사업자등록증 또는 사업자등록증명(최근 1개월 이내) ③ 상시근로자 확인가능 서류(최근 1개월 이내) 　– 상시근로자 없는 경우 : 보험자격득실확인서 또는 소상공인확인서 　– 상시근로자 있는 경우 : 사회보험 납부확인서, 사업장가입별 부과현황 　　(또는 부과 내역), 국민연금보험료 결정내역서, 개인별 건강보험 고지산 　　출내역, 원천징수이행상황신고서, 소상공인확인서 중 택 1 ④ ('18년 이후 창업기업) 매출액 확인서류: 최근 1년간 표준재무재표증명(손 　익계산서) 또는 부가가치세과세표준증명 　• 단, 직전 또는 당해연도 창업기업은 융자 신청서류(사업계획)로 대체 　• ③번 상시근로자 확인서류로 "소상공인확인서"를 제출한 경우 생략 가능 ⑤ (필요시*)업종별 연매출액 확인 서류(최근 1년간) 　– 표준재무제표증명(손인계산서), 부가가치세신고서, 사업장현황신고서 　　중 택 1 * 하나의 기업이 상시근로자 수 기준이 다른 2개 이상의 업을 영위하는 경우
추가(재해 소상공인)	① 교육 수료조건 예외 적용 시 : 재해확인증 또는 피해사실확인서(지차체 　발급) * 특별재난지역 소재 소상공인은 재해확인을 위한 증빙서류 불필요

(2) 창업비용 줄이는 방법

　최근 들어 예비창업자들에게 있어 어느 때보다 많은 어려움이 예상된다. 그 어려움 중 하나가 지난해보다 많이 오른 최저임금이다. 2018년에 시간당 최저임금은 6천470원에서 7천530원으로 16.4% 증가했고, 2019년에는 2018 대비 10.9% 인상된 8천350원. 때문에 이는 사업장을 운영하는 대표자와 새롭게 창업하고자 하는 예비창업자의 입장에서 보면 상당한 부담으로 다가온다. 이런 상황을 고려하여 베이커리카페 창업 점포의 크기를 고려할 때부터 점포에 투입되는 인력을 감안해 조심스럽게 결정할 수밖에 없다. 최저임금 인상 외에도 불경기의 장기화에 따른 소비심리 위축이 길어지고 있으며, 인기 창업아이템에 대한 지나친 판매 전략과 경쟁으로 인한 매출하락, 식재료 및 원자재 가격의 지속적인 상승, 프랜차이즈 기업의 공격적인 마케팅, 외식, 판매, 서비스 아이템의 수명주기 감소로 인해 예비 창업자들은 많은 부담을 가지고 연구해야 한다.

　청년창업을 하는 젊은이 외에는 대부분 가족을 부양해야 하는 가장인 경우가 많기 때문에 상대적으로 시간적 여유와 준비 부족에도 불구하고 창업에 뛰어들 수밖에 없는 것이 현실이다.

이러한 어려움을 타개하기 위한 방법 중 하나가 초기 창업비용 및 운영비용을 절감하는 것이다. 이는 예비비를 비축하고 추가 대출 등 자금 운용을 무리하지 않으면서, 매출이 어느 정도 수준에 근접하고 해당 지역에서 고객을 확보할 때까지 안정적으로 운영하기 위함이다. 구체적으로 초기 창업비용을 절감하기 위한 방법은 다음과 같다.

① 베이커리카페 선택부터 권리금 협상과 주방기기 선택 등 다양한 방법으로 접근한다.

② 충분한 시간을 가지고 조금만 발품을 팔면 새것이나 다름없는 중고 주방기기나 냉난방기기를 저렴한 비용으로 구매할 수 있다.

③ 인테리어 비용과 간판 비용의 경우 복수 견적 및 인테리어 목공업체를 활용하는 방법을 통해 절감이 가능하다.

④ 직접 의뢰해 인테리어 작업을 하는 경우에는 예비창업자 자신의 관련 배경지식도 어느 정도 갖춰져 있어야 한다. 자칫 비용절감에만 신경을 쓰다 보면 원하는 대로 공사가 마무리되지 않아서 추가공사를 해야 하는 우를 범할 수도 있기 때문이다.

⑤ 운영비용의 절감을 위해서는 효율적인 인력관리가 중요하다. 창업 아이템에 따라 차이는 있지만, 최저임금 상승으로 인건비 부담이 더욱 가중되는 상황 속에서는 무인화 시스템을 도입하는 것이 전체적인 운영비 절감에 도움이 될 수 있다.

⑥ 창업 초기에 식재료는 선입선출을 통한 재고관리, 판매 물량에 대한 정확한 예측을 통해 재료비 손실을 방지하는 것도 운영비용을 낮출 수 있는 방법이다.

베이커리카페
상권분석

길을 가다 보면 이곳에 베이커리카페 하나 정도 있으면 참 좋을 텐데 생기질 않네? 하는 곳이 누구나 한두 군데쯤 있다. 누가 봐도 베이커리카페가 생기면 잘될 자리인데 왜 안 생기는 것일까요? 이런 의문점이 있을 수 있다.

첫 번째 이유는 베이커리카페를 창업하려는 사람의 시선으로 보는 게 아니라 베이커리카페가 생기면 손님으로 즐기려는 사람의 입장에서 보기 때문이다.

두 번째 이유는 용기와 전문성이 없기 때문이다. 주변에 많은 베이커리카페가 있거나 기본상권이 이미 형성되어 있는 곳이라면 나 혼자가 아니기 때문에 누구나 망설임 없이 창업할 수 있다.

하지만 다른 사람이 하지 않는 곳에서 창업한다는 것은 많은 위험을 감수하고 철저한 준비와 용기가 뒤따르시 않고서는 쉽시 않은 일이다. 그러나 상권이 없거나 베이커리카페가 없는 곳에 창업할 경우 준비만 확실히 한다면 위기보다는 오히려 좋은 기회가 될 수 있다.

'원조 베이커리카페'로서 우수한 고객을 많이 확보하여 재방문을 유도하면 단골 고객이 늘어나 영업에 유리한 것은 물론 늦게 시작하는 사람들이 갖지 못하는 좋은 입지를 저렴한 자본에 선점할 수 있기 때문이다. 이렇게 창업을 하기 위해서는 미래를 내다보는 확실한 준비와 이후 뒤따라서 들어올 많은 경쟁업체들과의 싸움에서 살아남을 수 있는 나만의 콘셉트가 있어야 한다.

01 베이커리카페 상권

(1) 전철역 주변이나 유동인구가 많은 상권

유동인구량은 가장 많으나 대부분 대중교통을 이용하는 고객이므로 실제 매장을 이용하는 고객 수는 많지 않을 수도 있으니 이 점이 중요하며, 많은 사람들이 움직이는 출퇴근 시간에 맞게 영업시간을 정해야 한다.

(2) 주택가 상권

주택가는 유동인구보다는 단골 고객 및 지역주민을 주로 상대하므로 그 지역의 인구밀도를 충분히 확인하고, 그 지역의 생활수준 및 경제능력을 파악한 뒤 그에 맞추어 베이커리카페 입지를 선택해야 한다.

(3) 대학가 상권

고객 대부분이 학생이므로 가격이 낮아야 하며, 프랜차이즈일 경우 브랜드를 고려해야 한다. 이 밖에도 긴 방학, 축제기간, 토요일, 일요일, 공휴일 등 고려해야 할 부분이 많다.

(4) 유흥가 상권

오전보다 오후, 저녁에 활발해지는 상권의 특성을 파악해야 하며, 20대, 30대가 주 고객이며, 다른 지역에 비해서는 인테리어 및 시설에 대한 부담감이 있을 수 있다.

(5) 오피스텔 상권

제품의 맛과 유행에 민감하기 때문에 점심시간과 저녁시간 메뉴에 대한 확실한 콘셉트가 있어야 한다. 또한 주말, 공휴일에는 어떻게 운영할지 많은 부분을 생각해야 한다.

(6) 건물 1층 상권

많은 사람들의 눈에 띄는 인테리어로 고객들에게 호기심과 '구경 한번 해보자'라는 생각을 가지도록 함으로써 가볍게 고객을 확보할 수 있다는 것이 가장 큰 장점이다.

1층은 단골 고객뿐만 아니라 앞을 지나가는 많은 고객이 들어올 수 있기 때문에 매장 임대료와 권리금이 높다.

(7) 건물 지하층 상권

고객의 눈에 많이 노출되는 베이커리카페가 아니므로 고정고객이 찾아오는 손님을 대상으로 영업을 해야 한다. 1층보다는 불편하지만 2층보다는 출입이 편할 수 있으며, 1층 또는 다른 층보다 저렴한 임대료로 넓은 공간을 활용할 수 있다는 장점이 있다.

(8) 건물 2층 상권

1층보다는 쾌적성이 높으므로 편안한 공간을 만들어 고객이 장시간 활용할 수 있는 베이커리카페를 만들 수 있으며, 1층과 비교하여 임대료가 낮기 때문에 부담감을 줄일 수 있으나 고정고객을 확보하기 위해서는 판매하는 제품의 품질이 높고 소문이 나서 재방문하는 고객을 많이 확보해야 한다.

(9) 잘 아는 지역 상권

창업을 처음 하는 초보자들은 본인이 살고 있거나 가장 잘 아는 지역에서 창업하는 것이 매우 유리하다. 본인이 그 지역에서 살면서 자연스레 주 고객의 연령층, 지출 성향, 상권 등을 알게 되므로 권리금이나 임대료에서 입을 수 있는 피해를 줄일 수 있다. 창업 초보자가 잘 알지 못하는 지역에 가서 가게를 소개받거나 번화가에서 가게를 구하려고 다니다 보면 높은 임대료와 권리금 때문에 부담스러운 일이 생기게 된다.

(10) 중개업소에 다니면서 발품 파는 것이 진리

동네 상권이나 아파트, 주택가는 공인중개사들이 네트워크를 통해 자료나 물건을 공유하고 있기 때문에 예전처럼 같은 지역에서 많은 중개업소를 다닐 필요 없이 한곳에 가면 그 지역에 나와 있는 물건을 대부분 알 수 있다. 하지만 번화가의 상권이나 상업지역의 물건들은 좀 다르다. 권리금을 포함하고 있기 때문에 번화가는 새로운 가게가 쉽게 들어오고 나가므로 중개업소들이 자기만의 물건을 가지고 있다. 따라서 바로 옆에 있는 중개업소여도 각각 가지고 있는 상가나 가게가 다르므로, 본인이 잘 모르는 지역일수록 중개업소를 여러 군데 돌아다니며 물건을 조사할 필요가 있다.

(11) 상가는 항상 권리금이 있다고 생각하자

베이커리카페 입지를 찾기 위해 다니다 보면 초보자들이 가장 어렵게 생각하는 것이 권리금이다. 권리금이란 내가 어렵게 터를 닦아놓고 장사가 잘되게 만들어 놨으니, 다음에 들어오는 사람에게 그 대가를 달라고 하는 것이다. 권리금은 바닥(자리) 권리금과 설비 권리금으로 나누어져 있다. 바닥 권리금은 통산 1년 동안의 순이익을 기준으로 책정되고, 설비 권리금은 집기나 설비를 넘겨받는 비용이다. 동종업계에서 가게를 인도할 경우 보통 이 둘을 묶어서 같이 거래한다.

① 권리금이 없는 가게

권리금이 없는 가게는 영업이 안 되거나 설비, 장비가 많이 안 좋을 수 있다. 또한 신규 건물이나 자리가 안 좋아서 비어 있는 건물, 아니면 개인 사정 때문에 없는 곳도 있다. 상권이 좋은 신축 건물에 들어가 내가 가게의 권리금을 만드는 것도 하나의 방법이 될 수 있다. 건물주가 자기 가게에 권리금 발생하는 것이 싫으니 권리금 없는 조건에 들어오라고 하는 경우도 있고, 반대로 일정 부분을 건물주 본인한테 달라는 경우도 있다.

② 권리금이 있는 가게

어떻게 생각해 보면 권리금은 실패 위험이 적은 보험료라고 생각할 수도 있다. 적정한 권리금을 주고 안정된 상권을 제공받는 것이 창업 초보자에게는 더 좋을 수 있다. 또한 설비 권리금의 경우 새로 시설을 들여놓는 것보다 권리금을 주고 인수하는 게 절약이 될 수도 있으므로 비용을 미리 잘 체크해 봐야 한다. 왜냐하면 장사도 안 되는데 무턱대고 권리금을 많이 요구하는 곳도 있기 때문이다. 이런 경우에는 주변가게나 사람들에게 물어 주변 상황을 파악하고 소상공인 상권분석 시스템인 상권 정보(sg.sbiz.or.kr)로 확인해 보면 사실인지 확인할 수 있다. 여기서 중요한 것은 권리금은 건물주가 바뀌거나 재건축, 철거를 하게 되면 보장받지 못하는 돈이기 때문에 나중에 내가 나갈 때도 똑같이 받을 수 있을지 고민할 수밖에 없다. 정해진 기준이 없기 때문에 주변의 비슷한 가게 및 부동산을 다니면서 동네의 권리금 시세를 확인하는 것이 가장 현실적이고 일반적인 방법이다. 권리금이 있는 가게는 계약하기 전 그 지역의 재건축 계획이나 건물주의 성향, 상권 등을 다방면으로 살펴보고 체크해야 한다.

다음은 월세를 줄인 비결 사례이다.

〈월세 300만 원을 250만 원으로 줄였다〉

　최종 결정한 가게는 건물주와 사이가 안 좋아서 많은 마찰로 전 임대자가 권리금 없이 비워놓고 가버린 곳이다. 임대료(보증금 5천만 원에 월세 300만 원)는 미리 생각한 금액과 별 차이가 없었지만, 월세가 다소 높아 건물주와 다시 한 번 협상을 해보기로 결정하고 실행하였다. 먼저 베이커리카페에 대한 준비와 계획, 이에 따른 건물의 시세상승 효과를 충분히 어필하고, 공인중개사에게도 나름의 비전을 가지고 부탁해 월세를 300만 원에서 250만 원으로 줄여달라고 요청했다. 기존에 받던 월세가 300만 원이었기 때문에 250만 원으로 줄여달라는 말에 건물주는 처음에는 난색을 표했으나 그간의 자료와 계획을 가지고 3~4번 직접 만나고 전화로 다른 업종과 비교하며, 베이커리카페 입점에 따른 건물가치 상승을 지속적으로 설명한 결과, 실평수 40평 가게를 보증금 5,000만 원에 월세 250만 원이라는 만족스러운 조건으로 계약할 수 있었다.

　상권분석을 할 때 그 동네에 살지 않는 이상 짧은 시간 동안 돌아보고 현재 사항과 계절별·시간별 유동인구 등 주변 곳곳을 파악하는 것은 사실상 불가능하다. 그렇다고 창업할 장소라는 확신도 없는 상태에서 많은 시간을 투자해 조사해 볼 수도 없는 일이다. 이럴 때에는 인터넷 지도, 위성지도, 로드뷰, 소상공인 상권분석 시스템인 상권 정보 그리고 대중교통 지도, 블로그를 잘 활용하면 그 지역의 대략적인 시설과 상권을 알아볼 수 있다. 다양한 정보를 잘 활용하고 조사한 것을 바탕으로 주변을 돌아보며, 확인하고 체크하면, 창업 초보자가 기본 상권의 흐름을 파악하는 데 큰 도움을 받을 수 있다.

　다음은 소상공인 상권분석 시스템인 상권정보를 방배역에서 베이커리카페 창업을 할 경우를 예로 들어보자.

분석 설정 정보

분석지역	기준영역	비교영역	분석업종	분석시점
서울특별시 서초구	제1선택영역	–	음식 〉 제과제빵떡케익 〉 제과점	2019년 1월 10일

상권 주요 정보

구분		선택영역
지역		제1선택영역
면적		782,260㎡
업소 수	전체	721
	음식	288
	서비스	162
	도/소매	264
	선택업종	7
선택업종 총매출/건수	총액(만 원)	8606
	건수	9494
인구	주거	16572
	직장	15291
	유동	91186
지역	주요 시설	108
	학교	4
	교통	30

평가종합

제1선택영역

상권등급: 3등급

- 기준영역의 상권등급은 총 5등급 중 '3등급'임

- 1등급에 가까울수록 상권이 활성화되었다는 것을 의미하며, 이는 상권의 전반적 업종경기와 주변 집객시설, 교통, 여건을 고려하여 평가한 결과이다.

구분	상권평가지수 (100점 만점)			성장성	안정성	영업력	구매력	집객력
	전월	현재	증감률					
내용	51.8	50.1	−3.28%	10.6점	10.1점	3.3점	14.5점	11.6점

분석결과

- 상권평가지수는 51.8점에서 50.1점으로 전월 대비 −3.28% 하락하였다.
- 분석지역은 구매력이 높고, 상대적으로 영업력이 낮은 것으로 분석된다.

02 지역별 평가지수 추이

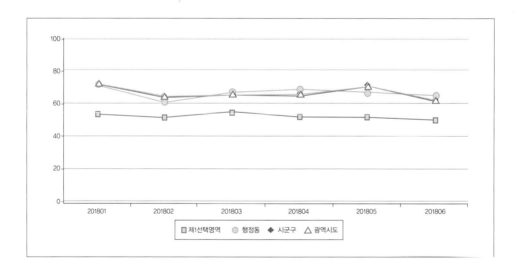

분석결과

- 제1선택영역의 상권평가지수는 전월 대비 −3.28% 하락한 50.1점이며 이는 상권의 전반적인 경기가 떨어지고 있음을 의미한다.

03 상세평가지수

제1선택영역

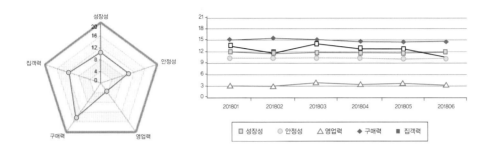

분석결과

- 제1선택영역은 5개 평가지수 항목 중 구매력이 높고, 상대적으로 영업력이 낮은 것으로 분석된다.
- 직전월 대비 성장성지수는 −13.82% 하락, 안정성지수는 0.00% 동일, 영업력지수는 0.00% 동일, 구매력지수는 0.00% 동일, 집객력지수는 0.00% 동일한 것으로 분석된다.

구분			내용		
성장성 (20점)	10.6점		매출증감률(10점)	5.5점	- 작년 동월대비 전체 매출규모 증감률(5점) - 작년 동월대비 가게 당 매출규모 증감률(5점)
			상권 매출비중(5점)	0.1점	작년 동월대비 전국 대비 선택지역 매출비중 증감률
			예상성장률(5점)	5.0점	추이를 이용하여 향후 1년간의 매출을 예측한 지표
		성장성지수 산출학목 중 매출증감률의 비중이 상대적으로 높다.			

구분		내용		
안정성 (20점)	10.1점	변동성 (10점)	0.1점	– 최근월 포함 12개월 월별 점포 수 변동률 평균(5점) – 최근월 포함 12개월 월별 매출변동률 평 균(5점)
		운영연수 (5점)	5.0점	해당지역 점포 평균 운영연수
		휴/폐업 률(5점)	5.0점	최근 1년간 휴/폐업 점포 비율
		안정성지수 산출항목 중 운영연수의 비중이 상대적으로 높다.		
영업력 (20점)	3.3점	공급대비 수요 (10점)	0.0점	– 수요(해당지역 매출/ 광역시도 매출) – 공급(해당지역 업소 수/광역시도 업소 수)
		영업력지수 산출항목 중 점포별 매출편차의 비중이 상대적으로 높다.		
구매력 (20점)	14.5점	상권 매출규모 (7.5점)	7.3점	선택지역 면적당 매출액
		건당 결제금액 (7.5점)	2.2점	선택지역의 평균 건당 결제금액
		소비 수준(5점)	5.0점	주거인구, 직장인구 월평균소비규모
		구매력지수 산출항목 중 상권 매출규모의 비중이 상대적으로 높다.		
집객력 (20점)	11.6점	유동인구 (10점)	8.1점	선택지역 내 면적당 유 동인구 수
		배후 주거인구 (5점)	1.6점	선택지역 내 면적당 주 거인구 수
		배후 직장인구 (5점)	1.9점	선택지역 내 면적당 직 장인구 수
		집객력지수 산출항목 중 유동인구의 비중이 상대적으로 높다.		
합계	50.1점			

자료 : 소상공인진흥공단, 2019년 1월 10일 참고.

Bakery Cafe

제 6 장

베이커리카페
주방시설과 설비 특성

베이커리카페의 안전성 확보를 위해서는 대량의 식재료를 위생적이고 안전하게 만들어, 제공할 수 있는 주방시설과 설비가 갖추어져야 한다. 베이커리카페 주방의 위치는 도로, 운동장, 쓰레기장 등의 오염원과 차단될 수 있는 곳에 위치해야 하며, 주변은 먼지가 나지 않도록 포장되어 있어야 한다. 이동이 용이하고 통로 포장, 비 가림 등 주변 환경이 위생적이며, 쾌적하여야 한다. 또한 외부로부터의 보안 및 유지관리가 용이하여야 한다.

01 베이커리카페 주방

베이커리 제품을 만드는 과정과 작업이 위생적으로 이루어지기 위해서는 주방의 위생개념에 입각하여 설계되고 기계가 배치되어야 하는데도 불구하고 지금까지는 평면위에 필요한 최소한의 설비기구를 적절히 배치하는 경향이 많았다. 그러나 위생적인 작업을 위해서는 작업의 흐름에 따라 공간을 구획하고, 필요한 설비기구를 능률적으로 배치해야 하며, 이에 소요되는 면적을 확보하고, 온도조절이 용이하도록 냉난방시설도 갖추는 것이 바람직하다. 또한, 주방설비 공사는 현장 감독을 철저히 함으로써 바닥과 배수로의 물 빠짐이 용이하도록 하는 등 세심한 주의가 필요하다.

02 작업장의 구획 구분

① 작업과정에서 발생할 수 있는 미생물 오염방지를 위하여 작업장을 "전처리실, 제품 생산실, 식기구세척실" 등으로 구획하여 오염작업과 비오염작업을 분리한다.

② 이러한 구획이 여의치 않을 경우는 낮은 벽 설치 또는 바닥을 색깔로 구분하거나 경계선을 표시하는 방법 등으로 구분한다.

작업구역별 작업내용 구분

작업구역	작업내용
오염작업구역	• 검수구역 • 전처리구역 • 식지료 저장구역 • 세정구역
비오염작업구역	• 제품생산구역(비가열처리작업) • 정량 및 배선구역 • 식기보관구역 • 식품절단구역 • 가열처리작업

03 베이커리카페 주방시설의 효율적 배치

① 작업용 바닥면적은 그 장소를 이용하는 사람들의 인원 수에 따라 달라진다.

② 주방의 소요면적은 설치면적과 근무하는 직원의 작업을 위한 공간면적으로 이루어진다.

③ 주방의 모든 업무가 효과적으로 진행되기 위한 기본은 주방의 위치와 규모에 대한 설계이다.

④ 판매장소와 주방의 면적은 1:1이 이상적이다.

⑤ 작업의 동선을 고려하여 설계, 시공한다.

⑥ 작업 테이블은 주방의 중앙부에 설치하는 것이 좋다.

⑦ 가스를 사용하는 장소에는 환기시설을 갖춘다.

⑧ 환기장치는 대형의 1개보다 소형의 여러 개가 효과적이다.

⑨ 주방의 적정 작업실 온도는 25~28℃, 습도는 70~75%가 적당하다.

(1) 내벽

① 내벽은 틈이 없고 평활하며, 청소가 용이한 구조여야 하고, 오염여부를 쉽게 구별할 수 있도록 밝은 색조로 한다.

② 바닥에서 내벽 끝까지 전면타일로 시공하되 부득이한 경우 바닥에서 최소한 1.5m 높이까지는 타일 재질로 마감한다. 내벽과 바닥의 경계면인 모서리 부분은 청소가 용이하도록 둥글게 곡면으로 처리한다.

③ 벽면과 기둥의 모서리 부문은 타일이 파손되지 않도록 보호대로 마감 처리한다.

④ 벽면은 매끄럽고 청소하기 편리해야 한다.

(2) 바닥

① 바닥은 청소가 용이하고 내구성이 있으며, 미끄러지지 않고 쉽게 균열이 가지 않는 재질로 하여야 한다.

② 바닥은 배수가 용이하도록 적당한 경사(2~4%)를 두어야 한다.

③ 배수로(트렌치)는 폭과 깊이가 20~30cm 정도 되도록 하고 전체를 스테인리스 스틸로 마감 처리한다.

④ 배수구의 덮개는 청소할 때 쉽게 열 수 있는 구조로 하되, 견고한 재질(주물 아연도금 등)로 설치한다.

⑤ 바닥은 미끄럽지 않고 배수가 잘되어야 한다.

(3) 그리스트랩

① 베이커리카페 밖에 설치하는 것이 위생적이며 부득이 내부에 설치할 때에는 밀폐식으로 한다.

② 그리스트랩은 유수분리 기능을 갖추고 청소가 용이해야 한다.

(4) 천장

① 천장의 높이는 바닥에서부터 3m 이상이 바람직하다.

② 천장의 재질은 내수성, 내화성을 가진 알루미늄 재질 등으로 한다.

③ 천장을 통과하는 배기덕트, 전기설비 등은 위생적인 주방 환경을 위해 천장의 내부에 설치하는 것이 바람직하다.

(5) 출입구

① 베이커리카페 종사자와 식재료 반입을 위한 출입구는 별도로 구분 설치한다.

② 베이커리카페 주방문은 평활하고 방습성이 있는 재질이어야 하며, 개폐가 용이하고 꼭 맞게 닫혀야 한다.

③ 출입문은 가급적 자동출입문을 설치하고 청소가 용이한 재질과 위생해충의 진입을 방지하기 위한 방충 · 방서 시설 또는 에어커튼 등이 설치되어야 한다.

④ 출입구에는 베이커리카페 주방 전용신발로 갈아 신기 위한 신발장 및 발판 소독조와 수세시설을 갖추어야 한다.

⑤ 출입문에 설치된 상하개폐식 방충망의 경우는 바닥과 닿는 부분이 파손되지 않도록 필요한 안전장치를 설치해야 한다.

(6) 창문

① 공기조화 설비를 갖춘 베이커리카페 주방의 경우는 창문을 고정식으로 한다. 다만, 개폐식 창문의 경우는 위생해충의 침입을 방지할 수 있도록 방충망을 설치하여야 한다.

② 창의 면적은 바닥면적을 기준하여 30% 정도가 좋다.

③ 주방의 창문은 먼지가 쌓이는 것을 방지하기 위하여 창문틀과 내벽은 일직선이 유지되도록 하거나 창문틀을 45° 이하의 각도로 시설하는 것이 바람직하다.

(7) 채광 · 조명

① 자연채광을 위하여 창문면적은 바닥면적의 1/4 이상이 되도록 한다.

② 자연채광이 곤란한 경우를 위하여 인공조명시설을 갖추어야 하며, 효과적으로 실내를 점검 · 청소할 수 있고 작업에 적합한 충분한 밝기여야 한다.

③ 검수전처리구역 540Lux, 베이커리 주방 300Lux, 기타 200Lux 이상

④ 천장의 전등은 함몰형으로 하되, 반드시 물이나 가스로부터 안전한 기구로 방수 · 방폭 등이어야 하며, 식품오염을 방지할 수 있는 보호장치를 갖추어야 한다.

(8) 환기시설

① 베이커리카페 주방 내에서 발생하는 가스, 매연, 증기, 습기 또는 먼지 등을 바깥으로 배출할 수 있는 충분한 환기시설을 갖추어야 한다.

② 공기의 흐름은 비오염구역에서 오염구역 방향으로 흘러가도록 한다.

③ 베이커리카페 주방은 체적 1m³당 20~30m³/hr, 식품보관실은 체적 1m³당 5m³/hr의 흡인력 있는 환기시설을 설치하고, 증기, 열, 연기 등의 발생원 윗부분에 0.25~0.5m/sec의 흡인력을 가진 후드를 설치한다.

④ 튀김을 많이 취급하는 기구 위에 설치하는 후드는 청소가 용이한 구조로 하고, 기름 받침 및 기름입자 제거용 필터를 설치하되, 후드의 재질은 스테인리스 스틸을 사용토록 한다.

⑤ 외부에 개방된 흡배기구 등에는 위생해충 및 쥐의 침입을 방지하기 위해 방충 · 방서시설을 하여야 한다.

04 식품보관실

① 베이커리카페 주방을 통하지 않고 식재료반입이 가능하여야 하며 출입문은 항상 내부에서만 개폐할 수 있도록 한다.

② 환기시설과 충분한 보관선반 등이 설치되어야 하며, 보관선반은 청소 및 통풍이 용이하도록 바닥으로부터 15cm 이상을 띄워야 한다.

③ 식품보관실의 바닥은 조리실로부터 물의 유입을 방지하기 위해 조리실 바닥보다 약간 높게 시공하여야 한다.

④ 바닥의 재질은 물청소가 용이하고 미끄럽지 아니하며, 배수가 잘 되어야 한다.

05 주방 관리실

① 외부로부터 베이커리카페 주방을 통하지 않고 출입이 가능하여야 하며, 외부로 통하는 환기시설을 갖추어야 한다.

② 베이커리카페 주방 내부를 잘 볼 수 있도록 바닥으로부터 1.2m 높이에, 윗면은 전면을 유리로 시공하여야 한다.

③ 책상, 의자, 전화, 컴퓨터 등의 사무장비를 갖추어야 한다.

④ 전기 배전반 등은 관리실에 배치하여 관리가 용이하도록 한다.

06 탈의실 및 휴게실

① 외부로부터 베이커리카페 주방을 통하지 않고 출입이 가능하여야 한다.
② 베이커리카페 종사원의 수를 고려한 옷장과 필요한 설비를 갖추어야 한다.
③ 외부로 통하는 환기시설을 갖추어야 한다.
④ 베이커리카페 종사원의 수를 고려한 적정한 면적을 확보하고, 바닥에는 난방시설을 설치하여야 한다.

07 화장실 및 샤워장

① 화장실은 주방과 직접 통하지 않도록 한다.
② 탈의실 안에 설치하되 화장실과 샤워실을 분리하여 설치하는 것이 바람직하다.
③ 청소가 용이한 구조로 하되 전용소독약, 청소용구 등을 청결하게 비치하여야 한다.
④ 화장실에는 수세설비 및 손 건조기(또는 종이타월)를 설치하며, 액체비누와 덮개가 있는 휴지통 등을 비치하여야 한다.
⑤ 화장실은 통풍이 잘 되도록 외부로 통하는 환기시설을 갖추며, 창에는 방충망을 설치하여 유해곤충의 침입을 막을 수 있도록 한다.
⑥ 화장실의 바닥은 타일 또는 기타 내수성 자재로 마감한다.

08 설비기구 설치 시 유의사항

① 작업흐름에 따라 동선을 단축시키며, 능률적이고 위생적인 작업이 가능하도록 배치한다.
② 급수 및 가스배관은 바닥에 노출되어 기물의 이동을 방해하거나 작업 중 안전사고의 요인이 되지 않도록 한다.
③ 고정식 설비는 하부청소가 용이하도록 바닥에서 일정간격을 띄워 설치한다.
④ 열사용 및 가스배출 기구와 배기후드의 위치가 일치하도록 한다.
⑤ 냉장 냉동고는 가스레인지, 오븐 등의 열원 및 직사광선과 멀리 떨어진 곳에 설치한다.

⑥ 작업대 등의 스테인리스 스틸 제품은 절단된 면을 잘 마무리하여 손을 베는 등 안
　전사고가 일어나지 않도록 한다.

⑦ 식기세척기는 세척 소독이 가능한 온도가 유지되는지를 확인하고 온수공급이 원활
　히 이루어지도록 설치한다.

(1) 급수시설

베이커리카페 주방에서 사용하는 물은 먹는 물이어야 한다. 오염된 물을 사용할 경
우 식중독이나 세균성이질과 같은 질환이 집단 발병할 수 있으므로 수돗물을 사용토
록 하며, 지하수를 사용할 경우는 소독, 기타 위생상 필요한 조치를 하고 정기적으로
수질검사를 실시하는 등 수질관리와 저수조 등의 위생관리에 철저를 기하여야 한다.

(2) 제품생산 용수 관리

① 수돗물이나 지하수를 사용하는 경우 오염되지 않고 충분히 공급할 수 있는 보온 단
　열되는 저수조 시설을 갖춘다.

② 수돗물을 사용하지 않고 지하수, 생수, 정수기 등 먹는 물 및 조리용수로 사용할
　때에는 수질검사 기준에 적합여부를 확인하고 사용토록 한다.

③ 지하수를 제품 만드는 용수로 사용하는 식당에서는 용수의 수질상태를 알기 위해
　'먹는 물 수질기준 및 검사 등에 관한 규칙'에 의거 수질검사를 실시하고 그 결과를
　3년간 보존하여야 한다.

(3) 환기시설

오븐, 튀김기 등 열을 사용하는 기구의 상부에 설치하여 작업 시 발생되는 이산화
탄소와 증기, 냄새, 연기 등이 주방 내부에 퍼지지 않고 외부로 잘 배출되도록 하여야
한다. 환기시설은 배출하고자 하는 유해물질의 종류에 따라 철재, 플라스틱 등의 재질
로 설치하여 내벽에 부착된 수분이나 유분이 동시에 배출될 수 있도록 한다.

(4) 배기후드(hood)

① 후드의 형태는 열기기보다 사방 15cm 이상 크게 하며, 스테인리스 스틸 재질로 제
　작하되 적정 각도(30° 정도)를 유지토록 한다.

② 후드의 몸체 및 테두리에 홈통을 만들어 물이 바닥 또는 조리기구 위에 바로 떨어
　지지 않도록 한다.

(5) 덕트(duct)

① 덕트는 주방실내의 증기 등 유해물질을 충분히 바깥으로 배송시킬 수 있는 크기와 흡인력을 갖추어야 한다.

② 덕트와 배기후드의 연결 시 외부의 오염물질이 유입되지 않도록 자동개폐시설을 설치토록 한다.

③ 덕트의 모양은 각형이나 신축형보다는 원통형이 배기 효율성에서는 더욱 효과적이다.

④ 후드와 연결되는 덕트는 천장공사 시공 전에 설치하여 가급적 천장 아래로 노출되는 일이 없도록 한다.

⑤ 덕트는 아연도금 강판이나 스테인리스 스틸 재질로 하되, 청소와 배기 배출수 관리에 철저를 기한다.

(6) 수세시설

베이커리카페 종사자들이 작업 변경 시마다 개인위생 관리원칙에 충실하게 손을 깨끗이 관리할 수 있도록 조리실 내에 종사자 전용의 수세시설을 갖춘다.

① 베이커리 주방 내 손 세척을 위한 세면대 시설을 설치한다.

② 40℃ 정도의 온수로 손을 씻을 수 있도록 냉·온수관이 연결되어야 한다.

③ 수세시설에는 액체비누, 손톱 솔 등을 비치하며, 씻은 손을 닦을 수 있는 종이수건 등을 비치한다.

④ 수도꼭지는 페달식 또는 전자감응식 등 직접 손을 사용하지 않고 조작할 수 있는 것이 바람직하다.

⑤ 수도꼭지의 높이는 팔꿈치까지 씻을 수 있도록 충분한 간격을 둔다.

⑥ 수세시설 근처에는 조리종사자가 쉽게 볼 수 있는 위치에 손세척 방법에 대한 안내문이나 포스터를 게시한다.

제 7 장

베이커리카페 창업 기계류 및 기구

01 제과 · 제빵용 기기

빵, 과자 제품을 생산하기 위해서는 다양한 기계류와 작은 소도구가 많이 필요하다. 종류가 다양하고 너무 많기 때문에 생산하는 제품의 종류와 제품의 크기를 파악하여 그에 맞는 것만 리스트를 만들어 구입한다.

소도구류는 제품의 종류에 따라 달라지며, 필요시 적정하게 구입하여 사용한다.

베이커리 창업 기기 리스트(기본)

번호	품명	수량	번호	품명	수량
1	데크 오븐(스팀 가능)	3단 3매	24	462AL타공판	20
2	스파이럴믹서	1	25	462AL비타공판	20
3	발효실	1	26	462ac철판	50
4	수직믹서	1	27	앙금헤라	3
5	키친에이드	1	28	스패츌러	3
6	도넛기계	1	29	스크레이퍼	2
7	재료 계량대	1	30	타이머	2
8	작업 테이블	4	31	PP계량컵	2

번호	품명	수량	번호	품명	수량
9	오븐 테이블	1	32	분당채	3
10	밀가루통	4	33	스텐 스쿠프	1
11	탁상용 슬라이서	1	34	방산붓	5
12	업소용 냉장고	1	35	검정가위	2
13	업소용 냉동고	1	36	케이크 몰드	20
14	도우컨디셔너	1	37	모양깍지세트	1
15	랙	1	38	식빵 몰드	30
16	파이롤러	1	39	파운드 몰드	20
17	나무주걱	5	40	시폰케이크 몰드	12
18	알뜰주걱	5	41	타르트 몰드	20
19	스텐볼(대·중·소)	30	42	빵 칼	2
20	캔오프너	1	43	L자 스패츌러	2
21	전자저울	2	44	링세트 몰드	1
22	나무밀대	2	45	거품기	3
23	실리콘 붓	5	46	빵 보관통	5

(1) 수직믹서(Vertical Mixer)

수직믹서는 일반적으로 제과, 제빵의 반죽을 할 때 사용한다. 여러 가지 재료를 균일하게 혼합시키며, 반죽에 공기를 함유시키는 기능을 한다. 반죽을 만드는 날개가 수직으로 설치되어 있으며, 속도는 대부분 1~4단계로 조절이 가능하고 빠른 회전력을 이용해서 주로 케이크 반죽을 만들 때 사용하며, 적은 양의 빵 반죽을 할 때도 사용한다.

(2) 데크 오븐(Deck Oven)

규모가 큰 제과점, 호텔, 백화점, 대형마트 내 베이커리 입점업체에서 제일 많이 사용하는 오븐으로 바닥이 돌로 되어 있고 스팀이 잘 분사되기 때문에 하드계열 빵을 굽는 데 필요한 오븐이다. 대부분 독일·프랑스·이태리 등의 수입 오븐을 많이 사용하며, 소규모 제과점, 학교 등에서는 국내에서 생산하는 다양한 데크 오븐을 많이 사용한다.

▲ 수직믹서

▲ 데크 오븐

(3) 반죽 분할기(Dough Divider)

빵 반죽을 하여 1차 발효를 하고 그 반죽을 정해진 용량의 반죽에 넣으면 자동으로 나누어주는 기기이다. 같은 무게로 분할 후 진동에 의해 자동으로 둥글리기까지 하여 나온다.

(4) 급속 냉동고(Quick Freezer)

무엇을 만들어 빠르게 냉동시켜야 할 제품이나 빵을 만들어 발효나 모양이 변하지 않도록 빨리 넣어서 보관하는 것으로 보통 영하 40℃까지 급속 냉동이 가능하다.

▲ 반죽 분할기

▲ 급속 냉동고

(5) 빵 슬라이서(Bread Slicer)

톱날이 왕복으로 움직여 빵이나 과자류를 일정한 간격으로 자르는 데 사용하며, 주로 식빵류와 유럽 빵을 자르는 데 용이하다.

(6) 발효기(Proof Box)

빵 반죽의 부피를 형성하기 위해 이스트가 가장 왕성하게 활동할 수 있도록 온도와 습도를 조절하여 제빵용 반죽을 발효시키는 데 사용하는 기계이다. 믹싱이 완료된 반죽 및 정형이 끝난 반죽을 넣고 제품의 특성에 따라 수분과 온도를 조절하여 사용한다.

▲ 반죽 분할기

▲ 급속 냉동고

(7) 파이롤러(Pie Roller)

반죽을 균일하게 접기 및 밀어 펴기 할 때 사용하는 기계로 롤러의 간격을 조절하여 반죽의 제품 특성에 맞게 사용할 수 있다. 데니시, 크루아상, 도넛, 퍼프 도우 등을 제조할 때 유용하게 사용된다.

(8) 스파이럴믹서(Spiral Mixer)

빵 반죽 전용믹서기로 나선형의 훅(hook)이 내장되어 있고 힘이 좋아 반죽이 되직하고 많은 양의 반죽을 하는 데 적절하다. 글루텐을 많이 형성하지 않아야 좋은 유럽 빵 반죽을 하는 데 필요한 반죽기다. 특히 빵을 전문으로 만드는 베이커리에는 반드시 필요하다.

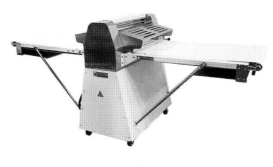

▲ 파이롤러

▲ 스파이럴믹서

(9) 도우 컨디셔너(Dough Conditioner)

빵 반죽이나 성형된 반죽을 넣고 원하는 시간을 맞추면 냉동, 냉장, 해동, 2차 발효
가 완료되어 정해놓은 시각에 꺼내어 굽기만 하면 되도록 자동으로 모든 것을 조절해
주는 기계이다. 많은 제품을 생산하여 하루에도 몇 번씩 빵을 굽는 데 용이하여 유휴
시간을 적절히 활용할 수 있고 노동력을 절감할 수 있으며, 주말이나 아침 일찍 나오
지 않아도 신선한 제품을 언제나 공급할 수 있다.

(10) 로터리 오븐(Rotary Oven)

2차 발효가 끝난 빵류나, 쿠키류 등 패닝이 완료된 제품을 구울 때 팬을 랙(Lack)
에 넣고 랙을 직접 오븐에 넣어서 굽는 기계로 한번에 많은 양을 구울 수 있고 열의 분
배를 고르게 하여 제품의 색깔이 잘 나오는 장점과 스팀이 가능하여 하드계열의 빵과
데니시, 크루아상을 굽는 데 많이 사용한다.

▲ 도우 컨디셔너

▲ 로터리 오븐

(11) 회전판(Turn Table)

수평상태로 케이크를 올려놓고 아이싱을 할 때 회전시키면서 사용하는 판이다. 옆면, 윗면 아이싱을 매끈하게 해주며 회전판을 돌리면서 모양깍지를 사용하여 데커레이션한다.

(12) 랙(Rack)

패닝이 끝난 평철판을 랙에 끼워 다음 작업 공간으로 이동시킬 수도 있으며, 작업대 위 공간을 확보하여 다음 작업이 용이하도록 하며, 굽기가 끝난 제품을 랙에 끼워 냉각시킬 때 사용한다.

▲ 회전판   ▲ 랙

(13) 시폰 팬(Chiffon Pan)

가운데 원형 기둥이 있는 원통형 팬이며 완성된 제품의 윗면이 평평하게 되어 있다. 시폰케이크 제품을 만들 때 필요한 몰드이다.

(14) 파운드케이크 팬(Pound Cake Pan)

파운드케이크를 만들 때 사용하는 직사각형의 팬이다. 현장에서는 파운드케이크 외에 다양한 제품을 만들 때 사용한다.

▲ 시폰 팬

▲ 파운드케이크 팬

(15) 마지팬 스틱(Marzipan Stick)

마지팬 공예를 할 때 사용하는 기구이며, 다른 각종 장식물을 만들 때도 사용한다. 아주 세밀하고 정교한 작업을 위해 많이 사용한다.

(16) 스테인리스 볼(Stainless Bowl)

스테인리스 제품으로 재료를 계량하거나, 달걀 거품을 올리거나 재료들을 혼합할 때 용기로 사용하며 여러 가지 크기가 있다.

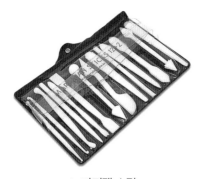

▲ 마지팬 스틱

▲ 스테인리스 볼

(17) 풀먼식빵 팬(Pullman Bread Pan)

샌드위치용 식빵을 만들 때 사용하는 뚜껑이 있는 직사각형의 식빵 틀로, 크기에 따라 대, 중, 소가 있다.

(18) 나무 밀대(Rolling Pin)

반죽을 일정한 두께로 밀어 펴거나 정형을 하는 데 사용하며, 둥근 모양의 도구이다. 나무, 철제, 플라스틱의 재질이 있으며, 굵기, 길이도 다양하다. 길이가 긴 것은 평철판에 구운 스펀지케이크를 말아서 롤케이크를 만들 때 사용한다. 나무로 만들어져 있으며 표면이 매끄러운 것이 좋다.

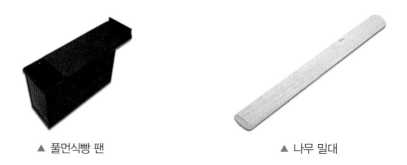

▲ 풀먼식빵 팬   ▲ 나무 밀대

(19) 스패츨러(Spatula, Palette Knife)

일자형과 L자형 두 종류가 있으며, 제품을 만들 때 각종 크림을 바른다. 케이크에 버터크림, 생크림, 다양한 크림을 아이싱할 때 많이 사용하며, 보통 8호나 9호 사이즈를 사용한다.

(20) 모양깍지(Piping Tubes)

여러 가지 모양으로 된 깍지(노즐)로서 쿠키나 케이크 등을 장식할 때 사용하는 기구이며, 짤주머니에 끼워 사용한다.

▲ 스패츨러   ▲ 모양깍지

(21) 거품기(Whipper)

스테인리스 제품으로 빵·과자 제품을 만들 때 많이 사용하는 도구이다. 생크림이나 달걀흰자를 휘저어 머랭을 만들거나 노른자를 풀어줄 때, 유지를 부드럽게 할 때 사용한다.

(22) 초콜릿용 포크(Chocolate Fork)

한입 크기의 초콜릿 과자를 만들 때 사용하는 포크로서, 초콜릿을 입히거나 코코아 가루를 묻힐 때, 혹은 금속망 위에 굴려서 만들거나, 초콜릿을 씌운 과자 표면에 여러 가지 모양을 새길 때 필요하다.

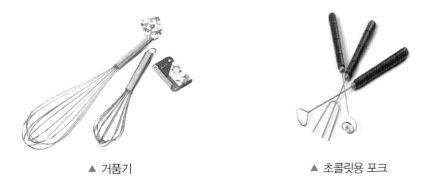

▲ 거품기   ▲ 초콜릿용 포크

(23) 케이크 분할기(Cake Divider)

금속 및 플라스틱으로 만든 원형으로 된 기구로 등분을 해서 자르기 위해 사용한다. 8등분, 10등분, 12등분용이 있다.

(24) 적외선 온도계(Thermometer)

빵·과자 제품 제조 시 제품의 특성에 맞는 온도가 나와야 한다. 손이 닿지 않는 곳을 측정할 때 주로 쓰이는 온도계로 물질이 방출하는 복사에너지가 온도에 따라 달라지는 원리를 이용하여 만들어진 제품이다. 반죽온도를 체크하거나 소스 및 튀김, 초콜릿 템퍼링 등 온도를 맞추어야 할 때 사용한다.

▲ 케이크 분할기

▲ 적외선 온도계

(25) 체(Sieve)

고운체는 밀가루 등 가루 재료를 체 칠 때 사용하며, 성근 체는 빵가루를 낼 때 사용한다. 밀가루를 체로 치면 이물질이 제거되고 공기가 함유되어 빵이 부푸는 것을 도와준다. 스테인리스나 플라스틱으로 된 작은 체는 분당 등을 제품 표면에 고루 뿌릴 때 사용한다.

(26) 실리콘 롤 컷 매트

설탕공예, 슈거크래프트, 퐁당 케이크류, 반죽, 장식물을 준비할 때 바닥에 깔고 사용하는 도구이다.

▲ 체

▲ 실리콘 롤 컷 매트

(27) 나무주걱(Wooden Spatula)

제과류 제품의 반죽을 혼합하거나 냄비에 잼, 소스 등을 만들 때 다양하게 많이 사용한다. 특히 제과류 반죽을 혼합할 때 많이 사용한다.

(28) 타르트 팬(Tart Pan)

파트 슈크레나 파트 브리제 등의 반죽을 밀어 펴서 구울 때 사용하는 얇은 팬으로 팬 옆면에 파형 무늬가 있으며, 여러 가지 크기가 있다.

▲ 나무주걱   ▲ 타르트 팬

(29) 푸딩 팬(Pudding Pan)

커스터드푸딩을 만들 때 사용하는 컵 모양의 팬으로 여러 크기가 있다.

(30) 실리콘 자루 주걱

끝이 딱딱하여 반죽의 윗면을 평평하게 고를 때 적합하다. 초콜릿을 만들거나 제과류 반죽 시 용기부분에 묻어 있는 반죽을 긁을 때 많이 사용한다.

▲ 푸딩 팬   ▲ 실리콘 자루 주걱

(31) 파리지앵

조금 큼직큼직하게 푸는 것은 스쿱이라 하고 디저트 만들 때 과일을 작고 예쁘게 파서 놓을 때 사용한다.

(32) 카눌레 황동 몰드

프랑스 빵 중 작은 페이스트리 카눌레를 만들 때 필요한 몰드이며, 윗부분이 움푹 들어간 작은 줄무늬 황동틀(약 5cm 크기). 최근에는 실리콘 몰드가 많이 사용된다.

▲ 파리지앵   ▲ 카눌레 황동 몰드

(33) 붓(Pastry Brush)

잼, 버터 등을 바르거나 구워진 제품 표면에 달걀물을 칠할 때, 사용할 팬에 기름칠을 할 때, 케이크에 붙어 있는 종이에 물을 칠할 때 등에 사용한다.

(34) 브리오슈 팬(Brioche Pan)

브리오슈를 만들기 위한 팬으로 옆면이 비스듬하며 파형 무늬가 있는 소형 원형 팬이다.

▲ 붓   ▲ 브리오슈 팬

(35) 초콜릿 스크레이퍼

기계를 사용하지 않고 수작업으로 초콜릿을 템퍼링할 때 펼쳐진 초콜릿을 한쪽으로 모을 때 또는 대리석 테이블 윗면의 초콜릿을 긁을 때 사용한다.

(36) 평철판(Sheet Pan)

평평한 철판으로 옆면의 높이에는 여러 종류가 있으며, 제품에 따라 적합한 것을 선택한다.

▲ 초콜릿 스크레이퍼   ▲ 평철판

(37) 저울(Weighing Scale)

소량을 재거나, 소금이나 이스트 푸드, 제빵 개량제 등 그램(g) 단위로 미량을 잴 때에는 전자저울이 편리하다.

(38) 타공팬(Perforated Pan)

알루미늄으로 되어 있으며 전체적으로 작은 구멍이 나 있어 오븐에서 꺼낸 뜨거운 제품을 올려놓고 냉각시키는 데 적합하다.

▲ 저울   ▲ 타공팬

(39) 앙금주걱(Sediment Spatula)

팥앙금이나 크림빵 등의 빵 반죽 속에 앙금이나 크림 등을 충전할 때 사용하며, 보통 일본말인 헤라라고도 불린다.

(40) 스크레이퍼(Scraper)

스테인리스 제품과 플라스틱 제품이 있다. 반죽을 적당한 크기로 분할하거나 반죽 윗면을 평평하게 고를 때 사용하며, 특히 플라스틱 제품은 볼에 묻은 반죽을 긁어내거나 코팅된 평철판이나 각종 팬에 눌어붙은 것을 제거할 때 유용하게 사용할 수 있다.

▲ 앙금주걱   ▲ 스크레이퍼

(41) 알뜰주걱

더 얇고 끝이 둥글게 되어 있어, 반죽을 남김없이 긁어내는 용도에 적합하다.

(42) 계량컵(Measuring Cup)

액체를 부피로 계량할 때 사용하는 것으로, 액체의 비중에 따라 다르지만, 물은 기본적으로 1㎖가 1g이므로 부피로 계량하면 작업이 간편해지는 이점이 있다. 일반적으로 제과·제빵 시 1,000㎖짜리 플라스틱으로 된 계량컵을 많이 사용하는데, 손잡이와 따르는 입구가 있어서 달걀 등을 조금씩 반죽에 넣을 때 유용하게 사용할 수 있다.

▲ 알뜰주걱   ▲ 계량컵

(43) 타이머(Timer)

정해 놓은 시각에 맞추어 신호를 발생시키는 장치. 타이머는 일정 시각을 정해놓으면 소리가 울리거나 진동이 울리는 등 정해진 시간에 알람이 울리는 기계를 말한다.

(44) 스쿱(Scoop)

밀가루나 설탕 등 가루재료를 손쉽게 퍼내기 위한 도구로 손잡이가 달려 있으며, 스테인리스나 플라스틱 제품이 나와 있다.

▲ 타이머   ▲ 스쿱

(45) 짤주머니(Pastry Bag, Icing Bag)

사용할 모양깍지를 짤주머니에 끼워 크림을 담아 글씨 쓰기, 선 그리기, 꽃 짜기 등 오믈렛이나 케이크 장식에 사용하며, 일반적으로 16인치와 18인치를 많이 사용한다.

(46) 원형 케이크 팬(Round Cake Pan)

레이어 케이크나 버터 스펀지 등 원형 케이크를 만들 때 사용하며, 여러 가지 크기가 있다. 직경 18cm인 2호나 21cm인 3호처럼 직경이 커질수록 호수가 커진다.

▲ 짤주머니   ▲ 원형 케이크 팬

(47) 빵칼(Bread Knife)

일반 칼과 다르게 칼날이 톱니모양으로 되어 있어 식빵 등을 부스러지지 않게 자를 수 있다.

(48) 파운드케이크 팬(Pound Cake Pan)

파운드케이크를 만들 때 사용하는 직사각형 모양의 틀로서, 크기가 다양하다.

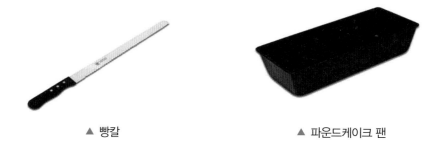

▲ 빵칼   ▲ 파운드케이크 팬

베이커리카페 주방도면 : 약 10평

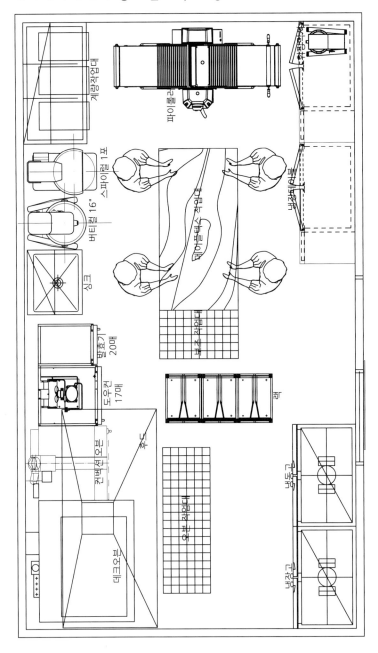

베이커리카페 주방도면 : 약 20평

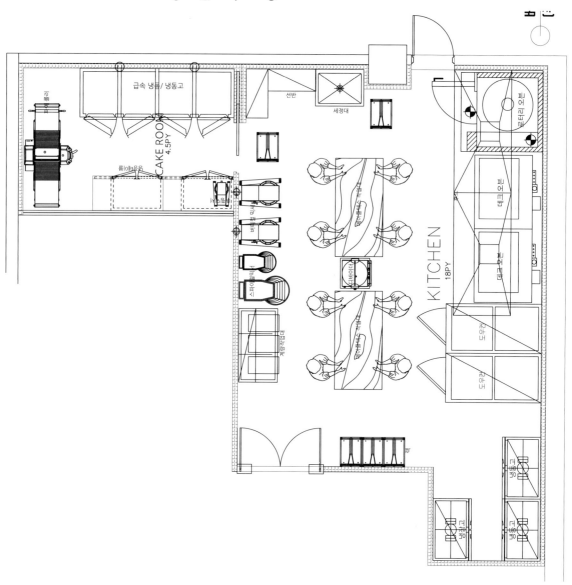

베이커리카페 주방도면 : 약 30평

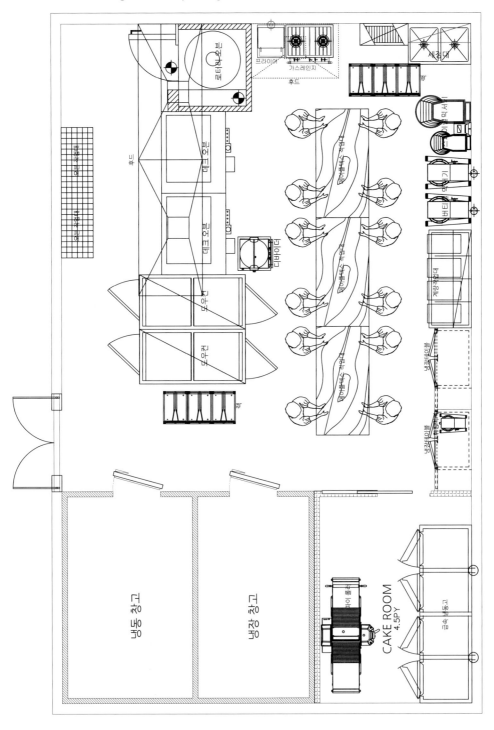

베이커리카페 콘셉트 : 약 10평

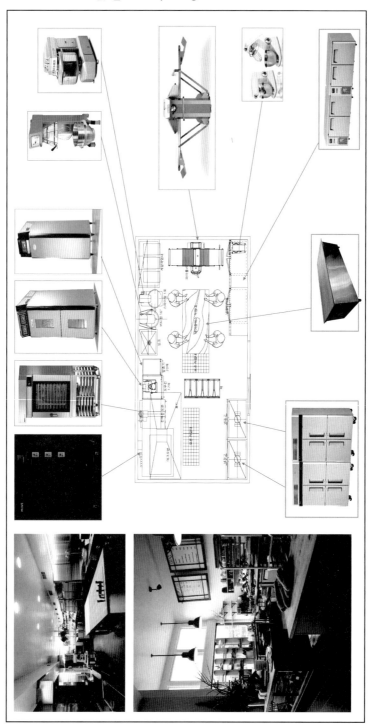

베이커리카페 콘셉트 : 약 20평

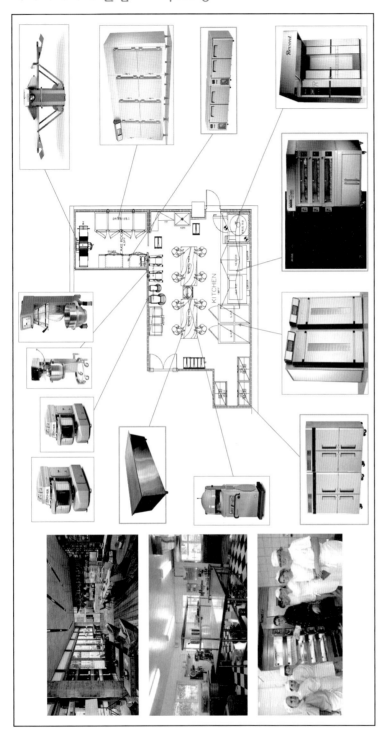

베이커리카페 콘셉트 : 약 30평

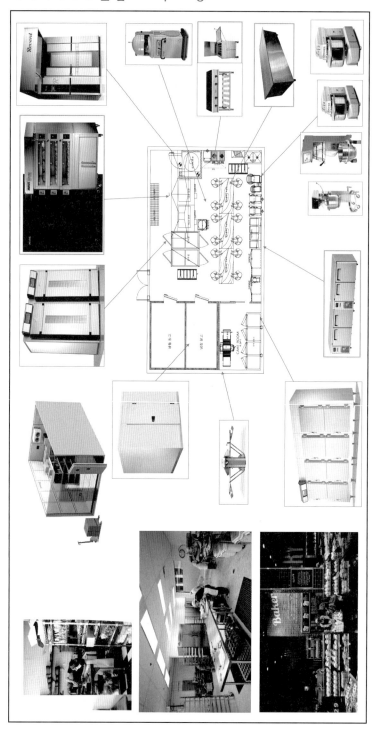

Part II

베이커리카페 창업 시 제과와 제빵의 기본을 알아보자

01 제과이론

독창적이고 창의적인 아이디어로 좋은 재료와 정성으로 만든 맛있는 제과 디저트는 후식이 아닌 또 다른 문화를 창출하고 있다. 이런 다양한 제품을 만들기 위해서는 기본적인 제과이론과 제빵이론을 조금 알고 시작한다.

제과 케이크(cake)는 달걀과 밀가루, 설탕을 주재료로 하여 특정한 모양이 나도록 구운 디저트로 빵의 일종이거나 빵과 비슷한 모양을 나타낸다. 케이크의 기원을 신석기시대에서 찾기도 하지만 베이킹파우더와 흰 설탕을 이용해 구워낸 현대적 개념의 케이크는 19세기부터 본격적으로 시작되었고 한국에는 구한말 선교사에 의해 처음 케이크와 빵의 개념이 소개되었다. 결혼식과 생일 등 기념일에 빠지지 않는 케이크는 그 중요성만큼이나 나라별, 상황별로 다양한 전통과 풍습이 존재한다.

케이크 빵은 밀가루, 설탕, 달걀, 베이킹파우더, 버터 등을 기본 재료로 한 반죽을 모형 틀에 붓고 오븐에 구워 만드는데 이때 만들고자 하는 케이크 종류에 따라 반죽 재료의 구성비율이나 새로운 재료가 추가되고 굽는 방법도 달라진다.

구워진 빵에 생크림 등의 재료를 발라 케이크 표면을 매끄럽게 마무리하는 아이싱 과정과 여러 모양의 장식물로 개성 있게 꾸미는 데커레이션 과정을 거쳐 맛과 형태가 다른 다양한 종류의 케이크를 만든다. 최근에는 아이스크림케이크, 떡케이크, 슈거크래프트케이크 등 밀가루가 아닌 다른 재료를 주재료로 사용하여 만든 새로운 개념의 케이크가 등장하였다.

02 케이크의 어원

케이크의 어원은 13세기경에서 찾아볼 수 있다. 〈옥스퍼드 영어사전〉에 따르면 케이크라는 단어는 고대 노르웨이어의 'kaka'에서 유래됐다. 또한 이 단어가 미국 식민지 시기에 '작은 케이크'라는 뜻의 'cookie'에서 왔다는 설도 있다.

03 케이크의 기원

케이크의 기원은 신석기시대까지 거슬러 올라간다. 최초의 케이크는 지금 우리가 알고 있는 것과는 매우 다르다. 그것은 밀가루에 꿀을 첨가해 단맛을 낸, 빵에 가까운 음식으로 우묵한 석기에 밀가루와 우유 등 기타 재료를 넣고 섞은 뒤 그대로 굳혀 떼어내는 방식으로 만들어졌으며, 때로는 견과류나 말린 과일이 들어가기도 했다. 이것이 바로 케이크의 시조라 할 만한 음식으로 알려져 있다.

04 케이크의 발전과정

케이크는 이집트에서 빵 굽는 기술이 등장하면서 발전하기 시작했다. B.C. 2000년경 이집트인들은 이미 이스트를 이용한 케이크를 만들기 시작했으며, 때문에 당시의 사람들은 이집트인들을 '빵을 먹는 사람'이라고 표현했다고 한다. 당시의 회화나 조각 작품들을 보면 밀가루로 빵 반죽하는 모습을 종종 볼 수 있다. 이러한 이집트의 빵 중심 식문화는 그리스, 로마로 전해져 케이크의 발전에 기여하게 된다. 그리스에서는 케이크의 종류가 100여 종에 달했으며, 로마에서는 케이크가 빵으로부터 완전히 독립돼 빵 만드는 사람과 케이크를 만드는 사람이 구분되어 각각의 전문점과 직업조합을 가지게 되었다. 우리가 알고 있는 둥글고 윗부분이 아이싱 처리된 현대 케이크의 선구자 격인 케이크는 17세기 중반 유럽에서 처음으로 구워지기 시작했다. 이것은 오븐과 음식 케이크 틀의 발전과 같은 기술 발전, 그리고 정제된 설탕 등의 재료 수급이 원활해진 덕분에 가능했다. 그 당시에는 케이크의 모양을 잡는 틀로 동그란 형태가 많이 쓰였으며, 이것이 현재까지 일반적인 케이크의 모양으로 굳어지게 되었다. 이때 케이크 윗부분의 모양을 내고자 하는 목적으로 설탕과 달걀흰자, 때에 따라서 향료를 끓인 혼합물을 사용해 케이크 윗부분에 붓는 관습이 생겼는데, 이러한 재료들은 케이크 위에 부어져 오븐 속에서 다시 구워진 후에 딱딱하고 투명한 얼음처럼 변했기 때문에 이를 '아이싱'이라 부르게 되었다. 19세기에 들어와 이스트 대신 베이킹파우더와 정제된 하얀 밀가루를 넣은, 우리가 알고 있는 현대적 케이크가 만들어지기 시작했다.

05 한국 케이크의 역사

한국을 비롯한 동양권에서는 케이크의 기원이라 할 만한 음식을 찾아보기 힘들다. 밀가루가 주식인 유럽에서 일찍이 케이크 문화가 발달한 것과 달리 한국과 중국, 일본 등의 동양에서는 쌀을 주식으로 해왔기 때문이다. 한국에 케이크나 빵의 개념이 소개된 것은 일제 강점기부터이다. 구한말 선교사들에 의해 서양의 과자가 소개되었고 오븐을 대신하기 위해 숯불을 피운 뒤 그 위에 시루를 엎고 그 위에 빵 반죽을 올려놓은 다음 뚜껑을 덮어 구웠다고 한다. 이후 일본인들에 의해 빵 제조업소가 국내에서 생산 판매하였으나 기술적인 면에서 제대로 전수되지 못하고 제과, 제빵 재료 면에서도 어려운 상황이 계속되어 왔다. 그러나 1970년대 초에 이르러 적극적인 분식장려정책에 의해 급속한 빵류의 소비증가로 양산체제를 갖춘 제과회사가 생겨났다. 한국 최초의 서양식 제과점은 일제 강점기 시절 군산에 오픈한 '이성당(李盛堂)'으로 알려져 있다. 이성당은 1920년대에 일본인이 운영하던 '이즈모야'라는 화과점이 해방 직후 한국인 이 씨에게 넘겨져 이성당으로 가게 명칭을 변경해 현재까지 운영되고 있다.

06 케이크의 개념

제과와 제빵을 구분하는 기준에는 이스트 사용 유무, 설탕 사용량, 밀가루의 종류, 반죽상태 등이 있는데 가장 중요한 기준은 이스트 사용 유무이다.

가장 기본적으로 케이크란 설탕, 달걀, 밀가루 또는 전분, 버터 또는 마가린, 우유, 크림, 생크림, 양주류, 레몬, 초콜릿, 커피, 과일, 향료 등의 재료를 적절히 혼합하여 구운 서양과자의 총칭이다.

케이크는 슈(Choux), 타르틀리트(Tartlet) 같은 소형과자에서부터 대형과자, 뷔슈 드 노엘 등이 제과영역에 해당된다. 이 밖에도 초콜릿 제품, 크림류, 냉과류, 소스류, 공예과자 등 빵류를 제외한 대부분이 포함된다. 케이크는 밀가루, 설탕, 달걀, 베이킹 파우더, 버터 등이 기본 재료로 구성된 반죽을 틀에 붓고 오븐에 구워 만드는데 이때 만들고자 하는 케이크 종류에 따라 반죽 재료의 구성비율이나 새로운 재료가 추가되고 굽는 방법도 달라진다. 구워진 케이크에 버터크림, 생크림 등의 크림을 바르고 케이크 표면을 매끄럽게 마무리하는 아이싱 과정과 다양한 모양의 장식물로 개성 있게 꾸미는 데커레이션 과정을 거쳐 맛과 형태가 다른 많은 종류의 케이크를 만든다. 케이크 중 가장 먼저 만들어진 제품은 파운드케이크로 알려져 있으며, 영국에서 처음 만들때 설탕, 버터, 밀가루, 달걀을 각각 1파운드씩 사용하여 만든 전통적인 케이크다. 유지의 공기포집능력을 이용한 대표적인 반죽형 케이크로 최근에는 크기와 맛의 변화를 위하여 다양한 재료와 배합률을 변경하고 여러 가지 견과류, 과일, 향, 베이킹파우더, 커피 등을 넣고 과일파운드케이크, 커피파운드케이크, 호두파운드케이크 등 매우 다양한 케이크가 출시되고 있다.

제 1 장

제과

01 팽창형태에 따른 분류

① 화학적 팽창(Chemically leavened) : 베이킹파우더, 중조, 암모늄 같은 화학팽창
제를 사용하여 제품을 팽창시키는 방법으로 반죽형 케이크, 케이크도넛, 과일케이
크, 파운드케이크, 머핀케이크, 마블케이크, 비스킷, 레몬케이크 등이 있다.

② 공기 팽창(Air leavened) : 믹싱 중 포집된 공기에 의해 반죽의 부피를 팽창시키는
방법으로 스펀지케이크, 시폰케이크, 엔젤푸드케이크, 머랭, 마카롱 등이 있다.

③ 유지 팽창(Fat leavened) : 밀가루 반죽에 충전용 유지를 넣고 밀어 펴기를 하여
결을 만들어 굽는 동안에 유지의 수분이 증발하여 반죽을 팽창시키는 방법으로 퍼
프 페이스트리, 데니시 페이스트리 등이 있다.

④ 무팽창(Not leavened) : 제과류 반죽에서 팽창하지 않는 방법으로 쿠키, 타르트의
기본반죽, 파이껍질 등이 있다.

⑤ 복합형 팽창(Combination leavened) : 다양한 종류의 팽창형태를 겸한 것으로 공
기팽창과 이스트, 공기팽창과 베이킹파우더, 이스트와 베이킹파우더 등 공기팽창
과 화학팽창을 혼합하는 형태를 말한다.

02 반죽형 케이크 반죽 제조법

케이크 반죽(Cake batter)은 외향이나 배합률, 제품의 특성에 따라 분류한다.

(1) 반죽형 케이크(Batter type cake)

반죽형 케이크는 밀가루, 설탕, 우유 등에 의하여 케이크 구조를 형성하고 많은 양의 유지를 사용하며, 베이킹파우더와 같은 화학팽창제를 사용하여 부피가 팽창한 반죽이다. 파운드케이크, 레이어케이크, 과일케이크, 컵케이크, 바움쿠헨, 초콜릿케이크, 마들렌 등이 있으며, 반죽하는 법은 다음과 같다.

① 크림법(Creaming method)

반죽형 케이크의 대표적인 반죽법이다. 유지와 설탕을 부드럽게 만든 후 달걀 등의 액체재료를 서서히 투입하면서, 부드러운 크림을 만들고 마지막으로 체 친 가루 재료를 넣고 반죽하는 방법이다. 유지의 온도를 22~23℃로 유지시키면서 크림화할 때 수분 보유력이 가장 뛰어나며, 부피가 큰 제품을 얻을 수 있는 장점과 유연감이 적은 단점이 있다.

② 블렌딩법(Blending method)

유지와 밀가루를 믹싱 볼에 넣고 밀가루가 유지에 의해 가볍게 피복되도록 하며, 다른 건조재료와 액체재료를 일부 넣고 부드럽게 혼합한다. 마지막으로 액체재료 등을 넣으면서 덩어리가 없는 균일한 상태의 반죽을 만드는 방법이다.

밀가루는 액체와 결합하기 전에 유지로 피복되어 글루텐이 발전되지 않기 때문에 기공과 속결이 좋으며, 제품의 조직을 부드럽게 하고, 유연감을 우선으로 하는 경우에 사용된다. 그러나 부피가 작은 것이 단점이다.

③ 설탕/물법(Sugar/Water method)

설탕과 액체재료를 섞어 액당을 만든 후 건조재료를 넣고 달걀을 넣어 마무리하는 방법으로 양질의 제품 생산과 운반의 편리성으로 규모가 큰 생산회사에서 사용한다. 장점은 녹지 않은 설탕입자가 없으므로 제품이 균일하고 속결이 좋고 껍질색이 잘 나며, 대량생산이 용이하나 설비가 많이 드는 단점이 있다.

④ 단단계법(Single stage method)

제품에 사용되는 모든 재료를 한꺼번에 넣고 반죽하는 방법으로 노동력과 제조시간이 절약되고 대량생산이 가능하다. 단점으로는 성능이 우수한 믹서를 사용해야 하며, 팽창제나 유화제를 사용하는 것이 좋으며, 믹싱시간에 따라 반죽의 특성이 달라진다.

(2) 반죽형 반죽법 제조 시 주의할 점

① 유지에 설탕을 첨가할 때에는 충분히 반죽해야 하며, 공기를 포집시키지 않으면 제품의 결이 좋지 않다.
② 반죽에 들어가는 달걀의 양이 많을 때는 소량의 밀가루를 투입하여 달걀의 수분을 흡수해야 크림의 분리를 막을 수 있다.
③ 밀가루를 넣고 반죽할 때는 최대한 가볍게 혼합하여 글루텐이 생기지 않게 유의한다.

03 거품형 반죽법

거품형 반죽법(foam type paste method)의 종류에는 공립법과 별립법, 제누아즈법, 시폰형 반죽법이 있다.

(1) 거품형(Foam type)

달걀 단백질의 교반으로 신장성과 기포성, 변성에 의해 부피가 팽창하여 케이크 구조가 형성되며 일반적으로 유지를 사용하지 않으나 유지를 사용할 경우 반죽의 최종 단계에 넣고 마무리한다. 거품형 케이크의 특징은 해면성이 크고 제품이 가벼운 것이며, 여기에는 스펀지케이크, 젤리롤케이크, 엔젤푸드케이크, 버터스펀지케이크, 달걀 흰자만 사용하는 머랭(meringue) 등이 있다.

① 공립법(Sponge of foam method)

달걀흰자와 노른자를 다 같이 넣고 설탕을 더하여 거품을 내는 방법으로 공정이 간단하며, 더운 믹싱법과 찬 믹싱법이 있다.

더운 믹싱법은 달걀과 설탕을 중탕하여 저어 40~45℃까지 데운 후 거품을 올리는 방법이다. 고율배합에 사용하며 기포성이 양호하고 설탕의 용해도가 좋아 껍질색이 균일하다. 찬 믹싱법은 현장에서 가장 많이 사용하는 방법으로 달걀에 설탕을 넣고 거품을 내는 형태로 베이킹파우더를 사용할 수도 있으며, 반죽온도는 22~24℃, 저율배합에 적합하다.

② 별립법(Two stage foam method)

달걀의 노른자와 흰자를 분리하여 각각에 설탕을 넣고 거품을 올리는 방법으로 다른 재료와 함께 노른자 반죽, 흰자 반죽을 혼합하며, 제품의 부피가 크고 부드럽다.

③ 제누아즈법(Genoise method)

반죽에 버터를 녹여서 넣고 만든 방법으로 이탈리아 제노아라는 지명에서 유래되었으며, 달걀의 풍미와 버터의 풍미가 더해져 맛이 뛰어나며 제품이 부드럽다.

버터는 중탕으로 50~60℃에서 녹여서 사용하며 반죽의 마지막 단계에 넣고 가볍게 섞는다.

④ 시폰형 반죽법(Chiffon type method)

별립법처럼 달걀의 흰자와 노른자로 나누어서 반죽하되, 노른자는 거품을 내지 않고 다른 재료와 섞어 반죽형으로 하고, 흰자는 설탕과 섞어 머랭을 만들어 화학팽창제를 첨가하여 팽창시킨 반죽이다. 즉 반죽형과 거품형을 조합한 방법으로 제품의 기공과 조직의 부드러움이 좋으며, 거품형과 비슷하다.

(2) 거품형 반죽공정 제조 시 주의할 점

① 사용하는 모든 그릇은 기름기가 없도록 깨끗하게 제거한다.
② 달걀을 중탕할 때 물 온도가 높으면, 달걀이 익을 수 있다. 달걀이 익으면 결이 좋지 않고 제품이 찌그러지는 원인이 된다.
③ 밀가루를 넣고 반죽할 때 오랫동안 하지 않도록 주의한다. 많이 하면 글루텐이 생기고 식감이 떨어지며, 부피가 작아진다.

04 거품형 반죽법 머랭

(1) 머랭의 종류

① 이탈리안 머랭(Italian meringue)

- 알루미늄자루 냄비에 물, 설탕을 넣고 118℃까지 끓인다.
- 거품 올린 흰자에 끓인 설탕시럽을 부어주면서 머랭을 만든다.
- 무스케이크와 같이 굽지 않는 케이크, 타르트, 디저트 등에 사용하며, 버터크림, 커스터드크림 등에 섞어 사용하기도 한다.

② 스위스 머랭(Swiss meringue)

- 스위스 머랭은 달걀흰자와 설탕을 믹싱 볼에 넣고 잘 혼합한 후에 중탕하여 45~50℃가 되게 한다.
- 달걀흰자에 설탕이 완전히 녹으면 볼을 믹서에 옮겨 팽팽한 정도가 될 때까지 거품을 낸다.
- 슈거파우더를 소량 첨가하여 각종 장식 모양(머랭꽃, 머랭동물, 머랭쿠키 등)을 만들 때 사용한다.

③ 찬 머랭(Cold meringue)

- 달걀흰자 거품을 올리면서 설탕을 조금씩 넣어주며 만드는 머랭이다.
- 만드는 목적에 따라 설탕과 흰자의 비율이 달라지며, 머랭의 강도를 조절하여 만든다.
- 머랭의 강도는 젖은 피크(50~60%), 중간피크(80~90%), 강한 피크로 나눌 수 있다.

④ 더운 머랭(Hot meringue)

- 설탕과 흰자를 중탕하여 설탕의 입자를 녹인 후 거품을 충분히 올린다.
- 결이 조밀하고 강한 머랭이 만들어진다.

(2) 머랭 만들 때 주의할 사항

① 흰자를 분리할 때 노른자가 들어가지 않도록 한다.

② 믹싱 볼이 깨끗해야 한다. (기름기나 물기가 없어야 함)

③ 거품을 올릴 때는 빠르게 하고 나중에는 속도를 줄여 기포를 작게 하여 단단한 머랭이 되도록 한다.

05 제과의 공정순서

(1) 반죽법 결정

제품의 종류와 특성, 만드는 과정에 따라 어떻게 반죽할 것인지 반죽법을 결정한다. 예를 들면 스펀지 시트를 만들고자 할 때 공립법을 할 것인지 아니면 별립법 또는 시폰법을 할 것인지 결정하고 시작한다.

(2) 배합표 작성과 재료 계량하기

① 하나의 제품을 만들기 위해서는 재료의 양을 정확하게 계산하고 재료의 특성과 배합표의 작성이 필요하다.

② 배합표 작성은 생산량에 따라 필요한 양을 조절할 수 있어야 한다.

〈배합량 계산법〉

① 밀가루 무게(g) = $\dfrac{\text{밀가루 비율(\%)} \times \text{총 반죽무게(g)}}{\text{총배합률(\%)}}$

② 각 재료의 무게(g) = $\dfrac{\text{총배합률(\%)} \times \text{밀가루 무게(g)}}{\text{밀가루 비율(\%)}}$

③ 총반죽 무게(g) = $\dfrac{\text{총배합률(\%)} \times \text{밀가루 무게(g)}}{\text{밀가루 비율(\%)}}$

④ 트루 퍼센트 = $\dfrac{\text{각 재료 중량(g)} \times 100}{\text{총재료 중량(g)}}$

(3) 제과 반죽온도

반죽온도는 케이크 제조 시 매우 중요하다. 반죽온도에 영향을 미치는 요인은 사용하는 각 재료의 온도와 실내온도, 장비온도, 믹싱법 등에 따르며, 반죽온도가 제품에 미치는 영향은 다음과 같다.

① 반죽온도는 제품의 굽는 시간에 영향을 주어 수분, 팽창, 껍질에 등에 변화를 준다.

② 낮은 반죽의 온도는 기공이 조밀하고 부피가 작아지고 식감이 나쁘며, 높은 온도는 열린 기공으로 조직이 거칠고 노화가 되기 쉽다.

③ 반죽형 반죽법에서 반죽온도는 유지의 크림화에 영향을 미치는데 유지의 온도가 22~23℃일 때 수분함량이 가장 크고 크림성이 좋다.

〈반죽온도 계산법〉

① 마찰계수 = 결과반죽온도 × 6 − (실내온도 + 밀가루온도 + 설탕온도 + 쇼트닝온도 + 달걀온도 + 수돗물온도)

② 계산된 물온도 = 희망반죽온도 × 6 − (실내온도 + 밀가루온도 + 설탕온도 + 쇼트닝온도 + 달걀온도 + 마찰계수)

③ 얼음 사용량(g) = $\dfrac{\text{물 사용량} \times (\text{수돗물온도} + \text{사용할 물 온도})}{80 + \text{수돗물온도}}$

(4) 반죽의 비중(Specific gravity)

어떤 물질의 질량과 이것과 같은 부피인 표준물질의 질량 사이의 비, 즉 같은 용적의 물무게에 대한 반죽무게(물무게 기준)를 나타낸 값을 비중이라고 한다.

제품의 종류에 따라 반죽의 비중이 다르기 때문에 그에 맞는 비중을 맞추어야 한다.

또한 비중은 일정한 무게로 제품을 만들 때 부피에 많은 영향을 미치며, 제품의 부드러움과 조직, 기공, 맛, 향에도 중요한 인자이다.

① 비중이 제품에 미치는 영향

- 같은 무게의 반죽이면서 비중이 높으면 제품의 부피가 작고 비중이 낮으면 부피가 크다.
- 비중이 높을수록 기공이 조밀하고 무거우며, 비중이 낮을수록 제품의 기공이 크고 조직이 거칠다.

② 비중 측정법

- 비중 컵을 이용하여 비중을 측정한다.
- 비중은 같은 부피의 반죽무게에 같은 부피의 물무게를 나눈 값으로 반드시 컵의 무게는 빼고 반죽무게와 물의 무게로만 계산한다.
- 비중 = (컵무게 + 반죽무게) − 컵무게 = 반죽무게
     = (컵무게 + 물무게) − 컵무게 = 물무게

(5) 성형 및 팬 부피

제품의 종류 및 각각의 반죽특성과 모양에 따라 접어서 밀기, 찍어내기, 짜내기, 몰드에 반죽 넣기 등 성형하는 방법이 다양하며, 주의사항은 다음과 같다.

① 반죽무게 구하는 공식은 다음과 같으며, 적정량을 넣는 것이 중요하다.

- 반죽무게 $= \dfrac{\text{팬 부피}}{\text{비용적}}$

② 제품의 종류에 따라 반죽의 특성이 다르고 비중이 다르기 때문에 동일한 팬 부피에 대한 반죽의 양도 다르게 넣어야 한다.

③ 팬 부피에 비하여 반죽양이 너무 많거나 적은 양의 반죽을 분할하여 구우면 모양이 좋지 않고 상품으로서의 가치가 없어진다.

(6) 케이크 굽기

케이크 제조과정의 마지막 단계인 만큼 매우 중요하다. 케이크 반죽은 분할하여 패닝이 끝나면 빨리 오븐에 넣어야 한다. 대부분의 반죽에 베이킹파우더가 들어가기 때문에 시간이 지나면 이산화탄소가 방출되어 굽기가 끝나고 오븐에서 나왔을 때 부피가 작고 기공이 균일하지 않을 수 있다. 케이크는 반죽 내의 설탕, 유지, 밀가루, 액체류 등의 사용량에 따라 반죽의 유동성이 다르고 팬의 크기와 부피, 무게에 따라 오븐에서 굽는 온도, 굽는 시간이 달라진다.

높은 온도에서 구우면 제품의 속부분이 익지 않아서 가라앉는 현상이 생기고 낮은 온도에서 오래 구우면 수분이 증발하여 부드럽지 못하고 노화가 빨라진다.

(7) 과자류와 케이크 제품평가 기준

① 외부평가

- 부피 : 정상적인 제품의 크기와 비교하여 적정하게 팽창해야 한다.
- 균형 : 오븐에서 구워 나온 제품이 균형을 이루고 있어야 한다.
- 껍질색 : 껍질색이 진하거나 연하지 않은 먹음직스러운 황금색이 나야 한다.

② 내부평가

- 맛 : 제품의 특성에 맞는 식감과 향이 조화를 이루어 맛이 있어야 한다.
- 내상 : 제품을 잘라서 속을 보았을 때 기공이 적절하고 고른 조직이 되어야 한다.
- 향 : 제품의 특성에 맞는 특유의 향이 나야 한다.

06 쿠키의 기본

한입에 먹을 수 있는 대표적인 과자가 쿠키이다. 쿠키의 어원은 네덜란드의 쿠오퀘에서 따온 것으로 작은 케이크라는 뜻이다. 쿠키는 미국식 호칭이며, 영국에서는 비스킷, 프랑스에서는 사블레, 독일에서는 쿠키를 게베크 또는 테게베크(Tee Gebäck), 우리나라에서는 건과자라고 한다. 쿠키는 재료나 만드는 방법에 따라 여러 종류가 있다. 쿠키를 비롯하여 유럽식 과자들은 주로 식사 후의 디저트나 티타임의 간식으로 사랑받는다. 쿠키는 주로 홍차나 커피와 어울려 조화로운 맛을 내는 특성 때문에 오늘날에도 여전히 차의 파트너로 사랑받고 있다.

쿠키는 차나 커피와 함께 먹는 건과자의 일종으로 기본적으로는 밀가루, 달걀, 유지, 설탕, 팽창제만 있으면 만들 수 있다. 여기에 코코아나 치즈로 풍미를 내거나 반죽에 초콜릿, 견과류, 과일 필을 섞어 구우면 종류가 무척 다양해진다. 쿠키는 제법과 반죽의 구성 성분에 따라 분류하면 짜는 쿠키, 모양 틀로 찍어내는 쿠키, 냉동쿠키로 나눈다.

(1) 제조특성에 따른 쿠키 분류

① 짜는 형태의 쿠키 : 드롭쿠키, 거품형 쿠키

- 달걀이 많이 들어가 반죽이 부드럽다.
- 짜낼 때 모양을 유지시키기 위해서는 반죽이 거칠면 안 되기 때문에 녹기 쉬운 분당(슈거파우더)을 사용한다.

- 반죽을 짤 때에는 크기와 모양을 균일하게 짜준다.

② 밀어서 찍는 형태의 쿠키: 스냅 쿠키, 쇼트브레드 쿠키

- 버터가 적고 밀가루 양이 많이 들어가는 배합이다.
- 반죽을 하여 냉장고에서 휴지시킨 다음 성형을 하면 작업하기가 편하다.
- 반죽은 덩어리로 뭉치기 쉬워야 하고 이것을 밀어서 여러 모양의 형틀로 찍어 내어 굽는다.
- 과도한 덧가루 사용은 줄이고 반죽의 두께를 일정하게 밀어준다.

③ 아이스박스 쿠키(냉동쿠키)

- 버터가 많고 밀가루가 적은 배합이다.
- 반죽을 냉장고에서 휴지시킨 다음 뭉쳐서 밀대모양으로 성형하여 냉동실에 넣는다.
- 실온에서 해동한 후 칼을 이용하여 일정한 두께로 자른 다음 팬에 놓고 굽는다.

(2) 쿠키 구울 때 주의사항

① 쿠키는 얇고 크기가 작아 오븐에서 굽는 동안 수시로 색깔을 보고 확인해야 한다.
② 반죽을 오븐에 넣을 때 적정온도가 되지 않으면 바삭한 쿠키가 나오지 않는다. 오븐온도가 낮으면 수분이 한번에 증발하지 않기 때문이다.
③ 실리콘 페이퍼를 사용하면 쿠키반죽이 타지 않아 원하는 모양의 제품을 얻을 수 있다.

(3) 쿠키의 기본공정

① 유지 녹이기

쿠키반죽을 하기 전에 유지류는 냉장고에서 미리 꺼내어 실온에서 부드럽게(손으로 눌렀을 때 자연스럽게 들어가는 정도) 하여 사용한다.

② 밀가루와 팽창제 체에서 내리기

밀가루와 팽창제를 고운체에 내린다. 내리는 과정에서 이물질을 제거하고 밀가루 입자 사이에 공기가 들어가 바삭한 쿠키를 만들 수 있다.

③ 패닝 준비하기

구워진 쿠키가 달라붙지 않게 오븐 팬에 버터나 코팅용 기름을 바른다.

④ 유지 크림화하기

유지를 실온에 두어 부드럽게 한 후 볼에 넣고 크림상태로 만든다.

⑤ 설탕 넣고 반죽하기

유지에 설탕을 두세 번 나누어 넣으면서 섞는다.

⑥ 달걀 넣기

달걀을 조금씩 나누어 넣는다. 여러 번에 나누어 넣어야 유지와 달걀이 서로 분리
되지 않고 잘 섞인다.

⑦ 바닐라향 넣기

바닐라향을 넣고 고루 섞는다. 바닐라향이 달걀의 비릿한 맛을 없애고 향을 돋운다.

⑧ 밀가루 넣고 섞기

체에 내린 밀가루를 넣고 밀가루가 보이지 않을 정도로 잘 섞는다. 고무주걱으로
천천히 섞어야 바삭한 쿠키가 된다.

(4) 쿠키의 기본배합에 따른 분류

① 설탕과 유지의 비율이 같은 반죽(Pate de milan)

- 밀가루 100%, 설탕 50%, 유지 50%
- 이탈리아 밀라노풍의 반죽이라 불리는 반죽이 쿠키의 표준반죽이다.

② 설탕보다 유지의 비율이 높은 반죽(Pate Sablee)

- 밀가루 100%, 설탕 33%, 유지 66%
- 설탕보다 유지의 양이 많은 반죽은 구운 후에 살 부스러시기 쉬우며 '사블레'라
  고도 부른다.

③ 설탕보다 유지의 비율이 낮은 반죽

- 밀가루 100%, 설탕 66%, 유지 33%
- 유지보다 설탕 함량이 많은 반죽은 구운 후에도 녹지 않은 설탕 입자 때문에 약
  간 딱딱하다.

제빵

밀가루와 이스트, 소금, 물을 섞어 발효시킨 뒤 오븐에서 구운 것. 구체적으로 말하자면 밀가루, 이스트, 소금, 물을 주재료로 하고 경우에 따라 당류, 유제품, 달걀, 그 밖의 부재료를 배합하여 섞은 반죽을 발효시켜 찌거나, 튀기거나 구운 것이 빵이다.

빵의 어원은 포르투갈어인 팡(Pão)으로 일본을 거쳐 들어왔다. (영)브레드[B-read], (프)빵[Pain], (에)팡[Pãn], (포)팡[Pão], (독)브로트[Brot], (네)브로트[Brood], (중)면포이다. bread, brot, brood의 어원은 고대 튜튼어인 braudz(조각)이고 pain, pan, pão은 그리스어인 pa, 라틴어인 panis이다.

01 빵과 그 역사

빵의 역사는 약 6000년 전으로 거슬러 올라간다. 성경에 '사람은 빵만으로는 살 수 없다'라고 쓰여 있는 것을 보면 빵은 성서가 쓰이기 전부터 존재했음을 알 수 있다. 인류의 문화가 수렵생활에서 농경축산업 생활로 변해가면서 빵 식문화가 일어났다고 볼 수 있다. 초기에 인류는 곡식으로 미음을 끓여 먹었다. 이것이 죽 → 납작한 무발효빵 → 발효빵으로 발전해 온 것이다. 빵의 주재료는 밀이다.

15세기 르네상스시대에 이르러서야 비로소 빵은 대중에 알려지기 시작하였다. 빵을 부풀게 하는 효모균이 발견되고 정식으로 발표된 때는 17세기 후반이다. 그 뒤 1857년

프랑스의 파스퇴르(L. Pasteur)가 효모의 작용을 발견하였다. 5000년 역사를 갖는 빵의 비밀이 과학적으로 밝혀진 것은 불과 130여 년 전의 일이다. 그리고 곧 순수 배양이 가능한 이스트가 상품으로 만들어지고 빵의 제조법도 과학적으로 체계화되기에 이른다. 하지만 과거나 지금이나 다름없는 것은 빵을 만드는 기본배합 재료이다. 즉 밀가루, 소금, 물, 이스트를 섞어 반죽한 뒤 부풀리는 것은 같다.

우리나라는 1880년대 '면포'라는 빵이(중국말로 빵)라 불렸고, '설고'라는 카스텔라가 만들어졌다. 한일합방 후 일본을 통해 화과자와 양과자가 유입되고 접과자, 생과자, 알사탕 등이 주종을 이루었다. 1930년대 서울 인구의 증가로 빵과 과자의 소비가 급증하고 다양한 빵이 생산되었으며, 1960년대 대량생산업체가 출현하고 제과제빵산업 발전에 큰 변화가 일어났다. 최근 들어 윈도우 베이커리, 인스토어 베이커리, 프랜차이즈, 준양산업체, 양산업체 등의 자유경쟁시대로 발전하고 외국과의 기술합작으로 점차 대형화·고급화되며, 냉동빵류가 발전하고 조리 빵의 수요가 증가하고 있다.

02 빵의 제조공정

제빵법 결정 → 배합표 작성 → 재료 계량하기 → 반죽(믹싱)하기 → 1차 발효하기 → 분할하기 → 둥글리기하기 → 중간발효하기 → 성형(정형)하기 → 팬닝(패닝)하기 → 2차 발효하기 → 굽기 → 냉각하기 → 포장하기

(1) 제빵법 결정

빵 반죽법은 노동력, 제조량, 기계설비, 제조시간, 판매형태, 고객의 기호 등을 감안하여 결정한다.
① 일반적으로 윈도우베이커리(개인이 운영하는 베이커리)는 대부분 스트레이트법을 많이 사용하지만 최근에는 천연발효빵이 고객선호도가 높기 때문에 발효종을 이용한 다양한 스펀지 반죽법을 이용하고 있다.
② 대형 양산업체는 주로 스펀지법과 액종법을 많이 사용하고 있다.

(2) 배합표 작성

배합표란 빵을 만드는 데 필요한 재료의 비율이나 무게를 숫자로 표시한 것을 말하며, 레시피(Recipe)라고도 한다.

① 배합표 단위

배합표에 표시하는 숫자 단위는 %이다. 이것을 응용해서 g 또는 kg으로 변경하여 작성한다.

② Tree Percent(T/P)

재료 전체의 양을 100%로 보고 각 재료가 차지하는 양을 %로 표시한다.

③ Baker's Percent(B/P)

밀가루의 양을 100% 기준으로 하여 각 재료가 차지하는 밀가루 양에 대한 비율로 계산하여 그 양을 표시한 것으로 현장에서 많이 사용하는 유익한 계산방법이다.

(3) 재료 계량하기

① 사전에 준비된 배합표에 따라 재료의 양을 정확히 계량해서 사용해야 원하는 제품을 만들 수 있다.
② 액체재료는 계량컵이나 메스실린더 같은 부피측정 기구를 사용한다.
③ 현장에서는 대부분 전자식 저울을 사용하며, 저울 사용 시 움직임이 없는 평평한 곳에 놓고 저울 영점을 확인한 뒤 계량을 시작한다.
④ 재료를 계량할 때 재료 손실을 최소화해야 한다.

(4) 반죽하기

밀가루에 소금, 이스트, 물 등 다양한 재료를 넣고 섞어 치댄 뒤 글루텐을 발전시키는 것이다. 반죽을 하면 밀가루 단백질에 수분이 흡수되어 글루텐이 형성되며, 이 글루텐이 전분과 함께 빵의 골격을 만들어주고 가스를 보유하여 빵의 맛과 모양을 유지하는 것이다.

가. 반죽의 목적

- 밀가루를 비롯하여 다른 재료들을 물과 균일하게 혼합한다.
- 밀가루전분에 물을 흡수시켜 주는 수화작용을 한다.
- 밀단백질 중 불용성 단백질이 물과 결합하여 글루텐을 형성시킨다.
- 글루텐을 발전시켜 반죽의 탄력성, 가소성, 점성을 최적인 상태로 형성한다.

나. 반죽의 믹싱단계

① **픽업단계(Pick-up stage)**

밀가루와 그 밖의 가루재료가 혼합되고 수분이 흡수되는 단계로 저속으로 1~2분 한다.

② **클린업 단계(Clean-up stage)**

중속 또는 고속으로 믹싱하여 반죽이 한 덩어리가 되어서 믹싱 볼이 깨끗한 상태가 된다. 수화가 완료되어 반죽이 다소 건조해 보이며, 반죽의 글루텐이 조금씩 형성된다. 보통 유지는 이 단계에서 넣어주며, 데니시 페이스트리 반죽은 여기서 멈춘다.

③ **발전단계(Development stage)**

중속 또는 고속으로 믹싱하여 반죽이 건조해지고 매끈한 상태로 되는 단계이다. 반죽의 탄력성이 가장 큰 상태가 되며, 믹서의 에너지가 최대로 요구된다. 긴 시간 발효시키는 유럽 빵, 프랑스 빵 반죽은 여기서 그친다.

④ **최종단계(Final stage)**

탄력성과 신장성이 최대가 되는 단계이다. 믹싱 볼에 반죽이 부딪히는 소리가 발전단계보다 약하며, 반죽이 부드럽고 윤기가 생긴다. 반죽을 떼어내 잡아 늘리면 깨끗한 글루텐 막이 형성되어 찢어지지 않고 얇게 늘어나며, 대부분의 빵 반죽은 여기서 멈춘다.

⑤ **렛다운 단계(Let down stage)**

믹싱을 계속하여 글루텐 구조가 약해져서 반죽의 탄력성을 상실하기 시작하고 신장성이 커져 고무줄처럼 늘어지며, 점성이 많아진다. 이 단계의 반죽을 흔히 오버믹싱 반죽이라고 표현한다. 틀을 사용하는 빵이나 잉글리시 머핀, 햄버거 반죽은 이 단계까지 한다.

⑥ **파괴단계(Break down stage)**

반죽을 계속하면 글루텐이 파괴되어 탄력성과 신장성이 전혀 없어 반죽이 힘이 없고 축 늘어지며 끊어진다. 빵을 만들어 구우면 오븐 팽창(스프링)이 되지 않아 표피와 속결이 거친 제품이 된다.

다. 빵 반죽시간

빵 반죽으로서 적정한 상태로 만드는 데 걸리는 총 시간을 말하며, 반죽하는 데 필요한 시간에는 많은 변수가 따른다. 반죽의 양, 반죽기의 종류와 볼의 크기, 반죽기의 회전속도, 반죽온도 차이, 반죽의 되기, 밀가루의 종류 등에 따라 반죽의 시간이 짧아지기도 하고 길어지기도 한다.

〈반죽시간에 영향을 미치는 요소〉
- 반죽양이 소량이고 회전속도가 빠른 경우
- 반죽온도가 높을수록 반죽시간이 짧아진다.
- 반죽양은 많은데 회전속도가 느릴 경우
- 설탕양이 많은 경우 글루텐 결합을 방해하여 반죽의 신장성이 높아지고 반죽시간이 늘어난다.
- 탈지분유는 글루텐 형성을 늦추는 역할을 한다.
- 흡수율이 높을수록 반죽시간이 짧아진다.

라. 빵 반죽의 온도 조절

반죽온도란 반죽이 완성된 직후 온도계로 측정했을 때 나타나는 온도이다. 반죽온도는 보통 27℃가 적정하며 이스트가 활동하는 데 가장 알맞다. 그러나 프랑스 빵 또는 저배합률의 빵은 24℃, 데니시 페이스트리는 20℃ 등 빵의 종류와 특성에 따라 반죽의 온도가 다르다. 또한 반죽온도는 밀가루, 작업실온도, 물의 온도에 따라 변한다. 그러므로 온도조절이 가장 쉬운 물로 반죽의 온도를 조절한다. 반죽온도의 높낮이에 따라 반죽상태와 발효속도가 달라진다. 여름에는 차가운 물 또는 얼음물을 사용해야 하며, 겨울에는 물의 온도를 높여서 사용한다.

(5) 1차 발효(First fermentation)

1차 발효는 글루텐을 최적으로 발전시켜 믹싱이 끝난 반죽을 적절한 환경에서 발효시킨다. 발효란 용액 속에서 효모, 박테리아, 곰팡이가 당류를 분해하여 열이 나고 탄산가스 등의 기체가 발생하는 것이다. 즉 효모(이스트)가 빵 반죽 속에서 당을 분해하여 알코올과 탄산가스가 생성되고 그물망 모양의 글루텐이 탄산가스를 포집하면서 반죽을 부풀게 하는 것이다.

① 발효의 목적

- 반죽의 팽창작용
- 부드러운 제품을 만들어 노화를 지연시킨다.
- 발효에 의해 생성된 빵 특유의 맛과 향을 낸다.
- 발효과정에서 생기는 반죽 숙성작용

② 1차 발효상태 확인방법

- 일반적으로 처음 반죽했을 때 부피의 3~3.5배
- 발효반죽 내부의 직물구조 형성(망상구조)
- 반죽을 손가락으로 눌렀을 때 손자국이 그대로 있는 상태

③ 발효관리 목적 및 발효상태

- 이스트 발효에 의해 발생하는 가스를 최대로 보유할 수 있는 반죽을 만들어 양호한 기공, 조직, 껍질색, 부피를 지향한다.
- 발효의 상태에 따라 직물구조가 다르게 나타난다. 발효가 부족한 경우에는 무겁고 조밀하며 저항성이 부족하고, 적정한 발효에는 부드럽고 건조하며 유연하게 신장한다. 발효과다는 거칠고 탄력이 적고 축축하다.

(6) 분할(Dividing)

1차 발효가 끝난 반죽을 제품 제조에 필요한 크기로 나누는 공정으로 크게 손분할과 기계분할로 나눌 수 있으며, 분할 중에도 발효가 계속 진행되므로 식빵류는 20분 이내, 과자빵은 30분 이내로 빠른 시간에 끝낸다. 손분할은 주로 소규모 빵집에서 분할하는 공정으로 기계분할 반죽보다 반죽이 더 부드럽다. 기계분할은 대체로 큰 규모의 양산업체나 호텔 등에서 많이 사용하며, 포켓에 들어가는 반죽의 부피에 의해서 분할된다.

분할 시 주의할 점은 반죽의 무게를 정확히 하고, 반죽의 표면이 마르지 않도록 신경을 쓰는 것이다.

(7) 둥글리기(Rounding)

분할한 반죽의 표피를 매끄럽게 공 모양으로 만드는 공정이다. 분할로 흐트러진 글루텐의 구조를 재정돈하고 연속된 표피를 형성하여 끈적거림을 제거, 중간발효 중에

생성되는 이산화탄소를 보유하는 표피를 만들어주며, 반죽형태를 일정한 형태로 만들어서 다음 공정인 정형을 쉽게 한다. 둥글리기할 때 덧가루를 과다 사용할 경우 제품에 줄무늬가 생기거나 이음매 봉합을 방해하여 중간발효 중 벌어지므로 주의한다.

(8) 중간발효(Intermediate proof)

둥글리기한 반죽을 정형에 들어가기 전 휴식 또는 발효시키는 공정이다. 벤치타임(bench time) 또는 오버헤드 프루프(over head proof)라고도 한다. 중간발효의 목적은 글루텐 조직의 구조를 재정돈하고, 가스 발생으로 유연성을 회복하는 것이다. 또한 탄력성, 신장성을 확보하여 밀어 펴기 과정 중 반죽이 찢어지지 않아 다음 공정이 용이해진다. 중간발효는 보통 분할 중량에 따라 다르나 대체로 10~20분으로 하며, 27~30℃의 온도와 70~75%의 습도가 적당하다. 작업대 위에 반죽을 올리고 실온에서 수분이 증발하지 않도록 비닐이나 젖은 헝겊 등으로 덮어서 마르지 않도록 주의한다.

(9) 정형(Moulding)

① 밀어 펴기(Sheeting)

중간발효가 끝난 반죽을 밀대나 기계로 원하는 두께와 크기로 밀어 펴서 만드는 공정이다. 매끄러운 면이 밑면이 되도록 하고 점차 얇게 밀어 펴서 반죽 내에 있는 가스를 빼준다. 너무 강하게 밀어서 반죽이 찢어지지 않도록 주의해야 하며, 덧가루를 많이 사용하면 제품 내에 줄무늬가 생기고 제품의 품질이 저하될 수 있으므로 알맞게 사용한다.

② 말기(Folding)

밀어 편 반죽을 원하는 제품형태로 균일하게 말아주는 공정이다.

③ 이음매 봉하기

공기를 제거하고 팬의 형태에 맞도록 모양을 만들어 마지막 이음매가 벌어지지 않도록 단단하게 붙이는 공정이다.

(10) 팬에 넣기(패닝, 팬닝 Panning)

정형한 반죽을 평철판 또는 다양한 빵 틀에 넣는 공정이다. 평철판 패닝 시에는 2차 발효, 굽기 과정 중에 반죽이 달라붙지 않도록 간격 조정을 잘해서 놓는 것이 중요하며, 일정한 틀에 넣을 경우 반죽이 동일하게 놓이도록 하고 이음매가 틀의 바닥에 오도록 한다. 패닝 시 팬의 온도는 49℃ 이하 적정온도는 32℃가 가장 좋으며 온도가 높으면 반죽이 처지는 현상이 나타나고 온도가 낮으면 반죽이 차가워져 발효가 지연된다.

(11) 2차 발효(Final proof second fermentation)

패닝한 반죽을 발효시켜 바람직한 외형과 식감을 얻기 위하여 글루텐의 숙성과 팽창을 도모하는 과정이다.

① 목적

- 온도와 습도를 조절하여 이스트 발효작용이 왕성해져 빵 팽창 시 충분한 가스가 발생한다.
- 성형공정을 거치는 동안 흐트러진 글루텐 조직을 정돈한다.
- 유기산이 생성되고 반죽의 pH하강 탄력성이 없어지고 신장성을 증대시킨다.
- 발효산물인 유기산, 알코올, 방향성 물질을 생성한다.
- 2차 발효실 온도는 제품에 따라 다르나 29~38℃ 사이의 온도에서 발효시키며, 일반적으로 32~38℃, 상대습도는 75~85%에서 발효시킨다.

(12) 굽기(Baking)

2차 발효가 끝난 반죽을 오븐에서 굽는 과정으로 반죽에 열을 가하여 가볍고 향이 있으며, 소화하기 쉬운 제품으로 만드는 최종의 공정으로 제빵에서 가장 중요한 과정이라 할 수 있다.

가. 굽기의 목적

① 빵의 껍질부분에 색깔을 나게 하여 맛과 향을 낸다.
② 전분을 호화시켜 소화가 잘 되는 빵을 만들기 위한 것이다.
③ 발효에 의해서 생성된 탄산가스에 열을 가하여 팽창시켜 빵의 모양을 형성시킨다.

나. 굽기 방법

① 반죽의 배합과 분할무게, 성형방법, 원하는 맛과 속결, 제품의 특성에 따라 오븐의 굽는 방법이 다르다.

② 일반적으로 무겁고 부피가 큰 고율배합 빵은 170~190℃의 낮은 온도에서 장시간 굽는다.

③ 무게가 가볍고 부피가 작은 고율배합은 180~200℃의 낮은 온도에서 단시간 굽는다.

④ 일반적으로 무겁고 부피가 큰 저율배합 빵은 210~230℃의 높은 온도에서 장시간 굽는다.

⑤ 가볍고 부피가 작은 저율배합 빵은 230~250℃의 높은 온도에서 짧은 시간 굽는다.

⑥ 당 함량이 높은 과자 빵이나 4~6%의 분유를 넣은 식빵은 170~180℃의 낮은 온도에서 굽는다.

⑦ 처음 굽기 시간의 25~30%는 반죽 속의 탄산가스가 열을 받아서 팽창하여 부피가 급격히 커지는 단계이다.

다. 오븐의 종류

오븐은 생산규모와 업장의 특성에 따라 다양한 오븐을 사용하는데 종류는 데크오븐, 로터리 오븐, 터널 오븐, 네트 오븐 등이 있다.

라. 굽기 중의 변화

① 오븐팽창(Oven spring)

발효된 반죽크기의 1/3 정도가 급격히 팽창(5~8분)하며, 오븐 열에 의해 반죽 내에 가스압과 증기압이 발달한다. 알코올 등은 79℃에서 증발하고 이스트 세포는 63℃에서 사멸한다.

② 오븐 라이즈(Oven rise)

반죽의 내부 온도가 아직 60℃에 이르지 않은 상태로 반죽의 온도가 조금씩 상승하여 반죽의 부피가 조금씩 커진다.

③ 전분의 호화

전분입자는 40℃에서 팽윤하기 시작하여 56~60℃에서 호화되며 전분의 호화는 주로 수분과 온도의 영향을 받는다.

④ 글루텐의 응고

글루텐 단백질은 전분입자를 함유한 세포간질을 형성하고 온도가 60~70℃가 되면 열변성을 일으키기 시작하여 물이 호화하는 전분으로 이동하고 74℃ 이상에서 반고형질 구조를 형성하며, 공기방울을 함유한다.

⑤ 효소의 활성

전분이 호화하기 시작하면서 효소가 활동하며, 아밀라아제는 온도가 10℃ 상승하면 활성이 2배가 된다. 알파아밀라아제의 변성은 65~95℃에서 이루어지며, 베타아밀라아제의 변성은 52~72℃에서 이루어진다.

⑥ 껍질색 및 향의 발달

열에 의해 당류가 갈색, 흑색으로 변화되어 캐러멜화 반응이 일어나고, 빵 껍질부위에서 발달한 향이 빵 속으로 침투하여 빵에 잔류한다.

⑦ 굽기 손실(Baking loss)

굽기 손실은 반죽상태에서 빵의 상태로 구워지는 동안 무게가 줄어드는 현상으로 여러 요인이 있다. 배합률, 굽는 온도, 굽는 시간, 제품의 크기, 스팀분사 여부에 따라 다르다.

⑧ 굽기의 실패

실패에는 여러 요인이 있다. 언더 베이킹(under baking)의 경우 높은 온도로 단시간에 구워낸 제품은 수분이 많고 완전히 익지 않아서 가라앉기 쉽다. 오버 베이킹(over baking)의 경우 낮은 온도로 장시간 구운 상태로 제품에 수분이 적고 노화가 빠르다.

(13) 빵의 냉각(Bread cooling)

오븐에서 구운 제품을 팬에서 분리하여 식혀 제품의 온도를 낮추는 공정을 말하며, 냉각팬, 타공팬, 랙을 이용하여 실온에 두어 자연 냉각이나 선풍기 혹은 에어컨을 이용한다. 오븐에서 바로 구워낸 뜨거운 빵은 껍질에 12%, 빵 속에 45%의 수분을 함유하고 있다. 오븐에서 나온 제품을 바로 포장하면 수분 응축을 일으켜 곰팡이가 발생한다. 또한 제품의 껍질이나 속결이 연화되어 빵의 형태가 변형되고 사이즈가 큰 빵은 껍질에 주름이 생기며, 이런 현상을 방지하기 위해서 빵 속의 온도를 35~40℃로, 수분함량을 38%로 낮추는 것이다.

냉각의 목적은 포장과 자르기를 용이하게 하며, 미생물의 피해를 막는다. 그러나 너무 과도하게 냉각하면 제품이 건조해져 식감이 좋지 않으며 식히는 동안 수분이 날아감에 따라 평균 2%의 무게 감소현상이 일어난다.

(14) 포장(Packing)

냉각된 제품을 포장지나 용기에 담는 과정으로 유통과정에서 제품의 가치와 상태를 보호하기 위해 제품의 특성과 최근 포장 트렌드, 고객의 선호도 등에 따라 포장한다. 제품의 포장온도는 35~40℃가 냉각되었을 때 포장하여 미생물 증식을 최소화하고 신속한 포장으로 향이 증발되는 것을 방지하여 제품의 맛을 유지하도록 한다.

가. 포장 목적
① 제품의 수분 증발을 방지하여 노화를 지연시킨다.
② 상품의 가치를 향상시킨다.
③ 미생물이나 유해물질로부터 보호한다.
④ 제품의 건조를 방지하여 적절한 식감을 유지한다.

나. 포장용기의 위생성 및 포장재료 요건
① 용기나 포장지 재질에 유해물질이 있어 식품에 옮겨지면 안 된다.
② 용기, 포장지에서 첨가제 같은 유해물질이 용출되어 식품에 옮겨지면 안 된다.
③ 포장 시 제품이 파손되지 않고 안정성이 있어야 한다.
④ 포장 시 상품 가치를 높일 수 있어야 한다.
⑤ 방수성이 있고 통기성이 없어야 한다.
⑥ 포장기계에도 사용할 수 있어야 한다.

(15) 빵의 노화

빵의 노화란 빵의 껍질과 속결에서 일어나는 물리적·화학적 변화로 빵제품(전분질 식품)이 딱딱해지거나 거칠어져서 식감이 악화되는 현상으로 곰팡이나 세균과 같은 미생물에 의한 변질과는 다르다.

〈빵의 노화현상 및 원인〉
• 빵 속의 수분이 껍질로 이동하여 질겨지고 방향을 상실한다.
• 수분 상실로 빵 속이 굳어지고 탄력성이 없어진다.

Bakery Cafe

베이커리카페
판매상품 구성

제 3 장

베이커리카페 매장의 특성은 '베이커리, 즉 빵과 과자를 직접 만들어 고객에게 판매할 수 있는 인력과 생산성 등을 가지고 있으며, 또한 음료와 커피 등 다양한 사이드 메뉴를 보유하고 있다는 것이다. 카페문화는 지금의 트렌드에 맞는 것이 분명하지만, 판매 비율 및 매출에서는 커피나 다른 음료가 아닌 빵이 중심이 된다는 것이 베이커리카페의 특징이라고 할 수 있다.

기존의 베이커리 외식문화는 단순히 제빵 제과류를 구매하여 집에 가지고 와서 먹는 것이 주류를 이루었다면 현재 베이커리카페는 분위기를 즐기며 여유를 가지고 행복을 느낄 수 있는 장소 제공을 하나의 문화로 받아들이기 시작했다.

이처럼 다양한 층의 고객들은 레스토랑과 같이 한곳에서 식사와 차를 즐길 수 있는 것을 선호하고 있다. 전통적인 식생활의 문화는 점차 사라지고, 식생활패턴이 서구화되면서 빠르고 간편하게 바뀌고 있다.

베이커리카페는 고객들의 이러한 니즈와 변화들을 반영하여 맛있게 먹고, 여유를 즐길 수 있는 하나의 복합적 문화공간의 장소로 발전하고 있다.

베이커리카페 메뉴는 커피 음료와 잘 어울리는 메뉴로 구성하여야 한다. 많은 종류의 제품보다 종류는 적더라도 품질이 좋아 맛이 있는 제품으로 알려져 고객에게 사랑받는 시그니처 메뉴가 많도록 하는 것이 중요하다. 최근에는 음료부분에 많은 변화를 주고자 다양한 종류의 차를 고객에게 제공하고 있다.

창업을 하여 제품을 생산하고 고객에게 판매하기 위해서는 많은 준비가 필요하다.

따라서 메뉴의 구성과 제품의 종류, 제품의 배합표, 제품 만드는 과정, 제품 원가, 제품의 판매가격, 제품을 만드는 데 들어가는 재료와 기물을 체크해야 한다.

다음은 뉴욕치즈케이크를 생산하여 고객에게 판매하기까지 그 과정을 보자.

① 뉴욕치즈케이크를 만드는 데 필요한 기계류와 기물을 체크한다.

제품을 구울 수 있는 오븐과 반죽을 할 수 있는 믹서가 필요하며, 소형기물은 재료 계량이 가능한 저울, 고무주걱, 스테인리스 볼, 뉴욕치즈케이크 몰드, 중탕으로 굽기 때문에 물을 담을 수 있는 팬, 오븐에서 꺼내어 식혀서 자를 때 필요한 칼 등 많은 것이 필요하다.

② 뉴욕치즈케이크를 만드는 데 필요한 재료의 종류와 재료의 양, 만드는 과정이 들어 있는 배합표 예는 아래와 같다.

Dish Name : New York Cheese Cake   Date : 2018.10.30

Ingredients	Q'ty	Unit	price	Note
다이제스티브 쿠키	2	ea		
흰자	2	ea		
버터	100	g		
크림치즈	1360	g		
설탕	360	g		
노른자	6	ea		
전란	7	ea		
레몬주스	50	g		
생크림	150	g		
Individual Cost				
Sales Price				
Food Cost				

Method of Preparation

1. 밀대나 다른 도구를 사용하여 다이제스티브 쿠키를 가루형태로 만든다.
2. 녹인 버터와 흰자를 넣고 섞어준다.
3. 몰드 바닥에 쿠키를 깔아준다.
4. 크림치즈에 설탕을 넣고 저어준다.
5. 달걀노른자를 넣고 저어준다.
6. 전란을 조금씩 넣으면서 저어준다.
7. 레몬주스를 넣고 저어준다.
8. 생크림을 넣고 저어준다.
9. 중탕하여 150℃ 오븐에서 30~40분간 굽는다.

Photo	Plate & Utensil

베이커리카페 매장 상품메뉴의 구성은 장소와 주변 여건에 따라 크게 다르다. 따라서 고객이 많이 찾는 시간대별 메뉴 구성이 필요하다. 아침시간 메뉴와 그 이후는 시간단위로 제품을 생산하여 매장에 진열한다. 아침에는 커피, 생과일주스와 함께 먹을 수 있는 제품을 세팅한다. 크루아상(Croissant), 데니시 페이스트리(Danish pastry), 머핀(Muffin), 시나몬 롤(Cinnamon roll) 등이 있다. 아침식사 대용으로 간단한 몇 종류의 샌드위치가 준비되어 있으면 좋다. 이후에는 브런치 메뉴와 판매할 제품이 준비되어야 하는데 샌드위치, 피자, 쿠키, 다양한 빵과 케이크 제품을 만들어 세팅한다. 모든 빵류 제품은 당일 생산하여 당일 판매하는 것을 원칙으로 해야 한다. 최근 유행하는 베이커리카페 메뉴 구성을 참고로 만들어보자.

최근 유행하는 제빵류는 다음과 같다.

빵의 종류는 다양한 식재료를 이용하여 맛있고 건강에 좋은 제품으로 구성하는 것이 좋다. 우리 농산물을 이용한 빵(고구마, 감자, 단호박, 마늘, 흑미), 건강에 좋은 견과류를 넣어 만든 빵(호두, 아몬드, 피스타치오, 피칸), 다양한 건조과일을 넣고 만든 빵(자두, 살구, 크랜베리, 무화과), 치즈를 사용한 빵, 허브를 이용한 빵(로즈메리, 딜, 바질), 천연발효종을 이용한 건강빵, 밀가루만 사용하지 않고 호밀가루, 쌀가루 등 다양한 곡물가루를 이용하여 만든 빵으로 구성한다.

곡물식빵(Cereal toast bread), 통밀빵(Wheat bread), 호두빵(Walnut bread), 치즈빵(Cheese bread), 커피를 이용한 빵, 달콤한 간식용 빵, 특산물을 이용한 조리

빵, 특수 빵에 속하는 세계 각 나라의 대표적인 빵으로 우리나라에도 많이 알려져 있고 맛이 뛰어난 양파 포카치아(Onion Focaccia), 허브 포카치아(Herb Focaccia), 통밀 캉파뉴(Wheat Campagne), 무화과 캉파뉴(Fig Campagne), 크랜베리 캉파뉴(Cranberry Campagne), 치아바타(Ciabatta), 허브 치아바타(Herb ciabatta), 브레첼(Pretzel), 치즈 브레첼(Cheese Pretzel), 판도로(Pandoro), 슈톨렌(Stollen) 파네토네(Panettone), 사워도우 빵(Sour dough bread), 바게트(Baguette), 크루아상(Croissant), 데니시 페이스트리(Danish pastry), 머핀(Muffin), 시나몬 롤(Cinnamon roll) 등이 있다.

최근 유행하는 브런치 메뉴구성은 다음과 같다.

시즌 과일과 초콜릿, 견과류 등을 이용하여 다양한 메뉴를 구성하여 계절별로 프로모션하는 것이 중요하다.

과일 타르트(Fruit tart), 초코 타르트(Chocolate tart), 호두 타르트(Walnut tart), 치즈 타르트(Cheese tart), 크랜베리 스콘(Cranberry scone), 호두케이크(Walnut cake), 크렘 브륄레(Creme brulee), 딸기 에클레르(Strawberry eclair), 녹차 에클레르(Green tea eclair), 망고 에클레르(Mango eclair), 티라미수(Tiramisu),

바나나케이크(Banana cake), 레몬케이크(Lemon cake), 레몬 머랭 타르트(Lemon meringue tart), 사과 잘루시(Apple jalousie), 키슈로렌(Quiche Lorraine), 아몬드 비스킷(Almond biscuit), 초코퍼지브라우니(Chocolate purge brownie), 판나코타(Panna cotta), 레몬 마들렌(Lemon madeleine), 호두파이(Walnut pie), 애플슈트루델(Apple strudel), 코코넛 로세(Coconut rocher) 등이 있다.

최근 고객이 즐겨 찾는 다양한 케이크의 종류를 보면 다음과 같다.

뉴욕치즈케이크(New York Cheese cake), 초코시폰케이크(Chocolate chiffon cake), 녹차시폰케이크(Green tea chiffon cake), 생크림케이크(Fresh cream cake), 블랙포레스트케이크(Black forest cake), 초콜릿케이크(Chocolate cake), 레드벨벳케이크(Red velvet cake), 당근케이크(Carrot cake), 초콜릿롤케이크(Chocolate roll cake), 과일파운드케이크(Fruit pound cake), 모카파운드케이크(Mocha pound cake), 마스카르포네롤케이크(Mascarpone roll cake) 등이 있다.

　최근 베이커리카페 창업의 성공 여부는 디저트 메뉴 개발에 달렸다는 분석이 많으며, 디저트에 관한 전문지식을 가지고 있지 않고 메뉴를 취급하는 것은 매우 위험하다. 커피의 풍미와 어울리지 않는 메뉴를 무리해 추가하면 역효과가 날 수 있고 노동력이 많이 들어가는 제품은 생산성이 떨어지고 인건비 상승 요인이 된다. 따라서 디저트는 만들기 쉽고 달콤하며, 상큼한 맛과 함께 보기가 좋아야 한다. 최근 들어 특이한 것은 각종 카페와 전문점뿐 아니라 마트, 편의점에서도 디저트를 즐기는 사람들이 늘어나고 있다는 것이다. 디저트를 위해 카페나 백화점에 가기는 부담스럽지만 디저트의 달콤한 맛을 포기할 수 없어 구매하여 집에서 디저트를 즐기는 이들도 증가하는 추세다.

　실제로 편의점 냉장 디저트 매출 신장률은 2017년 33.1%에서 2018년 10월 328.3%로 크게 성장하였다. 그러므로 메뉴를 개발할 때 고객이 구매하여 가정에서 전자레인지에 데워 따뜻하게 먹을 수 있는 디저트도 생각해 볼 수 있다. 여기에는 초코퐁당, 컵케이크, 에그타르트 등이 있다.

　최근 또 하나의 특징은 임금 상승률이 높아지고 재료값도 높기 때문에 많은 종류의 제품을 만들지 않고 전문화하여 소품종의 제품을 생산하는 매장이 늘고 있다는 것이다.

자기 전문성에 맞는 품목을 선택하여 집중하며, 품질이 좋은 몇 가지의 제품을 만들어 판매한다. 치즈케이크 전문점, 마카롱 전문점, 초콜릿 전문점, 디저트카페, 식빵전문점 등이 있다. 1인 가구의 증가와 함께 등장한 가치 소비 트렌드가 디저트 시장을 지속 확대시킬 것으로 보이며, 밸런타인데이, 딸기뷔페 크리스마스, 연말 파티 등 수요를 고려해 다양한 디저트가 계속 나올 것으로 보인다.

또한 친근한 제품을 고급화하여 기존 중장년층에게는 신선함으로 다가가고 젊은 고객층에게는 브랜드 인지도를 높이는 데 큰 역할을 하고 있어 앞으로는 가성비 높은 디저트들이 트렌드로 자리 잡을 것으로 보인다. 또한 더 고급스러운 프리미엄 디저트카페 시장이 형성되어 디저트를 통해 맛은 물론 기분전환, 포만감까지 고객의 니즈를 다양하게 만족시킬 수 있는 트렌드로 반영되고 있다.

01 베이커리카페의 메뉴가격 결정과 메뉴개발

메뉴가격은 베이커리카페에 있어 고객의 구매 결정에 중요한 변수들 중 하나라고 할 수 있다. 메뉴에 제공하는 가격은 다양한 방법과 이론들이 통합되어 결정되는 것이다. 즉 원가율, 개별 마진, 가격점, 객단가, 경쟁, 수요, 소비자의 가격지각 등이 고려되어야 한다.

제품가격을 결정하는 데 있어 중요한 요소와 고려해야 할 세 가지 요소는 다음과 같다.

첫째, 고객들은 그들이 인지하는 기준가격에 대해 정확하지 않은 정보를 가지고 있고, 제한된 정보를 가지고 있다는 것이다.

둘째, 고객들은 가격에 대해 제품 또는 서비스의 품질을 판단하는 경향이 있다.

셋째, 고객들은 제품 또는 서비스에 관련한 가치를 가격만으로는 인지하지 않는다는 것이다.

메뉴를 선정하는 데 있어서는 조직, 색, 형태, 맛 등을 고려한 메뉴의 종류와 조리하는 방법 이외의 다방면에서 다양하게 메뉴를 선정한다. 메뉴를 개발하는 직원은 위와 같은 부분을 고려해야 하고, 식재료에 대한 풍부한 지식을 가지고 개발해야 한다. 각각의 제품이 제품 특성의 배합에 맞는지, 식재료의 제품군이 서로 맞는지 등 세밀한 연구를 통해 개발해야 한다. 뿐만 아니라 각각의 베이커리 메뉴들이 커피, 음료 와 어울리는 메뉴인지도 고려해야 한다.

메뉴가 다양하지 못하면 고객은 만족하지 못하고 재방문이 이루어지지 않는다.

다양한 메뉴 속에 비슷한 맛이 나오는 상황이 지속적으로 반복된다면 다양한 메뉴가 제공되고 있음에도 불구하고 고객은 싫증을 내며, 다른 맛을 요구하는 현상이 나타난다.

새로운 고객을 창출하고 현재 매장을 이용하는 고객을 유지하기 위해서 메뉴 개발은 메뉴의 종류만 늘리는 단순히 양적인 면뿐만 아니라, 풍부한 맛과 색다름을 즐길 수 있는 질적인 다양화가 요구된다.

베이커리 제품은 독창성 소비자들의 외식 수준이 높아지면서 인터넷 속에서 다양한 정보를 습득하고 남들과 같은 메뉴를 찾는 사례보다는 남들과 다르고, 특별한 것을 찾는 부분이 점점 증가하는 추세이다.

최근 고객은 건강성, 영양성에 가장 많은 관심을 두고 있다. 메뉴의 건강식에 대한 정의로는 고객이 메뉴를 선택할 당시에는 단순히 배고픔을 잊기 위해, 배를 채우기 위해서가 아니라 개개인의 기호에 알맞게 조절하고, 자기 자신의 건강뿐만 아니라 주변인들의 건강을 생각하고 특별히 무겁지 않은 제조법으로 건강에 대한 만족을 더해주고 싶은 것이 특징이며, 현대사회에서 30~40대의 고객들은 건강성을 가장 고려하여 메뉴상품을 구입하기 때문에 베이커리 업계에서는 이미 건강성을 중요시한 다양한 천연발효빵을 개발하여 판매하고 있다.

메뉴 개발(예시)

메뉴	내용 및 코멘트	비고(활용방안)
 Strawberry yoghurt Nougat parfait	• 주식재료 : 딸기, 플레인요거트, 머랭, 생크림, 믹스 필 • 맛 : 신선한 딸기와 요거트 화이트가 추가된 조화가 일품이다. • Display : 다양한 글라스 이용가능하며, 나무나 접시 위에 세팅 가능 • 기타 : Cafe Grill 사용 가능	• 상품력 : 여성고객들이 선호함 • 비고 : 즉시 활용
Strawberry ice cream	• 주식재료 : 딸기, 노른자, 생크림, 우유, 안정제, 딸기소스, 초콜릿소스, 바닐라소스 • 맛 : 아이스크림 위에 다양한 소스를 토핑하여 고객의 기호에 맞게 드실 수 있음 • Display : 아이스크림을 투명한 용기, 유리그릇에 깔끔하게 세팅	• 상품력 : 차가운 디저트 사용. 여성들이 선호함 • 비고 : 즉시 활용

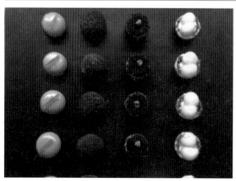

02 제품의 품질과 문제점 및 개선

제품의 품질 향상을 위해 전 직원은 함께 팀워크를 발휘하고 직원들을 독려하여 관리자들이 솔선수범하며, 최근 트렌드에 맞는 제품, 고객의 니즈를 파악하여 고객의 가치를 높일 수 있는 제품을 만들어 고객의 만족도를 높이도록 최선을 다해야 한다. 또한 외부요인, 내부요인, 환경적 요인을 파악하여 문제점을 개선하여 품질을 높인다.

전후 비교(예시)

개선 전(2018)	개선 후(2019)
1. 제품을 미리 만들어 냉장고 및 냉동 보관	1. 모든 제품은 당일생산을 원칙으로 하여 제품을 고객에게 바로 서비스
2. 식재료 주문 개선(유제품, 과일 등)의 하루 전 입고(현재)	2. 신선한 식재료를 당일 아침에 구매하여 사용
3. 만드는 과정이 복잡하여 시간 손실이 많고 신선도가 저하	3. 불필요한 공정을 제거하고 생산과정을 간소화
4. 직원의 업무능력 파악 부족	4. 직원의 능력을 파악하여 적재적소에 배치하며, 생산성과 품질을 높이도록 한다.
5. 품질 저하의 요인 파악	5. 품질 저하요인을 파악하여 직원교육을 통해서 개선
6. 직원 근무시간 획일적	6. 직원 근무시간을 조정하여 탄력적으로 운영함

03 베이커리카페 메뉴 변경

베이커리카페 메뉴 개발은 매우 중요하다. 다양한 고객의 니즈를 충족시키기 위해서는 항상 같은 메뉴로는 불가능하다. 끊임없이 연구 개발하여 고객이 선호하는 메뉴는 남겨두고 많이 찾지 않는 메뉴는 과감하게 정리하거나 월별 또는 시즌별, 계절별 다양한 메뉴로 고객을 찾게 하는 것도 한 방법이다.

베이커리카페 메뉴(예시)

January Item	February Item	March Item
Rainbow cake	Break forest cake	Pineapple millefeuille
Opera	Pecan pie	Strawberry eclair
Mango cake	Capri cake	Caramel daquise
Red Velvet cake	Strawberry tart	Assorted macaroon
Blueberry tart	Rainbow cake	Lemon chiffon cake
New York cheese cake	Assorted macaroon	Fresh fruit cake
Chocolate cake	Ganache chocolate	Walnut tart
Green tea chiffon	New York cheese cake	Carrot cake
Macaroon	Red Velvet cake	Pomegranate jelly
Sachertorte	Montblanc	Blueberry mousse
Financier	Raspberry mousse	New York cheese cake
Canele	Mango mousse	Red Velvet cake
Wine jelly	Wine jelly	Passion fruit mousse
Panna cotta	Tiramisu	Tiramisu
Raspberry jelly	Canele	Ganache chocolate
Mango mousse	Chocolate croquant	Chocolate croquant
Nut chocolate	Valrhona chocolate	Valrhona chocolate
Ganache chocolate	Soft roll	Soft roll
Soft roll	Baguette bread	Baguette bread
Baguette bread	Seigle fruit	Seigle fruit
Seigle fruit	Italian bread	Italian bread
Italian bread	Vanilla souce	Vanilla souce
Vanilla souce	Chocolate souce	Chocolate souce
Chocolate souce	Chocolate shaving	Chocolate shaving
Chocolate shaving	Focaccia	Focaccia
Focaccia	Hard roll	Hard roll
Hard roll	Bushman bread	Bushman bread
Bushman bread	Grissini	Grissini
Grissini		

04 베이커리카페 제품의 품질 컴플레인 감소요인(예시)

① 제과제빵에 대한 기초적인 지식과 기술, 태도에 대한 이해도를 높였다.

② 베이커리에 사용하는 재료의 특성을 파악하고 제품을 만들어 완성도를 높였다.

③ 제품의 생산과정과 완성품을 관리하는 과정을 매뉴얼화하여 항상 일정한 맛을 유지하도록 했다.

④ 근무 시작 전 10분 미팅을 하여 직원 상호 간에 불필요한 작업부분을 해소하고 제품 만드는 데 몰입하도록 하였다.

⑤ 기계 · 기물 사용방법을 개선하여 제품의 품질을 향상시켰다.

⑥ 제과 · 제빵 파트를 나누어 적재적소에 맞는 직원을 구성하여 팀워크와 전문성을 높였다.

⑦ 제품 생산 불량률 체크 리스트를 만들어 매일 기록함으로써 직원들에게 경각심을 주었다.

⑧ 생산된 제품은 주방에서 테스트하고 매장에서 판매하도록 하였다.

⑨ 직원들의 제품에 대한 올바른 보관방법 및 서비스에 대한 교육을 실시하였다.

⑩ 주방에 근무하는 직원은 외부 기술세미나를 통해 선진기술을 습득하여 현장에 접목할 수 있도록 유도하였다.

05 베이커리카페 주방종사원의 마음가짐

베이커리카페 창업 성공을 위해서는 매장 오픈 종사원의 마음가짐이 매우 중요하다. 제과제빵 전문인으로서 자부심과 긍지를 가지고 자기 자신을 다시 한 번 되돌아보고 중요한 것은 반드시 실천을 해야 한다. 이런 내용을 정리하여 주방 내 벽에 붙여놓고 하루를 시작하기 전 10분 정도 교육을 실시하여 긴장감을 가지고 업무를 시작하도록 한다. 이는 제품의 품질 향상과 매장에서 고객으로부터 나오는 컴플레인을 줄일 수 있는 좋은 방법이다. 제과제빵인은 여러 가지 식재료가 가지는 각기 다른 향과 맛 그리고 색으로 맛있고 독특하며, 건강에 좋은 제품을 만들어야 한다. 과거에는 먹는 것이 삶을 연명하기 위한 욕구에 가까웠으나, 삶이 윤택해짐에 따라 먹는 것이 즐거움과 예술이라는 문화로 자리 잡았다.

이런 문화로 베이커리의 다양한 메뉴는 많은 발전을 거듭하고 있다.

인류의 시작에서부터 시작한 빵·과자는 아직도 새롭게 발견되고 개발되며 창조되고 있다. 창조는 모방에서 시작된다는 말이 있지만 창조와 모방에는 큰 차이가 있다. 누군가가 만들어놓은 노래를 부르고, 누군가가 만들어놓은 모양과 똑같이 하는 것은 다른 누군가도 할 수 있는 일이기에 큰 의미를 가지기 어렵다.

물론, 베이커리 제품이라는 것이 '미세한' 화학적 반응이기 때문에 과거의 것을 충분히 이해하고 받아들이는 것도 중요하다.

하지만 제과·제빵인은 모방을 벗어나 과학적이고 창조적으로 자신의 색을 가질 때 위대해질 수 있다. 창조를 위한 수없는 모방과 분석연습은 기본이다.

제품을 만드는 것은 주방에서 행해지는 공동의 작업이다. 한 사람이 할 수 있는 일은 제한적일 수밖에 없다. 하지만 여러 사람이 힘을 합쳐 제품을 만들면 최고의 가치를 가진 제품을 만들 수 있다.

주방에서는 동료 및 상하 간에 서로를 존중하고 협동하는 마음으로 작업에 임해야 하며, 인화 단결하는 작업 분위기를 조성하기 위해 솔선수범해야 한다.

주방의 위생은 아무리 강조해도 지나치지 않다. 고객에게 중간은 없기 때문이다.

좋은 것, 만족스러운 것 그리고 불만족스러운 것이 존재할 뿐이다. 고객이 요구하는 제품을 생산하기 위해서는 다음과 같은 내용을 익히고 실천하도록 한다.

베이커리 종사원이 근무 중 지켜야 할 기본수칙

1. 나는 올바른 식재료를 사용한다.
2. 내가 만든 제품은 내가 테스트한다.
3. 뜨거운 디저트는 뜨겁게, 차가운 디저트는 차갑게 고객에게 제공한다.
4. 내가 만든 제품은 처음부터 끝까지 책임진다.
5. 나는 새로운 기술을 습득한다.
6. 나는 정성스럽게 제품을 취급한다.
7. 내가 만든 제품은 정확하게 체크한다.
8. 내가 만든 제품에 자신감을 갖는다.
9. 나는 확실한 재료를 사용하여 정확하게 작업을 한다.
10. 나는 독특한 제조방법으로 고객에게 만족을 드린다.
11. 나는 팀워크를 중요시하며 차별을 두지 않는다.
12. 나는 승인된 제품만 사용한다.
13. 나는 업무 진행 시 올바른 기물과 방법만 사용한다.

	14. 나는 제품을 만들 때 기본 원칙을 준수한다.
	15. 나는 일상 업무 시 항상 안전식품을 추구한다.
	16. 나는 원가를 파악하고 낭비를 줄인다.
	17. 나는 고객만족을 위해 제조공정 규정을 따른다.
	18. 나는 고객의 요구를 긍정적으로 받아들인다.
	19. 나는 완벽을 추구한다.
	20. 나는 작업환경을 항상 청결하고 정리정돈된 상태로 유지한다.

제 4 장

원가관리

01 원가의 개념 및 원가관리

(1) 원가의 개념

원가(costs)란 특정목적을 달성하기 위해 희생된 자원의 가치를 화폐단위로 측정한 것이다. 즉 특정재화나 용역을 얻기 위해서 희생된 경제적 효익을 화폐단위로 측정한 것을 의미한다.

베이커리 원재료란 베이커리카페 제품 생산에 소비할 목적으로 위부로부터 구입한 물품을 말하며, 이것을 제조과정을 거쳐서 실제로 소비되는 재료의 가치를 화폐단위로 표시한 금액을 재료비라고 한다. 원가계산을 할 때는 일반적으로 직접재료비와 간접재료비로 구분한다. 제과제빵의 원가는 일반제품의 제조원가와는 다른 특성을 가지고 있다. 일반제품의 경우 원자재비, 노무비, 제조경비와 영업활동 중에 소요된 일반관리비와 판매비가 포함된다. 하지만 제과제빵의 원가는 지역별, 계절별, 판매개수에 따라 차이가 있으며, 제조장비의 기능과 생산능력, 매장관리자의 관리능력, 서비스능력 등에 의해 많은 차이가 난다. 이론원가에 표준손실을 더한 것이 표준원가이며, 표준원가에 실제손실을 더한 것이 실적원가이다.

원가관리란 이러한 표준원가와 실적원가와의 차이를 줄이는 작업이라고 할 수 있다.

하나의 제품을 만드는 데 들어가는 식재료비의 원가를 정확하게 산출하기 위해서는 표준 레시피가 매우 중요하다.

(2) 표준 레시피(Standardized Recipes)

어떤 제품을 어떤 가격에 얼마나 판매할 것인지 결정하는 것은 메뉴이고 주방에서 생산하는 음식의 품질과 양을 조정하는 것이 표준 레시피이다. 간단히 말하자면 표준 레시피는 메뉴 아이템을 준비하고 만들어져 고객에게 전달되는 과정을 포함한다. 표준 레시피는 고객이 구매할 때 손님이 생각하는 맛을 정확히 얻을 수 있도록 도와준다. 이 표준 레시피의 중요한 요인은 만드는 시간과 양을 시험하고 또 시험해서 항상 일정하게 유지하는 것이다.

그러므로 표준 레시피는 제품 아이템의 일관성 즉 경영의 성공을 가져오는 열쇠이다. 항상 고객이 지불하는 것에 대해 기대하는 것은 당연하다. 표준 레시피는 그것이 가능하게 도와주는 중요한 자료이다. 일관성이 없는 것은 제품 서비스 경영의 적이다.

표준 레시피는 영업에 적당해야 한다. 그렇지 않다면 그것은 쓰이지 않을 것이기 때문이다. 일반적으로 표준 레시피는 다음의 정보를 가지고 있다.

① 제품의 이름
② 제품 판매하는 법
③ 제품 생산량
④ 만드는 데 필요한 재료의 종류
⑤ 준비과정
⑥ 만드는 데 필요한 시간, 굽는 온도
⑦ 제품 원가

제품의 품질과 양의 관리를 잘 하면 고객이 원하는 품질을 제공할 수 있다.

제품원가와 표준 레시피를 시스템에 도입하는 이유는 다음과 같다.

① 표준 레시피를 사용하지 않으면 정확한 구매가 불가능하다.
② 정상적인 제품은 메뉴 아이템의 정확한 재료의 종류와 양을 필요로 한다.
③ 매장의 종사원들은 고객이 물어볼 때 제품에 들어가는 재료를 알고 있어야 한다.
④ 표준 레시피 없이는 정확한 원가나 제품가격을 측정하기 힘들다.
⑤ 표준 레시피 없이는 제품과 판매 매출액을 맞추는 게 불가능하다.
⑥ 표준 레시피 없이는 새로운 직원을 교육하기가 어렵다.

⑦ 표준 레시피가 제대로 갖추어져 있지 않다면 푸드 서비스의 경영계산은 불가능하다.

실제 표준 레시피는 정해진 원가로 일관성 있는 고품질의 제품을 만드는 데 아주 중요하다. 레시피가 없으면 원가 조정의 노력은 판매가격을 올리거나, 양을 줄이거나, 품질을 낮추는 방법밖에 없게 된다. 이것은 효율적인 원가 관리가 아니다. 관리를 아주 안 하는 거라고 볼 수 있다. 표준화된 레시피가 없다면 이런 일들이 너무 많이 발생하여 경영이 어려워진다.

(3) 원가계산의 목적과 원가관리의 목적

① 원가계산의 목적은 제품의 판매가격을 결정하고 원가관리의 기초자료를 제공하며, 원가를 절감할 수 있도록 표준원가와 비교하여 적정원가를 결정하며, 다음 연도의 예산을 측정할 때 기초자료로 사용된다.
② 원가관리의 목적은 원가관리의 기초자료와 예산편성, 경영활동의 결과를 재무제표 작성 시 자료로 사용한다.
③ 원가의 종류에는 재료비, 노무비, 경비가 있다.

재료비는 제품을 생산하기 위해 사용되는 물질적인 것이다. 즉 제과나 제빵 제품을 만들기 위한 주재료와 부재료, 포장재료, 수선용 재료 등이 해당된다.

노무비는 제품을 만들기 위하여 소모되는 인적 용액의 원가, 즉 생산활동에 직간접적으로 종사하는 인적 보수이며, 월급, 수당, 잔금 등이 여기에 포함된다.

경비는 제품의 제조를 위하여 사용되는 재료비, 노무비 이외의 광열비, 전력비, 경비, 보험료, 감가상각비 등과 같은 비용이다.

02 손익계산서

(1) 손익계산서의 개념

손익계산서(profit and loss statement, income statement)는 일정 기간 기업의 경영성과(results of operation)를 나타내는 재무보고서이다. 손익계산서는 P/L이라고도 하며, 기업의 손실과 이익을 쉽게 알아볼 수 있도록 계산해 놓은 표를 말한다.

(2) 손익계산서의 구조

수익과 비용, 순이익(순손실)은 손익계산서의 기본요소이다. 수익은 베이커리카페가 일정기간 동안 소비자에게 재화나 용역을 판매하여 얻어진 총 매출액을 말한다. 비용은 베이커리카페가 일정기간 동안 수익을 발생시키기 위하여 지출한 비용이다. 순이익 또는 순손실은 일정기간 동안 발생한 총수익에서 총비용을 차감한 것이다.

- 총수익 − 총비용 = 순이익(순손실)
- 총비용 + 순이익 = 총수익

〈비용〉

① 매출원가

② 판매비와 일반관리비

③ 영업 외 비용

④ 특별손실

⑤ 세금(법인세)

〈수익〉

① 매출액

② 영업 외 수익

③ 특별이익

(3) 손익계산서 작성

매출총액에서 매출원가를 제외하면 매출총이익이 나오며, 매출원가는 제품을 제조하는 데 들어간 원재료비, 인건비, 직원식대비 등이 포함되며, 판매비 및 일반 관리비는 직접적인 제조과정에는 들어가지 않는 비용을 말한다. 매출총이익에서 판매비와 관리비를 제외하면 영업이익이다. 당기순이익은 영업외수익을 더하고 영업의 비용을 제외한다.

03 재무상태표

(1) 재무상태표의 개념

손익계산서와 함께 재무제표의 중심을 이루는 것으로 그 시점에서의 모든 자산을 차변(借邊)에, 모든 부채 및 자본을 대변(貸邊)에 기재한 데서 재무상태표라는 말이 나왔다.

작성시점이 대부분 결산이지만 개업·폐업·합병 때도 작성된다. 재무상태표(balance sheet)는 일정시점에 있어서 기업의 재무상태를 나타내는 지표로서 기업의 자산·부채·자본의 상태를 보여준다.

(2) 재무상태표 작성

재무상태표 작성은 보고식과 계정식이 있다. 보고식은 재무상태를 위부터 아래로 자산·부채·자본의 순서로 표시한다.

계정식은 좌측의 좌변에 자산을 우측의 대변에는 부채와 자본을 표시한다.

(3) 재무상태표의 구성요소

대차대표를 구성하는 요소는 자산·부채·자본이다.

① 자산은 미래에 경제적 이익을 창출할 것으로 기대되는 자원으로 자본과 부채를 포함한다. 총자산은 유동자산과 고정자산을 합한 것으로 1년 이내에 현금화되는 유동자산과 1년 내에 현금화되지 않는 자산을 고정자산이라고 한다. 또한 유동자산은 당좌자산과 재고자산으로 나누고 비유동자산은 투자자산, 유형자산, 무형자산, 기타 비유동자산으로 구분한다.

② 부채는 유동부채와 비유동부채로 구분한다.

③ 자본은 자본금과 자본잉여금, 자본조정, 기타 포괄손익 누계액 및 이익잉여금(또는 결손금)으로 구분한다.

다음은 딸기 타르트 레시피와 만드는 과정 원가를 계산해 놓은 기본적인 양식이다.

Chef : Tae Hwa Shin　　　　　　　　　Origin

Outlet : Deli shop　　　　　　　　　　Yield : 7ea

Category : Tart　　　　　　　　　　　Date : 2018.12.28

Dish Name : Starwberry tart

Ingredients	Q'ty	Unit	Price	Note
Butter	900	Gram	7394.4	8216
Sugar Powder	900	Gram	1075.5	1195
Egg	900	Gram	2952	3280
Corn syrup	160	Gram	191.2	1195
Almond powder	900	Gram	11208.6	12454
Soft flour	160	Gram	132.48	828
gold rum	100	Gram	1642.9	16429
Fresh cream	100	Gram	570	5700
Fresh strawberry	3500	Gram	84000	24000
Strawberry cream	1400	Gram	8400	6000
		total Cost	117567.08	
Totel	9,020	1portion cost	16,795	
Sale Price	55,000			

Method of Preparation

1. Butter + Sugar powder + Corn syrup을 부드럽게 해준다.
2. Egg를 조금씩 넣고 크림화시킨다.
3. Flour + Almond powder 체 쳐서 넣고 반죽한다.
4. Rum + Fresh cream을 넣고 섞어준다.

Photo	Plate & Utensil

04 원가, 비용, 손실

① 원가의 발생 : 경영에서의 구매를 말한다.

- 재료 구매, 노무(노동력) 구매, 경비의 발생 등이 있다.

② 원가의 변형 : 경영에서의 생산을 말한다.

- 발생한 원가들이 제공품(processing goods, 미완성품)과 제품(product)으로 변경됨

③ 원가의 소멸 : 경영에서의 판매를 말한다.

- 기간원가는 수익에 대응되기 때문에 재고자산으로 재무제표에 작성될 때 원가를 소멸시킨다.
- 매출원가 : 판매된 원가로, 손익계산서에 작성한다.
- 재고자산 : 파악된 원가로, 재무상태표에 작성한다.

(1) 원가의 분류

가. 형태적 분류

① 재료비

- 직접재료비(DM, Direct material Cost) : 원재료를 말한다.
- 간접재료비(IM, Indirect material Cost) : 소모성재료를 말한다.

② 노무비

- 직접노무비(DL, Direct Labor Cost) : 생산현장에서 근무하는 노동자의 노무비
- 간접노무비(IL, Indirect Labor Cost) : 사무직, 비서 등 생산현장 외에서 근무하는 노동자의 노무비 등

③ 경비

- 직접경비(직접제조경비, Direct Manufactured Cost) : 시운전비, 특허권사용료, 외주가공비, 설계 및 감리비 등
- 간접경비(간접제조경비, Indirect Manufactured Cost, Overhead cost) : 그 외 제반 경비 등

나. 계산시점에 따른 분류

이 분류법은 경영계획이나 관리적 측면에서 원가를 분류할 때 이용되는 원가법이다.

① 역사적 원가(HC, Historical Cost)

- 실제 발생원가(Actual Cost) : 교환, 매매 시에 성립된 교환가격
- 취득원가(Acquisition Cost) : 매입가격 + 부대비용
- 재무회계에서는 역사적 원가에 의해 원가를 산정한다.

② 예정원가(predetermined Cost)

- 추정원가(Estimated Cost) : 미래의 원가를 추정하는 원가(shall be)
- 단위원가(표준원가, Standard Cost) : 원가를 기준에 맞추기 위해 정해두는 기준원가(should be)

③ 평균의 정도에 따른 분류

- 총원가(TC, Total Cost) = 제조원가 + 판매비 및 일반관리비
- 단위원가(UC, Unit Cost) = 단위당 변동비 + 단위당 고정비 = (총변동비/조업도) + (총고정비/조업도)
- 조업도(capacity) : 현재 기업이 가지고 있는 생산설비의 이용 정도

④ 추적 가능성의 정도에 따른 분류

- 직접비(DC, Direct Cost) : 공정별, 작업별, 사업별로 부과되는 중요한 원가
- 간접비(IC, Indirect Cost) : 인위적 기준에 의해 부과하는 직접비보다 중요하지 않은 원가

⑤ 조업도의 변동에 따른 원가양상

- 변동비(VC, variable Cost) : 조업도에 따라 비례적으로 움직이는 비용으로, 생산량과 성과가 비례한다.
- 고정비(FC, Fixed Cost) : 가지고 있는 조업도가 동일하면 항상 고정되어 있는 비용이다.
- 준변동비(semi VC) : 기본료가 있고, 조업도에 따라 기본료 이후로 움직이는 비용
- 준고정비(semi FC) : 냉방비나 야간작업수당 등이 발생할 때만 고정된 비용이 발생하는 비용

⑥ 경영직능에 따른 분류

- 제조비용(Manufactured Cost)
  - 재료비 : 기초재료재고액 + 당기재료매입액 − 기말재료재고액
  - 노무비 : 당기노무비지급액 + 당기미지급노무비 − 당기선지급노무비
  - 제조간접비 : 당기지급경비 + 당기미지급경비 − 당기선지급경비
- 판매비와 관리비(selling and administrative expenses)
  - 영업비 등 판매와 관리에 필요한 원가

⑦ 수익에 대응하는 시기에 따른 분류

- 제품원가(Product Cost)
  - 제품을 생산하거나 제조할 때 재고자산에 집계 분류되는 원가
  - 원가의 발생과 변형을 나타낸다.
- 기간원가(Period Cost)
  - 제품의 생산과 관련 없이 소멸하는 모든 원가
  - 원가의 소멸을 나타낸다.
  - 판매비와 일반관리비, 영업비용, 영업외비용, 법인세 등(법인세 + 주민세 + 교육세)

⑧ 원가 계산 대상에 따른 분류

- 주요 재료비(main material cost)
  - 제품 구성의 근본이 되는 재료
- 가공비(conversion cost)
  - 간접적으로 사용되는 간접재료비, 직접노무비, 간접노무비, 직접제조경비, 간접제조경비 등 인건비성 비용

제 5 장

구매관리 및
식재료관리

01 구매관리

구매관리(purchasing management)는 그 기능이 과거에는 단순히 사용하고자 하는 요구에 따라 필요량을 적절한 시기에 적정가격으로 구입하고 이에 따르는 사무처리를 하는 것으로 이해되었으나, 오늘날에는 기술혁신 및 제품생산의 고도화로 인해 구매업무의 내용이 복잡하고 구매업무가 매우 중요하다.

세계경제 불황과 저성장 시대의 치열한 글로벌 경쟁하에서 과거와 같은 경영방식으로는 엄청난 부담 때문에 빠른 혁신과 변신을 추구할 수밖에 없다. 급격하게 변하는 현재의 경영환경에서 베이커리카페가 성장하려면 반드시 효율적인 주방시스템의 정착화에 신속하게 적응하고 대처할 수 있어야 한다. 변화만이 새롭게 창조되는 미래의 기회들을 다른 경쟁기업보다 먼저 파악하고 실행할 수 있기 때문이다. 체계적인 데이터 분석과 시스템을 활용한 경영기법으로 접근해야 함이 절실히 요구되고 있다. 최근의 외식시장 현황을 보면 많이 생기고 바로 없어지는 형태가 많이 나타나고 있다. 최근에는 주방시설이 첨단화되고 있지만 사람의 손을 거쳐 만드는 음식은 여전히 위생뿐만 아니라 여러 면에서 사고의 위험성이 있다. 이 과정 중에 가장 먼저 시행되는 과정이 구매의 업무이다. 구매관리는 단순히 물건을 사고 입고시키는 과정으로 보기는 어려우며, 많은 미묘한 컨트롤적인 문제가 있다. 이는 식재뿐만이 아니라 외식업체 영업장에서 쓰는 기물, 소모품 등 많은 고단가의 구매업무가 같이 진행되기 때문이다. 이러한 이유로 시장에서의 정보력을 바탕으로 상품의 가치에 대한 가격의 이익을 추구할 수 있다.

02 식재료관리

베이커리카페 구매관리는 원가관리를 위한 기초적인 단계이다. 특히 구매관리 활동은 적정한 물품을 구매하는 것뿐만 아니라 베이커리카페 사업을 계획, 통제, 관리하는 경영활동으로 인식되어야 한다. 즉 경영의 주체가 업장의 기능유지를 위해 필요한 최소한의 비용으로 최적의 상품을 구입하는 경영활동이다. 식재료의 구매는 계절의 변화, 물가 변동 등의 경제적 요인이 작용하게 되므로 식재료의 구매 및 선정에 있어 세심한 주의가 필요하다. 구매 담당자는 복잡한 유통기구에 대한 지식, 식품이 가지는 특성과 영양성분, 보존기간 및 변질에 관한 전반적인 지식을 가져야 한다. 또한 식재료의 생산과정에서 조리, 판매에 이르기까지 많은 경험과 끊임없는 연구가 필요하다. 식재료의 합리적이고 효율적인 구매관리를 위해서는 정기적이고 확실한 시장조사와 구매품목에 대한 특성을 고려하여 구매절차를 거쳐야 한다. 그러기 위해서는 구매품목의 품질, 규격, 무게, 수량, 기타 특성을 간략하게 기술한 표준구매 명세서를 작성 검토해야 한다.

(1) 구매의 개요

가. 구매의 개념

적정한 품질 및 수량의 물품을 적정한 시기에, 적정한 가격으로, 적정한 공급원으로부터 구입하여 필요로 하는 장소에 공급하는 것으로, 구매자가 물품을 구입하기 위해 계약을 체결하고 그 계약에 따라 물품을 인도받고 대금을 지불하는 과정은 다음과 같다.

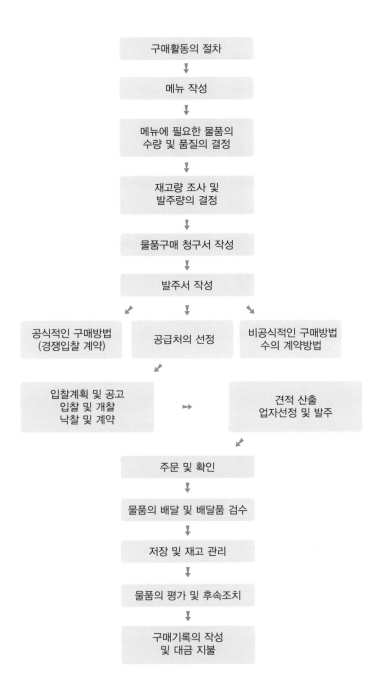

식재료의 구매는 단순한 물품의 구매에 국한되지 않고 경제적인 효율성에 바탕이 되어야 한다는 것을 의미한다. 베이커리카페에서의 구매관리 영역은 원재료 구매, 검수, 저장, 재고관리가 포함된다.

나. 구매의 유형

① 독립구매 : 분산구매, 현장구매라고도 하며, 제품생산에 필요한 물품을 독립적으로 단독 구매하는 형태. 구매절차가 간단하고 신속하지만 구입단가가 높아지는 단점이 있다. 또한 부가적인 업무량의 증가로 인원이 부족할 수 있다.

② 중앙구매 : 집중구매, 본사구매라고도 한다. 규모가 큰 위탁급식업체나 대규모 체인 음식점에서 각 업장에 필요한 물품을 본사의 구매부서에서 집중하여 구매하는 형태로 일괄된 구매계획을 세울 수 있고 구매가격이 저렴하며 비능률적이고 절차가 복잡한 것이 단점이다. 특히, 결재단계가 복잡하고 과정이 복잡하므로 각 단계별 의견 충돌이 일어날 소지가 크다.

③ 공동구매 : 소유주는 다르지만 동일 지역 내 베이커리카페에서 공동으로 거래처를 선정함으로써 더욱 유리한 가격에 구매가 가능한 방법으로 원가절감효과가 있다. 이외에 일괄 위탁구매의 형태가 있는데 일괄 위탁구매는 소량의 물품을 다양하게 구매할 때 특정 업자에게 일괄 위탁하여 구매하는 방법을 말한다.

(2) 구매시장과 유통경로

가. 시장

물품이 생산자로부터 소비자에게 인도되고 그 소유권이 이전되는 장소로 식품이 생산지로부터 소비자의 식탁에 이르는 모든 경로를 의미한다.

나. 유통경로

① 생산단계 : 생산자, 제조업체, 가공업체
② 중간 유통단계 : 중간상 또는 공급업체(도매상, 제조업체 대리점, 소매상)
③ 최종 소비단계 : 베이커리카페, 개인 소비자

(3) 구매부서와 담당자

가. 구매부서

소규모 베이커리카페에서는 생산부서에서 구매업무까지 함께 담당하지만 규모가

큰 베이커리카페에서는 독립된 구매부서나 구매담당자가 구매업무를 전담한다. 구매
담당자는 원하는 품질의 식재료 및 물품을 최적가격에 최적시기에 구입 공급해 주는
역할을 수행한다. 또한 필요한 식재료 및 물품에 관한 정보를 전달하는 역할이 있다.
구체적인 역할은 다음과 같다.

① 구매시기, 수량, 품질기준, 가격의 결정
② 식재료의 시장조사
③ 시장조사를 바탕으로 한 품목별 구입여부 판단
④ 결재조건, 결재시기, 반품에 대한 조건 등을 납품업자와 협상
⑤ 구입한 식재료에 대한 효용 및 경제성 평가

나. 구매담당자

식재료의 특성 및 선택요령, 관련법규, 유통환경에 대해 알아야 한다. 이는 식품을
취급하는 영업장이 필요로 하는 정보로 시장에서 물건의 구입 시 유용한 정보가 된다.

다. 구매시장 조사

구매시장 조사를 통해 시장가격, 식재료 수급상황 파악이 목적이다. 원가계산을 위
한 구매 예정가격 결정과 구매방법 개선을 통한 비용절감의 효과가 있다. 또한 구입품
목의 품질 및 규격, 가격, 구매시기, 공급업체, 거래조건 등을 조사하여 외식업체에 유
용한 정보를 제공해야 한다.

(4) 구매절차

가. 구매절차

일반적인 구매절차는 다음 표와 같이 진행된다.

구매업무 절차

항목	담당부문	주요한 사항
구매요청	요청부서	식재료의 구매방법, 규모, 품질 등을 결정하는 것은 생산기술부문, 수량을 결정하는 것은 생산관리부문
견적의뢰	구매	적정한 거래처라고 볼 수 있는 곳에 의뢰
견적검토	구매	기술부문에 대하여 재료의 소요량이나 납기일정을 문의하여 이 부문의 회답과 비교, 견적과 대조하여 검토
구매가격 및 구매처 결정	구매	품질, 납기, 가격의 3요소를 만족시키고 또한 적정한 공급원이라는 것이 확인되면 결정
발주수속	구매	주문서의 발행, 발주 방침서 전달
납기확보	구매	원활한 제품생산을 위하여 납기확인과 확보를 한다.
납입	구매	납입품 수령
검사	검사	계약품질의 확인실시
입고	창고	검수 수속
지불	경리, 재무	납입품에 대한 지불

① 필요성 인식 : 제품 생산에 따른 필요한 품목의 수량 및 품질을 결정하고 생산부서와 창고관리 부서의 연결 및 상호 보완적인 역할을 하여야 한다.

② 물품 구매 명세서, 구매 청구서 작성·승인을 하여야 하는데 구매 명세서는 구매하고자 하는 물품의 품질과 특성을 기술해 놓은 서식으로 물품 사용부서, 구매부서, 검수부서, 창고관리 부서 등 부서 간의 업무역할과 공급업체에서 참고로 한다.

③ 공급업체 선정 : 경쟁입찰계약, 수의계약을 통해서 공급업체를 선정하게 되는데 이때 공급업체의 선정은 업체의 여러 가지 능력을 파악하여 결정하여야 한다.

④ 발주량 결정, 발주서 작성 : 구매 청구서에 근거하여 발주량 결정, 발주서 작성

⑤ 물품 배달 및 검수 : 공급업체가 물품을 적시에 배달할 수 있도록 독촉 및 확인함. 공급업체는 물품 배달 시 배달통지서인 납품서(또는 거래명세서) 송부. 검수담당자는 철저히 검수한다.

⑥ 구매기록 보관 및 대금 지불 : 계약서, 발주서와 같이 법적 효력을 가진 서류는 일정기간 보관하도록 한다.

경쟁입찰 계약(공식적 구매방법)

항목	주요한 사항
종류	1. 일반경쟁입찰 : 경쟁자의 제한 없이 모든 거래처에 입찰자격을 부여, 입찰 내용을 신문 또는 매스컴에 공고하여 응찰자를 모집 2. 지명경쟁입찰 : 구매자 측에서 지명한 몇 개의 업체에만 공고하여 응찰자를 모집하는 방법으로 베이커리카페에서는 이 방법을 더 선호함
계약절차	1. 입찰공고 : 구매물품의 스펙을 입찰안내서와 함께 공급자 측에 송부, 매스컴에 공고 2. 응찰 : 계약을 원하는 업체들이 계약조건(납품가격, 품질, 납품시기 등)을 제시 3. 개찰 : 정해진 날짜에 공개적으로 개찰 4. 낙찰 : 최적조건을 제시한 업체를 선정 5. 계약 체결
법적인 효력	계약서가 법적인 효력을 발휘
장점	1. 공평하고 경제적이다. 2. 구매 계약 시 생길 수 있는 의혹이나 부조리를 미연에 방지할 수 있다.
단점	1. 자격이 부족한 업체가 응찰할 수 있다(일반 경쟁 입찰의 경우) 2. 업체 간 담합으로 낙찰이 어려운 경우가 생길 수 있다. 3. 수속이 복잡하여 긴급한 배달시기를 놓칠 수 있다.
용도	저장성이 높은 식재료

수의계약 방법(비공식적 구매)

항목	주요한 사항
종류	1. 복수견적 : 여러 취급업체로부터 견적서를 요청한 후 최적업체 선정 2. 단일견적 : 구매자가 미리 시장조사를 하여 거래처를 정한다거나 특수한 품목이어서 다른 취급업체가 없는 경우 한 곳으로부터만 견적
계약절차	1. 계약내용을 경쟁에 붙이지 않고 계약을 이행할 수 있는 자격을 가진 특정 업체 또는 몇몇 업체에 구매물품의 견적서를 요구한다. 2. 최적업체에 주문물품의 명세서 및 발주서를 송부함으로써 계약이 체결
법적인 효력	계약서를 별도로 체결하지 않을 때에는 발주서가 법적인 효력을 지님
장점	1. 절차가 간편하며 경비와 인원을 줄일 수 있다. 2. 신용이 확실한 업자를 선정할 수 있다. 3. 신속하고 안전한 구매가 가능하다.
단점	1. 구매자의 구매력이 제한된다. 2. 불리한 가격으로 계약하기 쉽다. 3. 의혹을 사기 쉽다.
용도	소규모의 업체에 적합한 구매계약방법이며 채소류, 과일 등의 비저장품목을 수시로 구매할 때 주로 사용한다.

⑦ 발주량 결정, 발주서 작성 : 구매 청구서에 근거하여 발주량 결정, 발주서 작성

⑧ 물품 배달 및 검수 : 공급업체가 물품을 적시에 배달할 수 있도록 독촉 및 확인함. 공급업체는 물품 배달 시 배달통지서인 납품서(또는 거래명세서) 송부. 검수담당자는 철저히 검수한다.

⑨ 구매기록 보관 및 대금 지불 : 계약서, 발주서와 같이 법적 효력을 가진 서류는 일정 기간 보관하도록 한다.

나. 구매서식

① 물품 구매명세서(Specification, Spec.)

구매하고자 하는 물품의 품질 및 특성에 대해 기록한 양식으로 구입명세서, 물품명세서, 물품사양서를 발주서와 함께 공급업체에 송부하여 명세서에 적힌 품질에 맞는 물품이 공급되도록 하고, 검수할 때도 필요하다. 용도는 식재료에 관한 여러 가지 자세한 내용을 명확하게 제시한 것으로 구매 시 공급자와 구매자 간의 원활한 의사소통을 위해 사용한다. 또한, 납품 수령 시 물품 점검의 기본 서류가 된다.

② 작성방법

사전에 식재료 테스트를 거쳐 업체에서 가장 적합하다고 판정되는 재료의 유형, 품질, 수량에 대해 결정한 다음에 구매담당자가 작성하는데 간단, 명료하게 꼭 필요한 정보만을 작성한다.

③ 구성내용

- 일반적으로 통용되는 상표명, 재료명
- 품질등급, 무게범위, 냉장 및 냉동 등의 온도상태
- 포장단위 및 용량
- 용기의 크기, 포장단위 내 개수
- 가공처리 상태, 숙성 정도
- 기타 : 품종, 산지, 캔(Can) 내의 성분 함량 및 고형물 중량 등

또한, 스펙 작성 시 유의점은 구매부서, 납품업체, 검수부서의 세 곳에서 사용하는 스펙은 동일해야 하고 간단, 정확하고 현실적이어야 하며 가능하면 견본(sample)을 첨부하고 시장에서 유통되는 상표로 작성해야 한다.

④ 물품 구매 청구서

- 구매 청구서, 요구서라고도 함
- 청구번호, 필요량, 품목에 대한 간단한 설명, 배달날짜, 예산 회계번호
- 공급업체 상호명과 주소, 주문날짜, 가격이 기재되기도 하며 2부씩 작성하여
  원본은 구매부서에 보내고, 사본은 구매를 요구한 부서에서 보관한다.

⑤ 발주서

구매표, 발주전표라고도 하며 3부씩 작성하여 원본은 공급업자, 1부는 구매부서에서 보관, 1부는 회계부서로 보내 발주대금을 지불하는 데 기초가 되도록 한다.

(5) 발주업무의 관리

발주량 산출은 주로 주방에서 이루어지는 것으로 식재료의 재고사항을 파악하고 입고일의 발주 입고량을 파악하여 그날에 이루어지는 주방 내에서의 작업과 판매량을 예측하여 구매부서로 보내게 된다. 구매부서에서는 발주량에 대한 품목과 단가 등을 파악한 후 검토 및 수정 단계를 거쳐 거래처에 식재료의 발주를 하게 된다. 이때 주방에서 이루어지는 발주량의 산출은 다음과 같다.

가. 발주량 산출

① 최소단위 레시피 중량의 결정(g단위)
② 예상 판매량 결정
③ 표준 레시피에서 식식재료의 폐기율을 고려하여 재료의 발주량 계산

- AP(As purchased) : 구입 시 중량
- EP(Edible portion) : 폐기부분을 제외한 가식부 중량
- 가식부율(%) = EP/AP × 100
- 폐기율(%) = 100 − 가식부율
- 출고계수 = 100 / 가식부율
- 구매량 = 최소단위 레시피 분량 × (100 / 가식부율) × 예정판매량
         = 최소단위 레시피 분량 × 출고계수 × 예정판매량

④ 산출된 발주량의 단위를 kg의 중량단위나 구입단위(상자, 관 등)로 바꾼다. 이렇게 표준 레시피에 의거한 발주량은 신선한 재료를 매일 사용할 수 있도록 하고 필요한 물량에 대하여 정확하게 파악할 수 있다. 이는 원가관리에도 많은 도움이 되며

식재료의 로스를 줄이는 중요한 사항이 된다.

나. 적정 발주량 결정

① 적정 발주량은 저장비용과 주문비용의 두 가지 비용에 영향을 받는다.
- 저장비용 : 재고를 보유하기 위해 소요되는 비용으로 저장시설 유지비, 보험비, 변패로 인한 손실비, 재고 자체 보유에 소요되는 비용
- 주문비용 : 인건비, 업무처리비용, 교통통신비, 소모품비, 검수에 소요되는 비용이다. 주문비용은 발주량과 주문횟수에 따라 달라지는데 1회당 발주량이 많아지면 연간 저장비용은 증가, 주문비용은 저하된다. 반대로 1회 발주량이 적어지면 저장비용은 감소, 주문비용은 증가된다. 경제적 발주량(EOQ)은 연간 저장비용과 주문비용의 총합이 가장 적은 지점이 된다.

다. 발주방식의 결정

① 정량발주 : 재고량이 발주해야 할 시점에 도달하면 일정량을 발주한다.
② 정기발주 : 정기적으로 일정 시기마다 적정발주량(최대재고량 − 현재고량)을 발주한다.

정기발주방식에 적합한 품목은 가격이 고가(高價)여서 재고 부담이 큰 것이라든가, 또는 조달기간이 오래 걸리는 것, 수요 예측이 가능한 것 등을 들 수 있으며 정기발주방식에 적합한 품목은 저가(低價) 품목이어서 재고 부담도 적고 항상 수요가 있기 때문에 일정한 양의 재고를 보유해야 하는 품목으로 수요를 예측하기 어려운 것이라도 사장품(死藏品)이 될 우려가 적은 것 등이다.

라. 발주시기

① 저장품의 경우 : 일정기간(주간, 월간, 계간 등) 내의 사용량을 산정 후 공급자에게 정기적으로 공급될 수 있도록 하며 일정한 재고를 유지하도록 함, 대개 2~6개월에 한 번씩 발주한다.
② 비저장품의 경우 : 사용일로부터 1주일 전 또는 최소한 3일 전까지 발주한다.

마. 발주서 작성 시 유의사항

① 재료명, 수량, 납품일시, 납품장소, 기타 요구사항을 기입하여 공급자 측에 송부하도록 하며, 긴급 시 전화로 발주하게 될 경우에도 전달내용을 반드시 확인하도록 한다.

② 납품 시 확인의 근거가 되므로 송부하기 전에 반드시 사본을 남긴다.

〈구매의 정의 5단계〉
① 질, 수량 및 다른 요건을 충족시키기 위해 필요한 아이템을 결정
② 시장에서의 아이템 탐색
③ 판매자와 구매자의 협상, 소유권의 이전단계
④ 검사, 아이템의 인수 또는 거절의 단계
⑤ 생산, 경제적 및 효율성의 수행에 의한 구매업무 평가

(6) 구매자의 역할

　구매자의 업무는 메뉴에 적혀 있는 아이템을 생산하기 위해서 필요한 물품을 정확하게 전달해 주어야 하며, 매매에 의해 확정된 가격으로 조달해야 한다.

〈구매자의 실패요인〉
① 많은 구매자들이 메뉴에서의 요구를 이해하지 못함
② 메뉴의 요구를 만족시키지 못함
③ 시장에서 필요한 아이템을 조사하기 위한 배경 지식 부족
④ 빈약한 메뉴 성과: 정확한 재료를 시간 안에 획득하지 못하여 메뉴를 충족하지 못함

〈구매자의 성공요인〉
① 어떠한 메뉴라도 필수적으로 질과 상품화의 두 가지 가치를 생각함
② 품질이 좋은 아이템을 정확한 시간에 적정가격에 구매 =〉 메뉴 성공 및 매출상승에 기여
③ 전문적인 구매자는 제품의 생산, 프로세스와 마케팅 및 푸드 서비스 확립의 능력, 메뉴 가격책정에 기여

〈좋은 구매자의 요건〉
① 준비와 작업을 단순화하고, 품질은 향상시키고, 서비스를 용이하게 하기 위해 제품의 탐색을 꾸준히 진행해야 한다.
② 가격분석과 업무수행을 하고 구매기능을 향상시킬 수 있는 업무절차를 선별해야 한다.

③ 빠른 시장의 변화에 구매자를 따라갈 준비가 되어 있어야 한다.=>시장에 대한 정보와 배경지식 필요

④ 자원을 낭비하지 말고, 기업이 법적·지역적 문제에 연루되지 말아야 한다. 지역적 사항들에 대한 정확한 지식 필요(기업의 규정)

〈필요의 결정〉

① 구매자는 생산부서에서 다양한 목록들이 구매자에게 보내질 때 메뉴에서 무엇이 필요한지 알아야 한다.(재고의 최소수량을 기준으로 주문)

② 기준적인 주문 : 재고의 수량이 확립되어 있어, 자동으로 주문이 이루어지는 것을 말한다.(데일리 품목 : 빵, 커피, 차 등의 품목들에서 발생)

(7) 시장 탐색

① 수량시트 : 제품의 등급, 질, size 또는 요구사항들을 기록할 수 있다.

② 명세서 종류 및 다양한 식료품 상인들의 시트에 적혀 있는 아이템의 가격을 조사한다.

(8) 입찰

입찰을 구매보다는 정식적인 방법으로, 원하는 조달업자에게 보여주고, 그들은 각각의 아이템에 대해 가격을 제시하며, 구매자는 조달업자를 선택하는 방법이다.

일반적인 방법으로 아이템에 대해 명세서를 작성하고, 수량, 질, 포장요구사항, 청구액, 인도기간, 판매자와 구매자와의 업무수행 및 책임에 대한 사항이 공지된다.

(9) 교섭(협상) 입찰

격식을 차리지 않은 입찰로써, 입찰이 발생할 시 3명 이상의 조달업자를 전화를 통해 입찰하는 방법으로 전화 시트 구매라고도 불린다.

〈입찰의 특징〉

① 형식적일 수 있다.

② 조달업자들은 입찰의 기한을 가질 수 있다.

③ 공식적으로 열려 있어 경쟁적이다.

④ 많은 종류의 비즈니스에서 사용되고 있다.

(10) 명세서 작성

① 명세서는 구매의 중요한 부분이며, 구매자가 원하는 것을 서술하는 것이다.

② 모든 아이템의 특징과 요구되는 다른 요건은 적정한 가격과 적정한 물품으로 기록되어야 한다.

③ 구매자는 간략한 작성이라도 명세서에 중요한 아이템의 특성을 포함하여, 정확한 아이템이 들어가 있어야 한다.

④ 명세서의 내용
- 아이템의 이름
- 수량
- 아이템의 등급, 브랜드 또는 다른 질적 정보
- 포장방법, 포장규격, 그에 대한 특별한 요청
- 가격 : 파운드, 상자, 한 개당, 또는 더즌
- 정확한 물품을 획득하기 위해 요구되는 갖가지 조건들(소의 나이, 생산된 지역, 모든 아이템에 대한 위생검사)

(11) 좋은 구매의 조건

① 물품들이 실제 사용되기 전까지 회계적 · 경영적 · 관찰적 노력이 필요하다.

② 아이템은 절대적으로 사용하는 품목으로 요청되어야 한다.

③ 구매, 획득, 전시 발행이 반드시 수반되어야 하며, 이러한 기능들은 조정 및 조직되어야 하고 가능하면 간소화되어야 한다.

④ 관리부는 반드시 작업이 제대로 이루어지고, 빠지지는 않는지 면밀히 살펴보아야 한다.

⑤ 정보의 적절한 교환과 상품정보의 유지작업을 제고해야 한다.

(12) 구매절차

음식과 음료부서에서 다양한 품목들이 리스트로 작성되어 구매자에게 제시. 개별 저장 창고, 또는 컴퓨터 파일에서 체크된 정보들이 구매자들로부터 통합되어, 구매 오더에 기록되거나 시트에 저장되어 주문된다. 기록된 구매 오더는 각각의 고유넘버를 가지게 되고, 이는 연관된 송장, 포장과 서류에 기록되어 주문에 대해 확인하게 하는 역할을 한다.

(13) 취득

취득은 메뉴 공급을 획득하는 중요한 단계로 관리진이 상품의 인도를 명세서, 구매 주문서 또는 다른 구매서류에 적혀 있는 대로 모든 조건을 충족시키는 경우라면 이는 효과적으로 운용된 것이다. 인도는 알맞은 송장과 포장 리스트를 동반해야 한다.

(14) 저장과 재고

상품을 창고로 가능한 빨리 옮기는 것이 좋다. 상하기 쉬운 음식물의 안전이 보장되기 위해 인수 및 검수된 이후, 즉시 적절한 창고로 옮겨져야 하는 것은 중요하다. 또한, 인도시간을 사전에 조정하여 바쁜 시간에 인도가 이루어지지 않도록 하는 것도 좋은 방법이다. 저장과 동시에 재고 조정절차가 이루어져야 한다.

선입선출, 주문에 따른 저장방법, 재고의 최소, 최대 수량의 기준 정립, Daily 재고 체크가 이루어져야 한다.

(15) 재고관리 방법

① 영구적인 방법 : 어떤 아이템이 인수되고, 창고에 저장되어 있는지 나타난 기록과 인출 시의 요청서 같은 것으로 오직 기록에 의해 이루어진 방법이다. 오늘날에는 모두가 컴퓨터를 이용해서 관리하고 있다.
② 물질적인 재고 : 실제로 아이템 수를 파악하는 방법으로 기록이 구성된 것이 아니다. 특수한 경험과 지식은 물질적 재고관리에 필요하다.

(16) 인출

인출은 구매와 연관되는 단계로써, 각 부서에서 창고로부터 아이템받기를 원할 때 요청서를 작성한다. 요청서에는 아이템을 원하는 사람, 관리자 또는 책임자 승인의 사인이 기록되어야 한다.

(17) 가치분석

가치분석은 좋은 구매가 가능하게 이루어졌는지 개선이 필요한지 검토하는 것이다. 구매 이후, 아이템들이 필요한 목적에 상충하는지 분석해야 하며, 부적당할 경우 그에 대한 대안의 방안을 찾아야 한다. 또한 작업 시 준비과정이 향상되었는지 실제적인 비용이 어떻게 되는지 주의 깊게 관찰하는 것이 중요하며, 다음과 같이 분석한다.

① 제품은 반드시 평가되어야 하는데, 이는 가격뿐 아니라, 서비스의 질과 수행으로도 평가되어야 한다.(질/가격 = 가치)

② 시장에서는 질과 가격이 계속 변화하고 있어, 끊임없는 비교, 분석이 요구된다.

③ 구매한 아이템의 생산량에 대해 아는 것도 매우 중요하다.

④ 좋은 가치 분석이 활용되면, 비용을 절감시킬 수 있고, 작업능률도 향상시킬 수 있다.

⑤ 간소화된 구매절차와 서류업무의 감소는 비용을 절감하게 하여, 구매업무를 향상시킬 수 있다.

(18) 생산

① 메뉴 작성과 제품의 생산은 서로 의존적인 관계에 있다. 메뉴 성공은 생산시스템을 어떻게 운영하느냐에 따라 달라질 수 있다.

② 메뉴에는 구매시스템의 제한과 배정, 시설, 인적 자원 요소를 정확하게 반영하여 수행되어야 한다.

③ 좋은 예상, 레시피 준비, 정보 배치에 관련된 것들도 반드시 제공되어야 한다.

④ 서비스의 조정, 관리, 구매 및 다른 부서의 작업조정도 필수적이다. 관리자는 생산시스템의 사용, 정보 및 유통의 개발, 요청되는 조정적인 것들에 대해서 연구해야 한다.

(19) 생산부서의 역할

① 언제 제품의 재료가 도착할지 예상하고 정확하게 알아야 한다.

② 메뉴에 필요한 아이템에 대한 보고서를 받고 하나씩 개별적으로 조정해야 한다.

③ 요청시간 안에 생산이 이루어지도록 정확한 아이템의 수량, 질 및 업무절차를 확립해야 한다.

(20) 관리직의 역할

① 각 메뉴들의 구성에 대한 정확한 지식 습득 및 파악 필요

② 비용에 대한 정확한 파악

③ 메뉴계획, 원재료 및 제품 생산부서의 계획이 완벽하게 일치되도록 경영해야 한다.

(21) 생산 주방의 역할

① 메뉴 아이템들을 테스트하고 표준화하여, 정확한 양과 질로 생산해야 한다.

② 제품은 적당한 시간에 준비되어야 한다.

③ 서비스가 되기 전까지 얼마나 시간이 남았는지 체크해야 한다.

④ 좋은 조직은 시스템적으로 움직인다. 주방과 매장의 역할에 대한 정확한 정보를 바탕으로 한 치의 오차도 없이 협력하에 이루어져야 한다.

(22) 생산인력

① 생산에 있는 인력자원들은 메뉴 생산의 능력을 갖추고 있어야 한다. 그렇지 않을 경우, 메뉴는 반드시 바뀌어야 한다.

② 경영진은 생산인력 자원을 효율적으로 운영하기 위해 교육 프로그램을 마련하여 실행한다.

③ 메뉴의 품질을 높이기 위해 인력자원의 스킬 향상에 노력해야 한다.

④ 인적 자원부서의 역할은 기능적이어야 한다.

⑤ 인적 자원을 활용하여, 높은 질의 메뉴 아이템 생산을 유연하고 효율적으로 이끌어야 한다.

(23) 문서 조정

제품의 생산업무를 완수하기 위해 문서 조정은 유용하게 사용된다. 인적 서류에는 근무시간카드, 임금지급기록, 근무연수기록과 건강기록 등이 있다.

작성된 생산기록은 생산과정이 부드럽게 진행될 수 있도록 하는 중요한 사항이다.

메뉴 아이템과 관련된 종류의 문서는 매일 기록하여, 준비한 제품과 판매된 제품의 수량을 비교하여, 낭비를 줄일 수 있다. 또한 잘 기록된 문서들은 각 항목별 시스템을 구축하여, 생산시스템이 효율적으로 운영될 수 있도록 해야 한다.

재고관리 및 저장관리

제 6 장

재고관리(inventory)란 사용하고 남은 식재료의 관리와 입고부터 출고까지 재료의 전체적인 관리를 말하며, 물품의 수요가 발생했을 때 효과적으로 사용할 수 있도록 재고를 신속하고 안전하게 최상의 상태로 관리하는 것을 말한다. 재고관리를 함으로써 재료 부족으로 인한 생산계획에 영향을 받지 않고 남은 재료를 적절하게 사용하여 구매관리에 도움을 준다.

01 식재료 관리의 목적

① 최상의 품질유지 및 향상 : 필요한 식재료를 적절한 시기에 적합한 품질, 수량, 가격으로 구매하고 공급(고객과의 약속. 생산활동에 방해가 없어야 함)
② 원가관리 및 이익창출 : 식재료 원가에 대한 올바른 이행과 정확한 인식이 필수
③ 식품안전사고 방지 및 예방 : 필요한 식재료를 원활하고 효율적으로 재고관리, 저장 관리를 잘하여 안전성을 확보

식재료 구매비용을 낮췄다면 식재료를 효율적으로 관리·활용해 전체적인 원가율을 낮출 수 있다. 메뉴관리, 재고관리, 활용법 등 여러 가지 요소가 합해져야 효율적인 원가 절감이 가능하다.

베이커리카페를 경영하는 창업자가 가장 관심을 가지고 집중해야 할 부분이 재고관리이다. 재고관리에 대한 중요성은 알고 있지만 체계적으로 잘 되는 곳이 많지 않다. 소홀한 관리로 인해 식재료 폐기율도 상당히 높다. 식재료 유통기한 관리를 철저히 하고 정확한 보관법을 숙지한다면 식재료 사용기간을 늘릴 수 있다. 매장 내에서 정확한 재고관리가 이루어져야 불필요한 식재료 구매를 줄일 수 있다. 식재료 구매 전 정확한 재고 파악이 반드시 우선돼야 한다.

재고를 문서화해 관리하는 것도 좋은 방법이지만 주방 내 모든 직원이 식재료를 취급하기 때문에 일정한 규칙을 만들어두고 운영하는 것이 효율적이다.

02 저장관리

저장관리(storage management)란 식재료의 사용량과 일시가 결정되어 구매행위를 통해 구입한 식재료를 철저한 검수과정을 거쳐 출고할 때까지 손실이 나지 않도록 합리적인 방법으로 보관하는 과정을 말한다. 이렇게 식재료를 본래의 의도대로 사용할 수 있도록 보존하는 상태를 저장이라고 한다.

(1) 저장(storing)관리의 목적

① 폐기, 발효에 의한 손실을 최소화하여 적정재고량을 유지하는 데 있다.
② 식재료의 손실을 방지하고 올바른 출고관리에 있다.
③ 출고된 식재료는 매일매일 기록하고 관리하도록 한다.
④ 식재료의 출고는 사용시점에 바로 이루어지도록 관리해야 한다.

(2) 저장관리의 일반원칙

① 저장위치 표시의 원칙

식재료가 어디에 있든 쉽게 위치를 파악하고 확인할 수 있어야 한다. 그러므로 품목별로 카드를 만들어 관리하여야 한다.

② 분류저장의 원칙

최적의 상태로 저장하는 저장기준을 마련하여 식재료의 성질, 용도, 기능 등에 따라 분류기준을 설정하여 같은 종류의 물품끼리 저장함으로써 입고와 출고할 때 혼란을 방지할 수 있어야 한다.

③ 품질유지의 원칙

일반적인 식재료의 적정 저장온도와 습도, 저장기간 등을 적용하여 품질의 변화가 생기지 않도록 최고의 품질수준을 유지한다.

④ 선입선출(FIFO : First In First Out)

재료의 저장기간이 짧을수록 재고자산의 회전율이 높다. 특히 변질되기 쉬운 품목과 유효기간이 표시되어 있는 품목의 출고관리에 유의해야 한다. 그러기 위해서는 적재할 때부터 입고순서에 따라 출고될 수 있도록 하여야 한다.

⑤ 공간활용의 원칙

저장시설에서 가장 중요한 것이 보온 및 충분한 저장공간이다. 저장공간은 저장품목의 양과 부피에 따라 결정되며, 품목 자체가 점유하는 공간 외에 운반장비의 이동공간도 고려되어야 한다.

(3) 저장방법

① 식품창고 저장

식품창고에 저장할 수 있는 식재료는 곡물, 건물류, 캔류 등 상온에서 보존이 가능한 식품을 저장하는 방법으로 저장상의 유의사항은 직사광선을 피하고 실온을 유지해주어야 하며, 방서, 방충 등이 잘 되어 있어야 한다.

② 냉장고 저장

냉장고에 저장하는 식재료는 식품을 넣고 빼거나, 출입문의 개폐에 따른 온도의 하강과 상승을 가져올 수 있으므로 계측 온도계 등을 이용하여 냉장고의 보존온도가 0~5℃가 유지되도록 해야 한다.

③ 냉동고 저장

냉동고 보존은 대부분 저온상태에서 장기간의 저장을 요하는 식품이 많다. 따라서 세균의 번식을 방지하고 품질의 저하를 억제해야 하므로 냉동고의 온도관리는 매우 중요하다. 냉동고의 적정온도는 −20℃ 이하를 유지할 수 있도록 관리해야 하고 냉동식품 저장공간을 충분히 확보해야 한다. 냉동고에 저장하는 식재료는 주로 아이스크림, 과일퓌레, 냉동반죽 등이 있다.

(4) 식자재 저장관리의 4원칙

① 안전성(Safety)

상하기 쉬운 식재료는 도착부터 저장까지 시간이 가장 중요하며, 빠르게 효과적으로 이루어져야 한다. 또한 건조된 식재료는 손상, 부패, 유해물, 곤충 등은 물론 위생적인 문제가 없는지를 검사해야 한다.

② 위생(Sanitation)

모든 창고는 청결해야 하며, 곤충이나 벌레, 박테리아 등의 오염으로부터 보호되어야 한다.

③ 지각(Sense)

보관된 물품의 배열, 재고조사 대장의 순서에 의한 진열, 출고횟수에 의한 위치 선정, 선입선출방법, 재고카드의 부착, 식재료 특성에 의한 분류, 저장 등 합리적으로 운영되어야 한다.

④ 창고보안(Security)

창고 출입자의 제한 및 비상용 key를 관리하고 재고자산을 보호할 방안이 강구되어 있어야 한다.

03 베이커리카페 품질관리

품질관리란 과학적이고 창조적으로 접근하여 가장 경제적으로 고객을 만족시키는 품질 높은 제품을 개발, 생산, 판매하는 서비스를 말한다. 즉 고객이 즐겁고 행복하게 구매할 수 있는 만족도가 높은 제품을 만들어 판매하는 것이다.

제품의 품질은 원재료, 성분, 구성요소, 제조기술, 기술의 숙련도, 디자인 등에 의해 결정된다.

나라마다 고객의 특성에 따라 제품의 질을 결정하는 평가의 기준이 다르지만 대부분 외형상의 모양(look), 촉감(feel), 맛(taste), 그리고 냄새(smell)로 제품의 질을 판단하게 된다.

전문가들은 제품의 연한 정도와 제품 속의 기공구조, 제품 내부의 탄력성, 속결의 구조, 냄새와 향, 부피, 껍질 등으로 판단하여 품질을 관리한다.

베이커리의 품질관리 활동을 효율적으로 수행하기 위해서 빵·과자제품의 수준을 평가하고 각 단계별로 품질을 관리 확인해야 하며, 고객의 요구 및 클레임의 결과를 분석하고 품질문제를 설정하여 개선하며, 제품 만드는 공정의 이상 여부를 검토하여 개선 결과를 분석·인식한다. 그리고 빵·과자를 만드는 공정단계를 잘 파악하여 품질관리 활동의 부족한 부분을 추론하고 개선대책을 수립한다.

(1) 품질관리의 효과

제품의 품질이 향상되어 고객으로부터 신뢰감을 얻고, 제품의 가공 불량이 줄어들고 위생의 중요성을 인식하며, 손실이 발생하지 않아 가격이 낮아진다. 소모적인 작업이 없어지고 제품의 능률이 향상되며, 판매가 상승한다. 생산량이 증가하고 합리적인 생산계획이 세워짐에 따라 각 부분의 연계가 활발하고 조직적인 행동이 가능하다. 신제품 개발이 빠르고 성공사례가 증가하면 고객으로부터 신뢰도가 높아진다.

(2) 베이커리 제품의 외부적·내부적 품질평가와 관리

베이커리 제품의 외부적 평가에는 부피, 껍질색, 구워진 정도, 대칭성, 청각요인 등이 있으며, 내부적 평가에는 맛, 기공의 결, 향, 조직, 입안의 촉감, 풍미, 제품의 온도 등이 있는데 이것으로 품질을 평가하고 관리한다.

가. 외부적 평가

① 부피(volume)

제품의 부피는 다른 품질의 특성에 영향을 주기 때문에 고객들은 부피가 크면 다른 품질의 특성을 좋게 평가하는 경향이 있다. 즉 제품의 무게와 비교하여 크기가 적정해야 품질 좋은 제품이 된다.

② 껍질색(color of crust)

제품의 껍질이 얇고 부드러운 상태가 고품질이다. 껍질이 두껍고(thick), 거칠고 (tough), 딱딱하고(hard), 부서지기 쉬우면(brittle) 저품질의 제품으로 볼 수 있다.

③ 대칭성(symmetry)

제품의 외관적 형태는 길이, 넓이와 높이가 균형을 이루어야 한다. 제품의 끝부분이 낮거나 중앙이 들어가거나 옆면 또는 밑면이 들어가는 결함 없이 대칭적이어야 한다. 보통 대칭성의 결함은 성형의 공정과 굽기 과정에서 원인이 발생하므로 이 부분의 관리를 잘해야 한다.

④ 구워진 정도(evenness of bake)

제품의 바닥면, 옆, 윗면이 잘 구워진 상태로 타거나 설익은 곳이 없어야 한다. 제품의 전체적인 면이 보기 좋은 황금갈색이 나도록 한다.

⑤ 제품과 관계되는 소리

소리는 사람이 풍미를 인식하는 데 작용하게 된다. 빵이나 과자는 제품의 조직감에 따라 소리가 나는데 이것이 풍미로 작용하게 된다. 오븐에서 바게트 빵이 나올 때 나는 바삭한 소리, 스펀지케이크의 아삭한 소리, 쿠키가 부서지는 듯한 소리는 품질을 높이는 중요한 요인이 된다.

나. 내부적 평가

① 맛(taste)

제품의 맛은 색, 향과 함께 제품의 기호적 가치뿐만 아니라 제품의 품질을 결정해주는 중요한 요소가 된다. 맛은 개인의 기호, 건강, 생활환경, 습관, 연령, 성별 등의 영향을 받는다. 또한 맛은 조직감, 향미, 색상, 모양에 영향을 받아 본인의 경험이나 생리상태, 환경조건에 따라 결정된다.

② 기공의 결(grain)

얇은 세포벽의 기공이 부위별로 일정한 크기로 형성되어야 한다. 거칠고(coarse), 열린 기공(open cells), 응어리진 속결(dense crumb), 큰 구멍(holes) 등은 대표적인 결함사항이며, 이 요인은 반죽과정과 성형과정에서 많이 발생하므로 이 부분의 품질관리에 비중을 두어야 한다.

③ 향(aroma)

후각으로 느끼는 냄새로 제품 특유의 향이 있어야 하지만 온화한 향이 나와야 한다. 이상한 냄새(foreign), 전 냄새(rancid), 향이 없는(lack of aroma) 경우는 좋지 앉은 것이며, 일반적으로 느끼는 빵의 향은 구수하게 느껴지는 것이 좋은 향이다. 케이크의 향은 후각에 의해 인지되는 향과 냄새를 평가하는 것으로 신선하고 달콤하며, 천연적인 향이 좋다.

④ 조직(texture)

제품의 이상적인 조직상태는 절단된 면을 누르거나 문지를 때의 감각으로 결정하며, 부드럽고 거칠거나(soft and harsh), 껄껄한 느낌(lumpy) 또는 물렁하거나(doughy) 잘 바스러지는(crumbly) 느낌이 없어야 한다.

⑤ 입안의 촉감(tactile sensation)

입안에서 느끼는 감촉은 제품을 씹는 성질(chew ability)이다. 부드러운 촉감의 맛이 좋은 제품이다. 생 반죽을 씹는 맛(roughness), 끈적끈적한 맛(sticky)이 없어야 한다.

⑥ 풍미(savour)

제품의 풍미를 구성하는 요소는 맛, 냄새, 조직감, 색깔, 온도, 소리 등이지만 가장 중요한 것은 맛과 냄새이다. 풍미는 배합표, 제조공정 등 다양한 조건에 영향을 받는다.

⑦ 제품의 온도(temperature)

베이커리 제품은 만든 후 고객에게 바로 서비스되기보다는 매장에서 진열과정을 거쳐서 판매되기 때문에 매장의 적정온도가 중요하다. 실내가 건조하여 제품이 드라이해지면 품질이 저하되고 고객의 선호도도 떨어지게 된다.

제 7 장

인적 자원관리 및 판매관리

01 인적 자원관리

인적 자원관리는 베이커리카페 경영에 있어 주체적 요소인 인적 자원을 확보하여 교육하고 관리하여 노동력을 육성·개발·유지·활동하는 모든 기능을 대상으로 하는 총체적인 관리활동이다.

(1) 베이커리카페 인적 자원관리의 개념

베이커리 카페 인적 자원관리는 경영하는 데 필요한 인력의 조달과 유지, 활용, 개발에 관한 계획적이고 조직적인 관리활동이다.

(2) 베이커리카페 인적 자원관리의 목적

베이커리카페의 인적 자원관리는 베이커리카페 조직의 목적과 종사원의 욕구를 통합하여 이를 극대화하는 것을 목적으로 하며, 인적 자원관리는 베이커리카페 기업의 목표인 생산성 목표와 베이커리카페 조직의 유지를 목표로 조직의 인력을 관리한다. 또한 베이커리카페의 경영활동에 필요한 유능한 인재를 확보하고 육성·개발하여 이들이 공정한 보상과 유지활동을 하는 데 중점을 두고, 종사원의 근무를 통해 생계유지와 사회 참여에 의한 성취감을 가질 수 있으며, 삶의 질을 충족시켜야 한다.

(3) 베이커리카페 인적 자원관리의 구분

베이커리카페의 인적 자원관리는 주방에서 만드는 기능적 측면을 강조한 기능적 인적 자원관리와 인사계획, 인사조직, 인사평가의 관리적 측면에서의 과정적 인적 자원관리로 구분할 수 있다.

가. 기능적 인사관리

① 노동력관리

종업원의 채용, 교육훈련, 배치, 이동, 승진, 승급, 이직, 퇴직 등의 기능을 효과적으로 수행하기 위한 고용관리와 개발관리의 영역을 포괄하는 관리체계

② 근로조건관리

고용근로자의 안정적 확보 및 유지발전과 노동력의 효율적 활용을 위한 관리체계로 노동력에 대한 정당한 대가를 지급하기 위한 임금관리와 복지

③ 노사관계관리

노사관계관리는 임금을 지급받는 노동자와 노동력 수요자 간에 형성되는 관계인 노사 공동체 간의 갈등과 분쟁을 해소하고 협력함으로써 베이커리카페 기업의 목표를 달성 및 유지 발전할 수 있다.

나. 과정적 인사관리

① 인사계획

인사계획은 창업자의 경영이념 및 경영철학과 밀접하게 관련되어 있으며, 인사관리의 기본방침인 인사정책으로 고용관리, 개발관리, 보상관리 등 합리적 수행을 위한 직무계획 및 인력계획을 한다.

② 인사조직

인사조직은 인사계획단계에서 수립된 인사정책의 기본방침을 구체적으로 실행하기 위한 인사관리 활동의 체계화과정으로 인적 자원관리를 담당하는 업무를 한다.

③ 인사평가

인사계획에 기초한 모든 인적 자원관리 활동의 실시결과를 종합적으로 평가하고 정리하며, 개선발전을 이루어가는 인적 자원관리과정을 말한다.

(4) 베이커리카페 인력계획 과정

① 인력수요 예측

베이커리카페의 인력수요를 예측하기 위해서는 분기별, 계절별 매출을 분석하여 인력수요기준을 설정하고 크리스마스, 밸런타인데이 등 특별한 행사에 대응하여 생산목표나 사업목표에 따라서 인력수요를 예측한다.

② 인력공급방안 시행

인력공급방안이 결정되면 인력수용에 따라 계획된 인력공급방안들을 실제로 집행하는 단계이며, 인력공급이 효율적으로 시행될 수 있도록 인력계획을 관리한다.

③ 인력계획 평가

인력수요 예측과 인력공급 계획에 의해 집행된 결과를 분석하여, 문제점과 개선방안을 찾아 인력계획 과정에 자료로 활용한다.

(5) 베이커리카페 채용관리

채용이란 베이커리카페에서 필요로 하는 인력을 충원하는 활동을 의미한다.

따라서 채용은 베이커리카페 조직의 목적달성에 기여하기 위해 어떤 사람이 필요한지를 규명하고 조직의 가치와 비전을 가지고 있는 인력을 개발하여 보상체계, 복지후생 등으로 내부만족도를 높이며, 이미지 제고를 통해 우수한 인력을 확보하고 채용하여 배치한다. 그러나 선발된 인력이 직무와 적합성이 맞지 않아 직무불만족, 보상불만족이 생겨나면 경쟁력이 저하되고 이직 발생이 생겨나며 비용증대가 발생한다.

채용과정은 대부분 서류심사와 면접, 경력조회, 신체검사를 마치면 고용을 결정하고 채용통보를 한다.

(6) 베이커리카페 인력관리하기

① 효율적인 인력관리를 위해서 필요한 인력의 자격기준을 선정한다.
② 자격기준에 따라 필요한 인력을 채용하고 적재적소에 배정한다.
③ 채용된 인력에 대해 교육을 통해 전문적인 역량이 갖추어지도록 한다.
④ 배정된 인력에 대해 인사관리기준에 따라 평가하고 보상한다.

02 판매관리

판매관리(marketing management)는 마케팅 목표를 설정하고 마케팅 정책과 전략 입안 등을 포함하여 제품계획, 판매가격 책정, 광고 및 판매원 관리, 판매촉진, 유통경로 설정, 제품의 물적(物的) 이동 등이 관리의 대상이 된다.

베이커리카페의 판매관리를 효율적으로 하기 위해서는 베이커리카페 매장의 시스템을 구축하는 것도 중요하며, 다음과 같은 효과가 있다.

① 판매이익을 비교하여 상품의 가격을 조정할 수 있다. 판매된 제품을 체크하고 판매가 잘 되지 않는 제품과 잘되는 제품의 가격을 조정하여 손실을 최대한 줄일 수 있다.

② 재고량을 감소시키는 판매전략을 세워 판매량 증가를 도모한다. 재고량이 많을수록 손실이 크다. 그러므로 재고량을 최대한 줄이기 위해 할인카드나 포인트카드를 이용한다.

③ 고객의 선호도를 조사해서 신제품 개발 및 제품변경이 가능하도록 한다. 방문하는 고객에게 선호도를 조사해서 가장 많이 찾는 제품과 찾지 않는 제품을 비교 분석하여 새로운 메뉴개발을 용이하게 한다.

④ 각 제품별 재고파악을 통해 손실액을 줄인다.

〈베이커리카페 판매관리하기〉

① 홍보 및 판촉 전략을 기본으로 인적, 물적 마케팅전략을 설정한다.

② 영업정책을 기반으로 타당성 있는 가격결정과 적정이윤을 추구한다.

③ 경영전략을 기반으로 점포 인테리어의 포인트 주변에 위치한 경쟁업체의 수준을 파악한다.

④ 상품의 전문성, 품질 우위, 가격 경쟁력을 바탕으로 경영차별성을 부각시킨다.

(1) 마케팅의 개념

마케팅의 정의는 다양하지만 가장 일반적으로 인정되는 미국의 마케팅학회에서 내린 정의는 다음과 같다. "마케팅은 조직과 이해관계자들에게 이익이 되도록 고객 가치를 창출하고 의사소통을 전달하며, 고객관계를 관리하는 조직기능이자 프로세스의 집합이다."(2004년, AMA: American Marketing Association) 이와 같이 마케팅은 기업이나 조직이 제품, 서비스, 아이디어를 창출하고 가격을 결정하고 고객에게 필요한 정보를 제공하고 소비자가 구매하기까지의 개인 및 조직체의 목표를 달성시키는 교환

활동의 총체라고 할 수 있다.

마케팅을 위한 활동으로는 시장조사, 상품화계획, 판매촉진, 광고 등이 있다. 이러한 마케팅을 위한 활동은 기업에서 해당업무를 담당하는 부서에서 진행하거나, 마케팅을 전문으로 하는 기업에 계약해서 해당 마케팅 업무를 진행시키기도 한다.

(2) 베이커리카페 마케팅의 특성

제과제빵산업의 마케팅은 빵, 과자, 샌드위치 등 다양한 제품과 서비스가 동시에 생산, 판매되는 사업이다. 베이커리카페에서는 제품뿐만 아니라 서비스 의존도가 높은 산업으로 서비스는 객관적으로 보이는 형태로 제공되지 않고 감각적으로 느껴지는 무형의 가치이다. 이런 불확실성을 줄이기 위해서 서비스를 유형화하는 마케팅이 필요하다.

(3) 마케팅전략

가. 마케팅을 위한 환경분석(SWOT분석)

① 내부환경 분석

사업의 전반적인 기능에서 기업의 강점, 약점을 평가하고 내부의 강점을 극대화하고 약점을 해소하기 위한 방안을 세우기 위해 분석한다. 또한 자사의 약점을 분석하여 강점으로 전환하기 위한 차별화 방안을 수립하여 경쟁력을 갖춘다. 내부환경요인에는 경영, 마케팅, 회계, 생산, 운영, 연구, 개발이 있다.

② 외부환경 분석

기업의 성과 달성에 도움이 되는 기회들과 피해야 할 위협요인을 분석한다. 거시적 요인인 고객, 경쟁자, 시장, 산업의 환경을 분석하여 기회요인을 활용하고 기업의 성과를 극대화함으로써 위협요인을 최소화할 수 있는 방안을 찾는다.

③ SWOT분석

SWOT분석은 4P(상품, 가격, 유통, 촉진), 4C(고객, 비용, 편의, 의사소통) 등의 환경분석을 통한 강점(S), 약점(W), 기회(O), 위협(T)요인을 찾아내는 방법이다.

- 4P : Price, Product, Place, Promotion
- 4C : Customer value, Costs to the customer, Convenience, Communicate

〈SWOT분석의 전략수립 단계〉

① 외부환경의 기회 및 위협요소 파악하기

② 내부환경의 강점과 약점요소 파악하기

③ SWOT 요소분석

④ 중점전략수립을 실현시킬 방안 모색

⑤ SWOT분석 요소를 합한 전략

- S/O(강점-기회전략) : 시장의 기회를 활용하기 위해 강점으로 기회를 살리는 전략
- S/T(강점-위협전략) : 시장의 위협을 피하기 위해 강점으로 위협을 피하거나 최소화하는 전략
- W/O(약점-기회전략) : 약점을 제거하거나 보완하여 시장의 기회를 활용하는 전략
- W/T(약점-위협전략) : 약점을 최소화하거나 없애는 동시에 시장의 위협을 피하거나 최소화하는 전략

(4) 마케팅 믹스

마케팅 믹스는 마케팅 요소를 혼합하여 판매하고자 하는 상품을 소비자가 인식하도록 하기 위한 전술이다. 제롬 매카시에 의해 4P, 즉 상품(Product), 가격(Price), 장소(Place), 촉진(Promotion)이 창시되었다.

마케팅 믹스 4P

가. 마케팅 믹스 7P

마케팅을 수행하기 위한 7가지 요소로 4P에 3P를 추가하여 마케팅 믹스에 활용되고 있다.

상품(Product), 가격(Price), 장소(Place), 촉진(Promotion), 과정(Process), 물리적 근거(Physical evidence), 사람(People)

마케팅 믹스 7P

나. 마케팅 믹스 4C

　미국 노스캐롤라이나주립대학 교수가 주장한 새로운 마케팅 믹스로 과거에는 고객과의 관계, 상품에 대한 가격결정, 유통관계, 판매증대를 위한 관계 등의 모든 것을 기업이 결정하고 고객은 매우 수동적으로 접근했으나 현대사회에서는 고객의 가치와 기회비용을 포함한 고객의 비용, 온라인을 이용한 편리성, 커뮤니케이션이 마케팅의 중요한 믹스가 되었다는 것이다.

① 고객가치(customer value)

② 고객비용(costs to the customer)

③ 편리성(convenience)

④ 커뮤니케이션(communication)

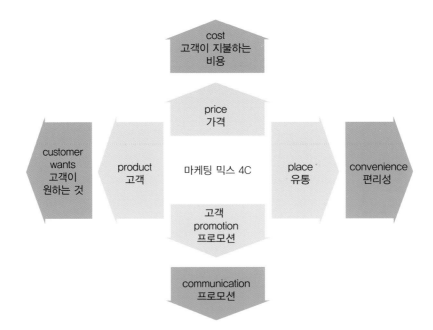

(5) 마케팅 관리하기

① 지역상권 분석 시 시장에 적합한 마케팅 분석기법으로 시장을 파악한다.

② 지역 인구통계 파악 시 지역 고객과 계층별 소비자 니즈를 분석한다.

③ 지역상권 분석 시 최적의 투자를 기반으로 고객 마케팅 계획을 효과적으로 수립한다.

④ 마케팅활동 수행 시 상권분석, 거주민분석, 이에 따른 고객욕구를 기초로 제품 마케팅활동을 수행한다.

고객관리

제 8 장

01 고객만족

　고객만족(customer satisfaction)의 개념은 제공한 상품과 용역 서비스에 대한 고객의 기대에 부응함으로써 그것이 고객의 사회적 · 심리적 · 물질적 만족감을 주고, 고객의 지속적인 재구매활동과 수평적 인간관계를 형성하는 신뢰감이 이어지는 상태를 말한다. 따라서 고객은 기대이상의 제품과 서비스를 받게 되면 만족과 감동을 하게 되나 이를 충족시키지 못하면 고객의 만족도가 떨어지게 된다. 고객의 기대수준은 개인마다 다르므로 지속적으로 고객의 욕구와 수준을 파악하고 대응해야 고객만족도를 높일 수 있다. 즉 순간의 만족으로 끝나는 것이 아니라 그것이 지속적으로 유지될 때 비로소 진정한 고객만족이라고 할 수 있다.

　베이커리카페를 창업하여 성공하기 위해서는 톡톡 튀는 메뉴를 개발하는 것도 중요하지만 가장 중요한 것은 바로 고객관리다. 사업을 할 때 고객이 없는 사업은 상상할 수 없듯이 지역주민이나 단골고객을 상대하게 되는 소규모의 베이커리카페 사업의 경우에는 고객관리가 핵심적인 성공요인으로 작용할 수 있다. 적극적으로 고객관리를 하지 않으면 다른 동종업체와 치열하게 경쟁하는 상황에서 고객을 다른 경쟁업체로 보내는 결과를 얻을 수 있기 때문이다. 따라서 어떻게 고객관리를 해야 하는지 알아보자.

02 고객만족의 3요소

기업의 궁극적 목적은 이익을 창출하는 것이며, 이를 위해서는 고객을 만족시켜야 한다.

이러한 고객의 욕구를 충족시키고 고객만족을 실현하기 위해서는 기본적인 3요소가 필요하다.

① 하드웨어(hard ware) 요소
② 소프트웨어(soft ware) 요소
③ 휴먼웨어(human ware) 요소

하드웨어 부문은 매장의 시설, 인테리어, 분위기 연출, 주차시설, 각종 편의시설 등을 말하며, 소프트웨어 부문은 그 매장에서 취급하는 상품과 서비스, 접객시설, 예약, 고객관리 시스템, 규칙, 관련문서 등 보이지 않는 무형의 요소를 말한다. 휴먼웨어 부문은 컴퓨터로 예를 든다면 사용자에 해당된다. 베이커리카페 매장에서 일하고 있는 직원들의 서비스 마인드와 접객태도, 행동매너, 문화, 능력, 권한 등의 인적 자원을 말하는데 직원들의 행동과 서비스 마인드는 고객 만족도를 높이는 데 매우 중요한 요소이다. 이 중 어느 하나도 중요하지 않은 요소는 없다. 모든 것을 잘 갖추어 아름다운 하모니를 만들어낼 때 비로소 고객을 만족시키고, 나아가서는 고객감동을 이끌어내는 역할을 하게 된다. 시설이 아무리 최고급이고, 좋은 상품과 좋은 서비스 프로그램으로 운영된다고 해도 직원들이 불친절하면 고객은 찾지 않는다.

03 고객만족 서비스

베이커리카페 경영의 핵심은 고객만족이다. 기존고객과 신규고객의 반복구매에서 매출이 형성되기 때문이다. 새로운 고객을 창출하는 것은 기존의 고객을 유지하는 것보다 더 많은 노력과 비용이 든다. 따라서 기존의 고객이 계속해서 재방문할 수 있도록 다양한 신제품 개발과 프로모션을 해야 한다. 고객만족은 고객의 기대가치에 따라 다르다. 상품을 구매하거나 음식을 먹거나 서비스를 받은 후에 느끼는 가치보다 기대가 컸을 경우 고객은 불만을 느끼고 재방문하지 않는다. 그러나 사용 후 느끼는 가치가 사용 전보다 클 경우에는 고객감동이 생기며, 지속적으로 구매욕구가 생겨 재방문을 하게 된다.

04 고객만족도를 높이기 위한 10가지 서비스 법칙

베이커리카페에서 가장 효과적인 고객만족경영은 고객들에게 기대이상의 만족감을 주는 데서부터 시작된다. 평소 고객들이 매장을 이용하면서 제품이나 음식, 서비스에 대하여는 인지하고 있다. 이 모든 것을 완벽하게 서비스하기 위해서는 고객이 매장에 들어설 때부터 모든 것이 이행되도록 최대한의 노력을 기울여야 한다. 이를 위한 고객만족 서비스 법칙 10가지를 기억하고 실행하자.

① 고객을 알아보고 고객의 이름을 불러주어라

우리가 사용하는 언어 중에서 우리의 기분을 가장 즐겁게 해주는 말은 자신의 이름을 다른 사람들이 불러주었을 때이다. 그러나 고객의 이름을 알기가 쉽지 않기 때문에 진실된 마음에서 나오는 참다운 미소, 따뜻한 마음의 인사, 그리고 고객과의 진지한 상호교류가 소위 고객 알아보기의 원칙에 접근하는 첩경이 될 것이다.

② 첫인상을 좋게 하라

첫인상을 나쁘게 주면 이를 만회할 기회가 좀처럼 오지 않는다. 고객이 베이커리카페에서 겪게 되는 첫 경험은 그의 마음에서 좀처럼 지워지지 않는다. 고객이 받는 첫인상은 매장에 발을 들여놓기 전에 벌써 시작된다. 직원들의 인사는 주차장부터 시작해서 매장 출입구 등 다양한 곳에서 이루어진다.

③ 고객의 기대감, 기대가치를 충족시켜 주어라

고객은 불편을 끼치지 않는 안락한 환경을 원한다. 그들은 베이커리카페의 영업 전략이나 정책 등 모든 것에 관심이 없다. 그들이 원하는 것은 오직 불평할 것 없이 자기들의 욕구만 충족되기를 원한다.

④ 고객의 마음을 읽고 서비스하자

고객은 베이커리카페의 작은 서비스를 원한다. 가능한 적은 노력과 수고를 들이기 원하기 때문에 포장서비스, 배달서비스, 주차서비스 등 고객의 수고를 덜어준다. 작은 것 하나하나를 세심하게 배려하며 판매하고 포장한 제품을 고객이 가지고 나가는 경우 편안하게 해주고 양이 많을 때는 주차장까지 가져다주거나 직접 차에 실어준다.

⑤ 고객의 의사결정을 용이하게 하라

고객들은 자기가 스스로 결정하는 것보다 무엇인가 도움을 받고자 한다. 더구나 자세한 내용을 잘 모를 때가 있기 때문이다. 이럴 경우 고객이 요구하기 전에 먼저 직원이 도움을 주어서 고객의 의사결정을 돕는다. 이때 중요한 것은 판매 위주보다 권유판매를 통하여 고객 마음의 결정을 용이하게 해주는 것이다.

⑥ 고객의 의견에 초점을 맞추어라

고객들은 베이커리카페에 대하여 객관적인 어떤 견해를 가지고 있고 그것을 또한 현실로 받아들이고 있다. 베이커리카페에서 생각하는 것처럼 고객들이 반드시 그렇게 생각하지는 않는다. 객관적인 판단을 하는 것은 베이커리카페가 아니라 고객이다. 따라서 고객의 의견에 초점을 맞춘다.

⑦ 말없이 기다리는 고객의 시간을 매우 중요하게 생각하라

기다리며 보낸 시간은 실제보다 4배쯤 길게 느껴진다고 한다. 배고픈 손님이 식당에 찾아왔을 때 음식을 기다리는 손님의 심정을 생각하면 이해할 수 있을 것이다. 기다리는 고객은 실제보다 시간이 길게 느껴지므로 신속한 서비스를 제공하여 고객의 시간을 아껴주자.

⑧ 고객에게 기억하고 싶어 하는 좋은 추억을 선물하라

사람들은 누구나 기억나는 좋은 시절을 다시 한 번 만들고 싶어 한다. 이러한 원리에 따라 베이커리카페를 다시 찾아오도록 고객에게 즐겁고 기억하고 싶은 장소를 선물하라. 이는 단골고객을 만드는 기초가 된다.

⑨ 고객들은 기분 나쁜 경험을 더욱 오래 기억한다

사람들은 누구나 기분 나쁜 경험을 기분 좋았던 경험보다 더욱 오랫동안 생생하게 기억한다. 또한 기분 나쁜 경험에 관하여 더 많은 사람들에게 이야기함으로써 이미지를 나쁘게 하는 결과를 가져온다. 통계에 의하면 고객이 좋은 기억보다 나쁜 기억을 잊지 못하는 비율이 두 배 이상이라고 한다. 따라서 고객이 기분 나쁜 경험을 하지 않도록 노력해야 한다.

⑩ **항상 고객에게 빚지고 있다고 생각하라**

고객과의 모든 서비스가 끝나면 종사원이 고객에게 제공한 기분 좋은 서비스 덕분에 고객이 종사원에게 빚지고 있다는 감정을 느끼도록 정성된 서비스를 해야 한다. 고객이 지불한 금액에 대해서만 고맙게 생각하면 안 되며, 홍보를 통하여 베이커리카페가 고객들에게 약속한 것을 이행하고 지향해야 될 목표를 고객이 매장을 떠날 때 가격, 가치 측면에서 고객 쪽에 유리했다는 고마운 기분으로 떠나도록 하는 것이 중요하다.

05 베이커리카페 고객관리하기

① 매출향상을 위한 고객선별, 고객확보, 고객개발, 고객유지 등의 고객관리를 한다.
② 고객충성도를 높이기 위하여 고객정보관리를 한다.
③ 고객유지 및 신규고객 확보전략을 통하여 유형별 고객관리를 한다.
④ 우수고객과의 전반적인 관계를 고려하여 체계적으로 관리한다.
⑤ 고객관리 시스템을 운영하여 효율적인 방법으로 관리한다.
⑥ 고객니즈를 파악하여 분석하고 관리한다.
⑦ 고객응대기법을 만들어 직원에게 교육하여 서비스 능력을 향상시킨다.
⑧ 고객의 편의성에 맞는 동선을 수립하여 고객을 편안하게 한다.
⑨ 광고, 판매활동에 대한 실무능력을 향상시킨다.
⑩ 고객만족도를 조사하여 고객관리에 반영한다.

베이커리 위생안전관리

01 개인 위생관리

　대부분의 제품 생산은 사람의 손에 의해 만들어지므로 베이커리카페 종사자는 건강한 사람이어야 하며, 기본적인 위생관리 방법을 숙지하여 위생의 실천을 생활화하여야 한다. 청결 단정한 용모, 개인의 위생관리는 고객의 안전을 지키는 것이며, 안전한 제품 생산에 있어서 가장 기본적이면서도 매우 중요한 요소이다. 베이커리카페 종사자의 건강진단, 개인 위생관리, 복장 등에 대한 기준을 알아보자.

(1) 건강 확인

가. 채용 시 건강진단

① 종사원 채용 시 일반채용신체검사서와 식품위생법 시행규칙 제34조에 의한 건강진단을 통하여 건강상태를 확인한다.

② 건강문진서와 건강에 이상이 있을 경우 보고할 것에 대한 동의서를 받는다.

③ 주방업무에 종사할 수 없는 사람(식품위생법 제26조제4항)

- 소화기계 전염병환자 및 보균자
- 결핵 및 성병환자
- 피부병 및 화농성 질환자

나. 정기 건강진단

① 베이커리카페 종사자는 식품위생법 시행규칙 제34조 규정에 의거 1년에 한 번씩 건강진단을 받아 그 내용을 건강진단결과서에 기록하여 관리한다.(보건증)

② 건강진단결과서에는 성명, 다음 검진일, 이상여부가 기록되어야 한다.

다. 임시 건강진단

전염병 유행 시 또는 필요시에는 임시 건강진단을 받도록 하여 주방종사자의 건강 이상 여부를 확인한다. 〈일일 건강상태 확인〉

① 매일 작업하기 전에 주방책임자는 종사원의 건강상태를 확인한다.

② 설사 · 발열 · 복통 · 구토하는 직원은 식중독이 우려되므로 작업에 참여시키지 않고 병원에 가서 의사의 진단을 받도록 한다.

③ 본인 및 가족 중에서 법정전염병(콜레라, 이질, 장티푸스 등) 보균자가 있거나, 발병한 경우에는 완쾌될 때까지 작업을 금지한다.

④ 손, 얼굴에 상처나 종기가 있는 종사원은 가급적 주방업무를 담당하지 않도록 조정한다.

(2) 개인 위생관리

베이커리 종사자 등 식품을 취급하는 사람은 개인위생이 식품의 안전성에 큰 위험을 초래하는 오염원이 될 수 있으므로 주방에 들어서는 순간부터 나갈 때까지의 전 과정을 위생원칙에 입각하여 행동하고 개인위생 수칙을 철저히 지켜 생활화되도록 노력해야 한다.

가. 개인위생

① 목욕 : 매일 샤워한다.

② 두발 : 청결히 하며 머리카락이 위생모자 밖으로 나오지 않게 한다.

③ 손톱 : 주 1회 이상 짧게 자르고 매니큐어 칠을 하지 않는다. (손톱 밑은 이물질이 끼기 쉽고 세균이 잠복하기 쉬우며, 긴 손톱은 부러지거나 하여 음식에 들어갈 수 있기 때문이다)

④ 장신구 : 시계, 반지, 목걸이, 귀걸이, 팔찌 등의 장신구 착용을 금한다.

⑤ 화장 : 지나친 화장과 향수, 인조속눈썹, 인조손톱 등의 부착물 사용을 금한다.

⑥ 신발 : 발을 완전히 가리는 것으로 굽이 높지 않고, 밑창은 방수성이 있으며, 미끄러지지 않는 안전화를 착용해야 한다.

나. 손 씻기

우리 손에는 육안으로는 확인되지 않는 많은 미생물들이 존재하여, 작업과정에 식재료, 식기구, 음식 등에 오염되어 식중독을 일으킬 수 있다. 이러한 미생물들을 제거하기 위해서는 올바른 손 씻기가 중요하다.

합리적인 손 씻기 방법의 설정, 적절한 세제와 살균소독제의 선택 및 사용, 설정된 방법에 따른 충실한 손 세척이 필수적이다.

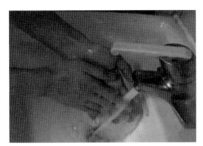

1. Wet Hands w/38℃ Water
(38℃ 정도의 물에 손을 적신다.)

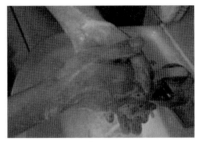

2. Scrub w/Soap for 20 Sec.
(20초간 비누를 칠한 후 문지른다.)

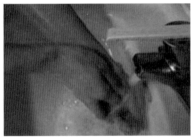

3. Rinse w/38℃ Water
(38℃ 정도의 물로 비눗기를 씻어낸다.)

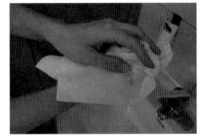

4. Dry w/Paper Towel
(종이타월로 물기를 닦는다.)

5. Water Off with Towel
(물 잠그는 걸 주의해서 보세요.)

6. Sanitize
(손소독제로 마무리한다.)

⟨올바른 손 씻는 방법⟩

① 손 표면의 지방질 용해와 미생물 제거가 용이하도록 38~40℃ 정도의 온수를 사용한다.

② 손을 적시고 비누는 거품을 충분히 내어 팔 윗부분과 손목을 거쳐 손가락까지 깨끗이 씻고 반팔을 입은 경우에는 팔꿈치까지 씻는다. 고형비누보다는 액상비누가 더욱 효과적이다.(소량으로 효과내고, 교차오염방지 가능)

③ 손톱솔로 손톱 밑, 손톱 주변, 손바닥, 손가락 사이 등을 꼼꼼히 문질러 눈에 보이지 않는 세균과 오물을 제거한다.

④ 손을 물로 헹구고 다시 비누를 묻혀서 20초 동안 서로 문지르면서 회전하는 동작으로 씻는다.(비누 또는 세정제, 항균제 등과의 충분한 접촉시간이 필요하다.)

⑤ 흐르는 물로 비누거품을 충분히 헹구어낸다.

⑥ 온풍건조기나 깨끗한 종이타월 등을 이용하여 충분히 건조시킨다.

⑦ 손에 로션을 바르지 않는다. (로션은 세균에 필요한 수분과 양분을 공급하여 세균의 번식을 돕기 때문이다.)

⑧ 소독 시 에틸알코올을 손에 충분히 분무한 후 자연건조시킨다.

⑨ 작업으로 돌아가기 전에 손을 오염시키지 않도록 한다. (화장실 문을 열 때는 손을 말린 종이타월을 이용하여 연다.)

⟨손을 씻어야 하는 경우⟩

① 작업 시작 전 화장실을 이용한 후

② 작업 중 미생물 등에 오염되었다고 판단되는 기구 등에 접촉한 경우

③ 쓰레기나 청소도구를 취급한 후

④ 오염작업구역에서 비오염작업구역으로 이동하는 경우

⑤ 육류, 어류, 난각 등 미생물의 오염원으로 우려되는 식품과 접촉한 후

⑥ 귀, 입, 코, 머리 등 신체 일부를 만졌을 때

⑦ 감염증상이 있는 부위를 만졌을 때

⑧ 음식찌꺼기를 처리했을 때 또는 식기를 닦고 난 후

⑨ 음식을 먹은 다음, 또는 차를 마시고 난 후

⑩ 전화를 받고 난 후, 담배를 피운 후

⑪ 식품 검수를 한 후

⑫ 코를 풀거나 기침, 재채기를 한 후 등

〈근무 중 올바르지 못한 개인행동〉

① 땀을 옷으로 닦는 행위

② 한 번에 많은 양을 운반하기 위해 식품용기를 적재하는 행위

③ 맨손으로 식품을 만지는 행위(1회용이나 조리용 고무장갑을 사용)

④ 식기 또는 배식용 기구 등의 식품접촉면을 손으로 만지는 행위

⑤ 노출된 식품 쪽에서 기침이나 재채기를 하는 행위

⑥ 그릇을 씻거나 원재료 등을 만진 후 식품을 취급하는 행위

⑦ 업무를 구분하거나, 한 사람이 2가지 이상의 작업을 해야 할 경우에는 소독한 후 다음 작업 수행

⑧ 손가락으로 맛을 보거나 한 개의 수저로 여러 가지 음식을 맛보는 행위

⑨ 조리실 내에서 취식하는 행위(별도의 장소를 마련해서 이용)

⑩ 애완동물을 반입하는 행위

⑪ 사용한 장갑을 다른 음식물의 조리에 사용하는 행위

⑫ 식품 씻는 싱크대에서 손을 씻는 행위(손 씻는 전용 세면기 이용)

(3) 개인위생복장

① 위생복의 색상은 더러움을 쉽게 확인할 수 있는 흰색이나 옅은 색상으로 하고, 위생복을 입은 채 주방 밖으로 나가지 않는다.

② 위생모는 머리카락이 모자 바깥으로 나오지 않도록 머리를 뒤로 넘겨 확실하게 착용하고 긴 머리의 경우는 반드시 머리망을 한다.

③ 세균오염을 방지하기 위하여 필요시 위생마스크를 착용한다.

④ 열을 가하거나 다시 오븐에 넣고 굽지 않는 제품, 완성된 제품을 취급할 때는 위생장갑을 착용하도록 한다.

⑤ 주방 안전화는 신고 벗기에 편리하고 발이 물에 젖지 않으며 바닥이 미끄러지지 않는 모양과 재질을 선택하여 사용한다.

02 방문객

① 주방 입구에 방문객 전용 위생복, 위생모, 위생화를 비치하고 청결하게 관리한다.
② 식품취급지역에 들어오는 방문객은 식품을 오염시키지 않도록 위생복, 위생모, 위생화를 착용하여야 한다. 이를 착용하지 아니한 자를 조리실에 출입하게 하여서는 아니 된다.

[신발 소독조의 활용]

1. 조리실 외부와의 출입구, 화장실 출입구, 오염구역과 비오염구역의 경계면에 신발 소독조를 둔다.
2. 소독조의 소독액은 락스희석액이나 역성비누(quats)를 사용한다.
3. 소독판 내부에 플라스틱 깔판을 비치하여 위생화 바닥의 이물질을 제거할 수 있게 한다.

03 식재료 공급업체 선정 및 관리기준

구분	공급업체 선정 및 관리기준	비고
업체의 위생관리 능력	1. 공급업체는 체계적인 위생기준 및 품질기준을 구비하고 이를 준수하고 있는가?	
	2. 공급업체가 위치한 장소 및 보유시설, 설비의 위생 상태는 양호한가?	
업체의 운영능력	3. 요구하는 식재료 규격에 맞는 제품을 공급하는가?	
	4. 반품처리 및 각종 서비스를 신속하게 제공하는가?	
	5. 납품절차가 표준화되어 있고 관련문서가 구비되어 있는가?	
	6. 신선하고 양질의 식재료를 공급하는가?	
	7. 정해진 시각에 식재료가 납품되는가?	
	8. 식재료의 포장상태가 완벽한 제품인가?	
운송위생	9. 운송 및 배달 담당자의 식품 취급방법이 위생적인가?	
	10. 냉장 배송차량을 이용하여 식재료를 운반하고 냉장·냉동식품의 온도는 기준범위 이내인가?	냉장·냉동식품용 배송차량에 Time Temperature Indicator 부착 권장

04 식재료 검수

검수는 구매의뢰에 따라 식재료 납품업체가 공급하는 식재료에 대하여 품질, 신선도, 수량, 위생상태 등이 요구기준에 부합되는지를 확인하는 과정이다.

(1) 검수 시 유의사항

① 식재료는 검수대 위에 올려놓고 검수하며, 맨바닥에 놓지 않도록 한다. (검수대의 조도는 540Lux 이상을 유지)
② 식재료 운송차량의 청결상태 및 온도유지 여부를 확인·기록한다.
③ 식재료명, 품질, 온도, 이물질 혼입, 포장상태, 유통기한, 수량 및 원산지 표시 등을 확인·기록한다.

[온도 기준]

1. 냉장식품 : 10℃ 이하
2. 냉동식품 : 언 상태유지, 녹은 흔적이 없을 것
3. 전처리된 채소 : 10℃ 이하(일반채소는 상온, 신선도 확인)

④ 검수가 끝난 식재료는 곧바로 전처리과정을 거치도록 하되, 온도관리를 요하는 것은 전처리하기 전까지 냉장·냉동보관한다.
⑤ 외부포장 등의 오염 우려가 있는 것은 제거한 후 조리실에 반입한다.
⑥ 검수기준에 부적합한 식재료는 자체규정에 따라 반품 등의 조치를 취하도록 하고, 그 조치내용을 검수일지에 기록·관리한다.
⑦ 곡류, 식용유, 통조림 등 상온에서 보관 가능한 것을 제외한 육류, 어패류, 채소류 등의 신선식품은 당일 구입하여 당일사용을 원칙으로 한다.

(2) 반품

식재료 검수결과 신선도, 품질 등에 이상이 있거나 규격기준에 맞지 않는 식재료는 반품하고, 검수기준에 맞는 식재료로 재납품할 것을 지시한다. 반품할 때는 반드시 반품확인서를 발행하며, 반품이 재발되는 업체에 대하여는 납품참여 제한 등 제재조치 방안을 강구토록 한다.

(3) 냉장 · 냉동보관 방법

① 적정량을 보관함으로써 냉기순환이 원활하여 적정온도가 유지되도록 한다(냉장 · 냉동고 용량의 70% 이하)
② 냉장 · 냉동고에 식품을 보관할 경우에는 반드시 그 제품의 표시사항(보관방법 등)을 확인한 후 그에 맞게 보관한다.
③ 오염방지를 위해 날음식은 냉장실의 하부에, 가열조리식품은 위쪽에 보관한다.
④ 보관 중인 재료는 덮개를 덮거나 포장하여 보관 중에 식재료 간의 오염이 일어나지 않도록 유의한다.
⑤ 냉동 · 냉장고 문의 개폐는 신속하고, 필요 최소한으로 한다.
⑥ 선입선출의 원칙을 지킨다.
⑦ 개봉하여 일부 사용한 캔 제품, 소스류는 깨끗한 용기에 옮겨 담아 개봉한 날짜와 원산지, 제조업체 등을 표시하고 냉장 보관한다.
⑧ 냉장고는 5℃ 이하, 냉동고는 −18℃ 이하의 내부온도가 유지되는가를 확인 · 기록하며, 이상이 있을 경우 즉시 조치한다.

(4) 상온보관 방법

① 정해진 장소에 정해진 물품을 구분하여 보관한다.
② 식품과 식품 이외의 것을 각각 분리하여 보관한다.
③ 선입선출이 용이하도록 보관 · 관리한다.
④ 식품보관 선반은 바닥, 벽으로부터 15cm 이상의 공간을 띄워 청소가 용이하도록 한다.
⑤ 포장단위가 큰 것을 나누어 보관할 때는 제품명과 유통기한을 반드시 표시한다.
⑥ 장미철 등 높은 온 · 습도에 의하여 곰팡이 피해를 입지 않도록 한다.
⑦ 유통기한이 있는 것은 유통기한 순으로 사용할 수 있도록 유통기간이 짧은 것부터 진열하며, 유통기한의 라벨이 보이도록 진열한다.
⑧ 식품보관실에 세척제, 소독액 등의 유해물질을 함께 보관하지 않는다.

05 작업 위생관리

구매한 물품을 검수하는 일에서 시작하여 전처리, 조리, 배식, 세정, 정리정돈에 이르기까지 다양한 작업이 수작업으로 이루어진다. 이 과정에서 발생할 수 있는 부주의에 의한 교차오염이 식중독 발생의 주요 원인이 되므로 작업과정의 위생관리가 보다 체계적으로 철저하게 유지되어야 한다.

(1) 교차오염의 방지

교차오염은 식재료, 기구, 용수 등에 오염되어 있던 미생물이, 오염되지 않는 식재료, 기구, 종사자와의 접촉 또는 작업과정에 혼입됨으로 인하여 원래 오염되지 않은 식재료까지 오염을 일으키는 것을 말한다.

교차오염의 방지는 다음과 같이 오염된 식재료, 기구, 용수와의 접촉 가능성을 차단함으로써 가능하다.

① 오염구역과 비오염구역으로 구역을 설정하여 전처리, 조리, 기구세척 등을 별도의 구역에서 한다.

② 칼, 도마 등의 기구나 용기는 용도별(생식품용, 조리된 식품용)로 구분하여 각각 전용으로 준비하여 사용한다.

③ 세척용기(또는 싱크)는 어·육류, 채소류로 구분해서 사용하고 사용 전후에 충분히 세척·소독해서 사용한다.

④ 식품취급 등의 작업은 바닥으로부터 60cm 이상에서 실시하여 바닥의 오염된 물이 튀어 들어가지 않게 한다.

⑤ 식품취급 작업은 반드시 손을 세척·소독한 후에 하며, 고무장갑을 착용하고 작업하는 경우는 장갑을 손에 준하여 관리한다.

⑥ 전처리하지 않은 식품과 전처리된 식품은 분리·보관한다.

⑦ 전처리에 사용하는 용수는 반드시 먹는 물로 사용한다.

(2) 식재료 전처리

전처리는 식재료를 다듬고 씻고 소독하고 용도에 맞게 자르는 작업으로 교차오염이 일어나지 않도록 특히 유의해야 한다.

〈일반적인 준수사항〉

① 외포장 제거와 다듬기 작업은 오염구역에서 실시한다.

② 전처리는 정해진 장소에서만 실시하여 비오염구역을 오염시키지 않도록 작업구역(채소, 어류, 육류)을 별도로 정하여 작업한다.

③ 냉장·냉동식품의 전처리 작업은 실온에서 장시간 수행하지 않는다.

④ 식품을 전처리하는 도중에는 다른 일을 하지 않는다.

⑤ 특별히 열처리를 거치지 않는 식품은 직접 맨손으로 취급하지 않도록 한다.

⑥ 작업 중의 식재료는 바닥에 방치되는 일이 없도록 작업대, 선반 등에 놓는다.

⑦ 전처리에 사용되는 세척 물은 반드시 먹는 물을 사용하여 이물질이 완전히 제거(육안검사)될 때까지 세척한다.

⑧ 세척 시의 물은 싱크 용량의 2/3 내에서 사용하되, 세척물이 다른 식재료 또는 조리된 음식 등에 튀기지 않도록 주의한다.

⑨ 세척물이 싱크의 배수관을 통해 배수로에 바로 연결되도록 하여, 세척수가 바닥을 오염시키지 않도록 한다.

⑩ 전처리된 식재료 중 온도관리를 요하는 것은 조리 시까지 냉장고에 보관한다.

⑪ 식재료가 많을 때는 오전, 오후, 야간용으로 식자재를 별도로 표시·보관한다.

⑫ 전처리하지 않은 식품과 전처리된 식품은 분리하여 취급하며, 전처리된 식품 간에 교차오염이 발생치 않도록 위생적으로 관리한다.

⑬ 절단작업 시 소독된 전용도마와 칼을 사용한다.

⑭ 전처리 시 발생되는 폐기물, 찌꺼기는 신속하게 폐기물 전용용기 또는 폐기물봉지에 넣어 악취나 오물이 흐르지 않도록 신속히 처리한다.

⑮ 위생란을 사용한다.

⑯ 난류의 조리 시 파각 전후에 반드시 손 세척과 소독을 실시한다.

⑰ 달걀을 담았던 용기는 그대로 재사용하지 않고 반드시 세척·소독하여 사용한다.

06   조리기구 세척

식품접촉 표면을 통한 교차오염을 예방하기 위해서는 조리기구 및 용기의 세척, 소독이 적절히 이루어져야 하며, 기구별 세척 및 소독방법을 정확히 숙지하여 실천토록 한다.

(1) 세척

세척이란, 조리기구 및 용기의 표면에서 세제를 사용하여 때와 음식찌꺼기를 제거하는 일련의 작업과정을 말한다.

〈세제 사용 시 유의사항〉
① 세제의 용도, 효율성 및 안전성을 고려하여 구입한다.
② 사용방법을 숙지하여 사용한다.
③ 세제를 임의로 섞어 사용하는 일이 없도록 한다. (염소계와 산성계 약품을 함께 사용하거나 혼합해서 사용하면 유해가스 발생)
④ 세제류는 반드시 식품과 구분하여 안전한 장소에 보관한다.

(2) 세제의 종류

① 일반세제 : 비누, 합성세제(거의 모든 세척용도에 적당)
② 솔벤트 : 가스레인지 등 음식이 직접 닿지 않는 곳의 묵은 때 제거
③ 산성세제 : 세척기의 광물질, 세제 찌꺼기를 제거(기구나 설비에 손상을 줄 수 있으므로 산성의 강도를 점검한 후에 사용)
④ 연마세제 : 바닥, 천장 등을 청소(플라스틱제품에는 부적절)
⑤ 기타 세제 : 세척제의 용도와 지정된 희석배율 등에 맞게 사용

07   소독

급식기구, 용기 및 음식이 접촉되는 표면에 존재하는 미생물을 안전한 수준으로 감소시키는 것을 말한다.

(1) 소독 시 유의사항

① 미생물을 안전한 수치로 감소시키기 위한 소독제의 선택, 농도, 침지시간을 결정한다.

② 사용방법을 반드시 숙지하여 사용한다.

③ 소독액은 미리 만들어놓으면 효과가 떨어지므로 1일 1회 이상 제조한다.

④ 사용 전 test paper를 사용하여 농도를 확인한다.

⑤ 소독제는 반드시 식품과 구분하여 안전한 장소에 보관한다.

⑥ 기구류를 염소소독할 때에는 세척한 후에 사용한다.

⑦ 차아염소산나트륨을 식품 소독용으로 사용하는 경우 식품첨가물이라고 표시되어 있는 제품을 사용해야 한다.

⑧ 식기류 및 식품조리기구의 세척·소독 시에는 차아염소산나트륨, 요오드, 에틸알 코올 등을 사용한 후 세척제가 잔류하지 않도록 음용에 적합한 물로 씻어야 한다.

(2) 소독의 종류 및 방법

종류	대상	소독방법	비고
자비소독 (열탕소독)	식기 행주	• 열탕에서는 100℃ 5분 이상 • 증기소독 : 100~120℃에서 10분 이상 • 재질에 따라 　- 금속재 : 100℃ 5분, 80℃ 30분 　- 사기·토기 : 80℃ 1분 　- 천류 : 70℃ 25분, 95℃ 10분, 160~180℃ 15~16초	그릇을 포개서 소독할 경우 끓이는 시간을 연장
건열소독	식기	• 160~180℃에서 30~45분간	
자외선 소독	소도구 용기류	• 살균력이 가장 강한 2,537Å의 자외선에서 30~60분간 조사 • 기구 등을 포개거나 엎어서 살균하지 말고 자외선이 바로 닿도록 배치	자외선은 빛이 닿는 부분만 살균됨에 유의
화학소독	작업대 기기 도마 생채소 과일	• 염소용액 소독 　- 생채소·과일의 소독 : 50~75ppm의 유효 염소가 함유된 염소용액에 최소 5분간 침지 　- 발판소독조 : 100ppm 이상 　- 식품 접촉면의 소독 : 100ppm 1분 이상 • 요오드용액(기구·용기 소독) 　- pH5 이하, 실온, 요오드 25ppm이 함유된 용액에 최소 1분 침지 • 70% 에틸알코올 소독(손·용기 등) 　- 분무하여 건조 • 기타 소독제 　- 소독제의 용도와 희석배율에 맞게 사용	세척제가 잔류하지 않도록 음용에 적합한 물로 씻은 후 사용

(3) 소독액 제조법

가. 차아염소산나트륨

- 식품접촉기구 표면소독 : 100ppm
- 채소, 과일의 소독 : 50~75ppm
- 소독제 농도 환산법

$$\frac{희석농도(ppm)}{1,000,000} = \frac{소독액의\ 양(ml)}{물의\ 양(ml)} \times 소독액의\ 유효염소농도(\%)$$

예) 락스(유효염소 4%)를 사용할 때 : 물 2ℓ 당 5㎖를 넣으면 ⇒ 유효잔류염소농도 100ppm

나. 요오드

- 도마, 칼 등 식품접촉기구 표면 소독 : 25ppm

예) 요오드액(1.75% 농도)을 사용할 때 : 물 1ℓ 당 1.5㎖를 넣으면 ⇒ 요오드 25ppm

다. 알코올

- 도마 · 장갑 · 손 및 기구소독

예) 에틸알코올(99% 농도)을 사용할 때 : 에틸알코올 7컵+물 3컵 ⇒ 70% 알코올

(4) 기구 세척 · 소독 방법

가. 세척 및 소독의 일반원칙

- 세척하기 전에 소독이 끝난 용기 받침선반 등 필요기구를 미리 준비한다.
- 수동으로 세척 및 소독을 할 경우에는
  - 1단계 : 40℃ 정도의 먹는 물로 기구 및 용기에 붙은 음식물 찌꺼기를 씻어내고 애벌세척한다.
  - 2단계 : 수세미에 세제를 묻혀 이물질을 완전히 닦아낸다.
  - 3단계 : 40℃ 정도의 흐르는 물에 세제를 충분히 씻어낸다.
  - 4단계 : 열탕 · 약품 · 자외선 소독 등 적절한 방법으로 소독한다.
- 식기세척기를 사용할 경우에는 음식물 찌꺼기를 제거하고 식기세척기에 급식기구 및 용기를 투입하면 세척 · 헹굼 · 소독이 자동적으로 이루어진다.

- 소독 후에는 식품 접촉면을 공기로 건조하거나 청결히 보관할 수 있는 찬장이나 보관고에 넣어둔다. (가급적 행주를 사용하지 않는다.)

나. 식품과 직접 접촉하는 기구의 세척 및 소독방법

조리대(검수대, 작업대, 싱크대) 및 세미기, 무침기

구분	방법 및 주기	비고
세척	• 주기 : 1회/일 이상, 사용 후 • 세제 : 중성, 약알칼리성 세제 • 방법 - 주변을 정리한 후 40℃ 정도의 먹는 물로 씻는다. - 수세미에 세제를 묻혀 상단, 옆부분, 받침대를 포함한 아래 부분을 골고루 문지른다. - 작업찬장의 경우 구석, 모서리 부분까지 깨끗이 씻어낸다. - 40℃ 정도의 먹는 물로 잔류세제를 닦아낸다. - 물 빠짐이 안 되는 경우(찬장 등) 청결한 행주를 사용하여 물기를 닦아낸다.	
소독	• 약품소독 - 요오드액(25ppm) 또는 염소액(100ppm)을 구석까지 빈틈없이 분무하고 1분 이상 자연 건조시킨다. - 혹은, 알코올(70%) 분무 후 자연 건조시킨다.	

도마, 칼

구분	방법 및 주기	비고
세척	• 주기 : 사용 후 • 세제 : 중성 · 약알칼리성 세제 • 방법 - 40℃ 정도의 먹는 물로 깨끗이 씻은 후(도마는 전용 솔 이용), 수세미에 세제를 묻혀 잘 씻는다. - 40℃ 정도의 먹는 물로 세제를 씻어낸다.	
소독	• 약품소독 - 도마 : 염소액(50ppm)에 장시간 침지 후 먹는 물로 씻어내어 건조시킨다. - 칼 : 요오드액(25ppm)에 5분 이상 침지 후 먹는 물로 씻어내어 건조시킨다. • 열탕소독 : 100℃에서 5분 이상 소독한다. • 자외선소독 : 자외선 소독고에 30~60분간 소독한다. • 소독 후 청결한 보관고에 보관한다.	• 소독조에 담가두는 것도 가능 • 열탕소독 가능

가스, 기기류(가스그릴 등)

구분	방법 및 주기	비고

세척
및
소독
	• 주기 : 1회/주, 사용 후
	• 세제 : 중성세제
	• 방법
	  − 가스밸브를 모두 잠근다.
	  − 상판이나 외장은 사용할 때마다 세척한다.(물이 들어가지 않도록 주의)
	  − 버너 밑에 있는 물 받침대, 용기 받침대 등 분리가 가능한 것은 전부 분리하여 세제를 사용하여 세척한다.
	  − 세척액을 헹군 후 건조시킨다.(기름을 발라 녹이 슬지 않도록 함)
	  − 가스 호스, 콕, 가스개폐 손잡이 등에는 기름때 제거용 세제를 분무하여 지시된 시간만큼 방치했다가 뜨거운 물을 천에 적셔 닦아낸다.
	  − 버너는 불구멍이 막히지 않도록 솔을 사용하여 가볍게 닦는다.(먼지, 물이 들어가지 않도록)	

냉장 · 냉동고 및 전기 소독고

구분	방법 및 주기	비고

세척
및
소독
	• 주기 : 1회/주
	• 세제 : 중성, 약알칼리성 세제
	• 방법
	  − 전원을 차단한다.
	  − 냉장고의 내용물은 다른 냉장고로 옮긴 후 성에를 제거한다.(식기 소독 보관고는 식기를 넣기 전 비어 있을 때 세척한다)
	  − 선반을 분리한 후 스펀지에 세제를 묻혀 냉장고 내벽, 문, 선반을 닦고 40℃ 정도의 먹는 물로 씻어낸다.
	  − 염소소독(100ppm)한 후 깨끗한 젖은 행주로 씻어내고 소독된 행주로 물기를 닦아낸다.
	  − 기계부분의 먼지나 더러움은 매일 제거해 항상 청결한 상태를 유지한다.
		• 냉장고: 수시로 냉장 · 냉동온도 점검
		• 전기소독고 : 온도조절기, 표시등, 고무패킹, 히터상태, 작동이상

행주

구분	방법 및 주기	비고

세척
및
소독
	• 주기 : 1회/일 이상
	• 세제 : 중성, 약알칼리성 세제
	• 방법
	  − 사용한 행주를 흐르는 물에 3회 정도 씻는다.
	  − 세척제로 세탁하여 흐르는 물 또는 40℃ 정도의 먹는 물로 세척제를 씻어낸다.
	  − 행주 전용 냄비로 100℃에서 10분 이상 삶는다.
	  − 청결한 장소(일광, 바람이 잘 통하는 곳)에서 건조
		• 가급적 사용을 제한하며, 용도를 구분하여 사용
		• 전용 보관고에 용도별로 수납

고무장갑

구분	방법 및 주기	비고

세척 및 소독	• 주기 : 작업 전환 시마다, 개인위생 준수사항에 따라
	• 세제 : 중성세제
	• 방법
	  – 흐르는 물에 손을 비비며 씻어 이물질을 제거한다.
	  – 세제를 묻혀 팔목 부분까지 안과 밖을 닦는다.
	  – 손바닥 면의 요철이 있는 부분은 전용솔을 사용하여 깨끗이 씻는다.
	  – 40℃ 정도의 온수로 깨끗이 헹군다.
	  – 염소소독(100ppm) 또는 요오드(25ppm), 알코올(70%) 분무 후 자연건조시킨 후 청결한 보관고에 겹치지 않도록 보관한다.
		• 전처리용, 조리용, 세척용으로 구분하여 사용

수세미

구분	방법 및 주기	비고

세척 및 소독	• 주기 : 1회/일 이상, 필요시마다
	• 세제 : 중성 · 약알칼리성 세제
	• 방법
	  – 사용한 수세미는 먹는 물로 씻은 후 세정용액에 담근다.
	  – 40℃ 정도의 먹는 물로 세제를 헹구어낸다.
	  – 전용 용기에 열탕소독(100℃에서 5분 이상)한다.
	  – 충분히 탈수한 후 청결한 장소에서 건조(일광이 적당하지 않을 경우 통풍이 잘 되는 곳)한다.
		• 식기세척용, 조리기구용, 청소용으로 구분 사용, 관리한다.

저울

구분	방법 및 주기	비고

세척 및 소독	• 주기 : 1회/일 이상 필요시마다
	• 세제 : 중성 · 약알칼리성 세제
	• 방법
	  – 받침대와 바퀴에 주의하여 표면의 찌꺼기를 40℃ 정도의 먹는 물로 헹구어낸다.
	  – 세제를 스펀지로 문지르고 깨끗한 젖은 행주로 씻어낸다.
	  – 요오드(25ppm) 소독을 한 후 건조시킨다.
	  – 전자저울 : 표면의 찌꺼기를 먹는 물로 씻어내고 행주에 세제를 묻혀 오물을 닦아낸 후 깨끗한 행주에 먹는 물을 적셔 세제를 제거한다.(70% 알코올 분무 소독)
		• 전자저울 세척 시 내부로 물이 들어가지 않도록 주의

식기세척기

구분	방법 및 주기	비고

세척 및 소독	• 주기 : 1회/일 이상
	• 세제 : 중성 · 약알칼리성 세제
	• 방법
	  – 오물여과 받침, 커튼 등을 분리해 세제로 청소한다.
	  – 찌꺼기가 남기 쉬운 세척기 내 · 외부를 호스를 이용하여 청소한다.
	  – 세척기 내 노즐은 정기적으로 청소하여 물 분사가 용이하도록 한다
	  – 커튼은 염소소독(100ppm)을 한다.
	  – 건조, 환기를 위하여 측면을 열어둔다.
		• 스케일 제거
		• 물을 받고 세척기 안에 스케일 제거제를 끼얹은 후 10~20분 정도 스팀을 올려준다.

08 환경 위생관리

　주방의 구조물, 장비, 기구 및 하수구를 포함한 모든 시설 · 설비는 깨끗하게 청소 · 소독하여야 하며, 위생해충이 서식 또는 출입하지 못하도록 관리되어야 한다. 이 장에서는 청소계획, 폐기물처리, 위생해충구제 방법 등에 대하여 설명하였다.

(1) 청소계획

　식품, 특히 원재료의 오염을 막기 위하여 모든 장비와 기구는 일별, 주별, 월별, 연간으로 청소계획을 수립하여 정기적으로 실시하며 청소와 소독과정에 대한 작업기록을 작성 · 비치한다.

시기	청소구역	비고
일별	• 주걱, 국자, 집게, 대스푼, 수저, 도마 등 • 주방 및 식당 • 벽 및 바닥 • 배수구 및 트랜치, 그리스 트랩 • 식품보관실 및 화장실	
주별	• 각종 기기류 • 배기후드, 덕트 청소 • 보일러 및 가스, 기화실 • 조명 · 환기설비	지정일(1회 이상) 지정일(1회 이상) 지정일(1회 이상)
월별	• 유리창 청소 및 방충망 청소 • 식품보관실 대청소(월 1회, 쌀 입고 전) – 소독, 청소 시 가스배관 및 밸브부분 유의 점검 후 청소	

| 연간 | • 식자재 납품업체 위생상태 점검
• 그릇 및 기기 스케일 제거(약품 사용)
• 위생 관련 시설 · 설비 · 기기 점검 및 보수 | 연 1회 이상
연 2회
연 2회 |

(2) 청소방법

가. 내부바닥

① 청소장비 : 수세미, 대걸레나 자루 각솔, 물통, 쓰레기통, 빗자루 등

② 세척제 : 중성세제

③ 소독제 : 차아염소산나트륨(락스)

④ 청소주기 : 매일 1회 그리고 필요시

⑤ 청소방법

- 청소 시작 전에 청소할 부분을 정돈한다.
- 빗자루로 바닥의 쓰레기를 제거하여 쓰레기통에 넣는다.
- 중성세제를 뿌린 뒤 대걸레나 자루 각솔로 바닥의 구석구석을 문지른다.(주의 : 바닥의 모서리가 더러운 정도에 따라, 자루 각솔 대신 수세미를 사용할 수도 있다.)
- 바닥에 호스로 물을 끼얹어 세척액을 제거한다.
- 희석된 차아염소산나트륨(락스 200ppm)를 뿌려준다.
- 물만 뿌려 바닥을 헹군다.
- 물을 제거하고 바닥을 건조시킨다.

나. 세면대

① 청소장비 : 수세미, 물통, 쓰레기통, 물바가지 등

② 세척제 : 중성세제 등

③ 청소주기 : 매일 1회 그리고 필요시

④ 청소방법

- 세면대의 배수구에서 찌꺼기를 제거한다.
- 세면대의 수도꼭지를 포함한 모든 표면에 중성세제를 뿌려 수세미로 가볍게 닦는다.
- 물바가지로 깨끗한 물을 모든 표면에 뿌려 세척액을 제거한다.
- 물기를 제거하여 얼룩이 남지 않도록 한다.

다. 배수구

① 청소장비 : 수세미, 물호스, 청소용 고무장갑, 쓰레기통 등

② 세척제 : 중성세제

③ 소독제 : 차아염소산나트륨(락스 200ppm)

④ 청소주기 : 매일 1회

⑤ 특별지시 : 세척하기 전에 반드시 고무장갑을 착용한다.

〈청소방법〉

A단계 : 배수구 덮개

- 배수구 덮개를 떼어 배수구 내의 찌꺼기를 제거한다.
- 배수구 덮개에 세척액을 뿌린 후 2~3분간 그대로 둔다.
- 깨끗한 물로 씻어 내린다.

B단계 : 트렌치

- 찌꺼기를 쓰레기통에 버린다.
- 세척액을 전체 하수도에 가한 후 2~3분간 그대로 둔다.
- 깨끗하게 수세미로 닦는다.
- 깨끗한 물로 씻어 내린다.
- 차아염소산나트륨(락스 200ppm)을 가한 후 그대로 둔다.

라. 유리창/창틀

① 청소장비 : 청소용 행주, 수세미

② 세척제 : 중성세제

③ 청소주기 : 월 2회

④ 청소방법
- 희석된 세척액을 적신 수세미로 닦는다.
- 깨끗한 물을 적신 청소용 행주로 닦은 후 그대로 건조시킨다.
- 여분의 물기를 제거하고 싶으면 마른 청소용 행주를 사용한다.

마. 천장

① 청소장비 : 청소용 행주, 사다리 등

② 세척제 : 중성세제

③ 청소주기 : 매 3개월마다

④ 특별지시 : 세척작업을 하기 전에는 항상 전기함이 꺼진 상태로 닫혀 있는지 확인해야 한다.

⑤ 청소방법

- 희석된 세척액(중성세제)을 적신 청소용 행주로 문지른다.
- 남겨진 얼룩들을 수세미로 가볍게 닦아 제거한다.
- 깨끗한 물을 적신 청소용 행주로 닦은 후 그대로 건조시킨다.

바. 배기후드

① 청소장비 : 수세미, 청소용 행주

② 세척제 : 일반 세척용, 기름때 제거용 세제 등

③ 청소주기 : 주 1회

④ 청소방법

- 청소를 시작하기 전 후드 아래쪽 조리기구들을 비닐로 덮어둔다.
- 표면에 기름때 제거용 세제를 분무한 후 약 5분가량 그대로 둔다.
- 물에 적신 청소용 행주로 그리스 카터를 닦아낸다.
- 세척액을 적신 수세미로 잘 지워지지 않는 얼룩들을 제거한다.
- 세척액을 헹군 후 깨끗한 마른 청소용 행주로 건조시킨다.
- 광택제를 분무하여 광택을 내어둔다.

09 폐기물 처리

음식과 관련된 폐기물은 수분과 영양성분이 많아 쉽게 상하고 오수와 악취가 발생되며 환경오염을 유발시키므로 관리에 유의해야 한다.

폐기물관리법의 규정에 의거 감량의무사업장으로 분류되어 규제를 받고 있으므로 자가 처리방법 또는 재활용을 높이는 효과적인 수거체계를 확립하여야 한다.

10 일반 관리사항

① 쓰레기 및 잔반은 가급적 장시간 방치되지 않도록 한다.

② 쓰레기는 쓰레기통, 잔반은 잔반 수거통 외의 다른 곳에 함부로 방치하면 안 된다.

③ 쓰레기 및 잔반의 운반처리를 원활하게 하기 위하여 전용 운반도구 또는 기타 적절한 도구를 사용한다.

④ 쓰레기 또는 잔반의 장시간 보관 시 환기가 잘 되는 곳에 보관하고 수거한 후에는 세척 및 소독을 실시한다.

⑤ 쓰레기 처리 장소는 쥐나 곤충의 접근을 막을 수 있도록 하여야 하며, 정기적으로 구충ㆍ구서작업을 실시한다.

⑥ 쓰레기 및 잔반은 수거통의 2/3 이상을 담지 않도록 하여 운반 시 넘치거나 흘리지 않도록 유의한다.

⑦ 쓰레기통은 뚜껑 달린 페달식으로 비치하고, 배식시간 동안에는 쓰레기통 및 잔반통이 손님들에게 보이지 않게 한다.

⑧ 쓰레기통 및 잔반통은 작업도구로 사용하지 않는다.

⑨ 주방 쓰레기통, 잔반통, 일반 쓰레기통은 각각 분리하여 사용한다.

⑩ 재활용이 가능한 쓰레기는 급식소 이외의 장소에 별도로 둔다.

〈쓰레기통 재질 및 관리〉

① 쓰레기통 및 잔반수거통은 흡수성이 없으며, 단단하고 내구성이 있어야 한다.

② 쓰레기통 및 잔반수거통은 반드시 뚜껑을 사용하며, 악취 및 액체가 새지 않도록 파손된 부분이 없어야 한다.

③ 쓰레기통 내부와 외부를 중성세제로 씻어 헹군 후, 차아염소산나트륨(200ppm)으로 소독한다.

④ 세척 또는 소독 시에 조리실 내부가 오염되지 않도록 주의한다.

11 해충구제

(1) 방충 · 방서대책

조리실 및 식품보관실의 창문과 출입구 등에는 파리 등 위생해충 및 쥐를 막을 수 있는 적절한 설비를 갖추고, 충분한 크기의 덮개가 있는 폐기물 용기를 비치한다.

(2) 방충시설

① 출입구에는 자동문이나 용수철이 달린 문 등을 설치하여 항상 닫아두어야 한다.
② 에어커튼을 설치할 경우 풍속이 약하면 위생곤충이 유입될 수 있으므로 유의하고, 바람은 출입문 바깥을 향해 15° 각도를 유지하도록 설치한다.
③ 창문, 환기시설 등에는 방충망을 설치하여야 한다.

(3) 방서구조 및 시설

① 내벽 : 바닥 및 지붕과의 경계면에 길이 15cm 이상의 금속판을 부착한다.
② 문 : 아랫부분에 15cm 이상의 금속판 부착 및 자동개폐장치를 설치한다.
③ 창문 : 지면에서 90cm 이상 높이에 위치하도록 하고, 폭 0.8cm 이하의 철망을 설치한다.
④ 환기 · 배기구 : 폭 0.8cm 이하의 철망을 설치한다.

(4) 관리방안

① 방역회사와 계약을 체결하여 정기적으로 소독을 실시한다.
② 전격식 살충기는 저전압용과 고전압용이 있으며, 고전압 유인살충 등은 죽은 곤충류가 낙하하여 식품에 혼입될 우려가 있으므로 야간 점등 시 바깥으로 살충기의 불빛이 보이지 않는 곳에 설치하고, 식품이 노출된 곳에서는 사용하지 않는 것이 좋다.
③ 위생해충의 방제를 위하여 전염병 예방법령에 따라 하절기는 2개월, 동절기는 3개월마다 1회 이상 허가받은 방역업체에 의뢰하여 조리시설 소독을 실시한다.

12 쥐와 해충의 구제

해충에 대한 화학적, 물리적 또는 생물학적 약품처리를 포함한 관리는 전문방역업체의 감독하에서 이루어져야 하고, 살충제 사용에 대한 적절한 기록이 유지되어야 한다. 쥐·해충 등이 서식할 수 없도록 필요한 조치를 하여야 한다.

① 서식장소를 완전히 없애 산란 또는 어미벌레 등이 서식하지 못하게 하여야 한다.

② 애벌레 또는 어미벌레 등의 발생이나 출입을 막기 위하여 적절한 시설을 갖추어야 한다.

③ 쥐잡기, 벌레잡이용 약제를 사용하여 쥐·벌레 등을 없애야 한다.

④ 쥐·벌레 등의 먹이가 되는 고인 물, 음식물 찌꺼기 등을 제거하여야 한다.

13 살충제 사용방법

① 살충제는 다른 예방책이 효과적으로 이용될 수 없을 경우에만 사용해야 한다.

② 살충제를 사용하기 전에 모든 식품, 장비 및 기구가 오염되지 않도록 주의를 기울여야 한다.

③ 살충제를 사용한 후 오염된 장비와 기구는 다시 사용하기 전에 충분히 세척하여 잔류물질을 제거해야 한다.

14 유해물질의 보관

① 살충제나 사람의 건강에 위해를 줄 수 있는 기타 유해물질은 그 독성과 용도에 대한 경고문을 표시하며, 물질안전보건자료를 비치하고 사용자 교육을 실시한 후 기록을 유지하여야 한다.

② 유해물질은 자물쇠가 채워진 전용구역이나 캐비닛에 보관해야 하며, 적절하게 훈련받은 위임된 사람에 의해 처분 및 취급되어야 하고, 식품에 오염되지 않도록 최대한 주의를 기울여야 한다.

③ 위생 목적에 필요한 경우를 제외하고, 식품을 오염시킬 수 있는 어떠한 물질도 식품취급지역에서 사용하거나 보관하여서는 아니 된다.

15 식중독을 예방하자

식중독이란 박테리아, 균류, 식물에서 생성된 독소 또는 화학적인 물질이 오염된 음식을 섭취하여 생기는 질병이다. 식중독의 임상적 평가는 식품 감염과 중독을 구별하여 진단한다. 식품 감염은 병원체가 증식된 식품을 섭취함으로써 발생하며, 박테리아에 의한 식중독은 화학적 오염, 식물, 균류, 생선, 해산물 등에 의하여 발생한다. 베이커리카페 주방에서의 위생관리는 경영에서 매우 중요한 부분을 차지한다. 종사원들은 위생의 중요성을 알고 세균이 많은 손의 청결을 위해 손 씻기부터 시작해서 원자재 관리, 사용 중인 기물관리, 주방관리 등 식중독이 일어날 수 있는 모든 원인을 사전에 차단해야 한다. 따라서 베이커리카페의 식중독 발생에 대한 원인과 예방수칙을 준수하고 반드시 지켜야 하며, 단 한번의 큰 실수로 식중독 사고가 발생하면 베이커리카페의 이미지에 대한 고객들의 불신과 매출 하락으로 경영에 큰 타격을 받을 수 있음을 명심해야 한다.

온난화의 영향으로 더운 날이 많아졌기 때문에 특히 위생관리에 많이 신경 써야 한다. 고온다습한 날씨 탓에 박테리아나 바이러스 등이 빠르게 번식하기 때문이다. 이런 유해세균이나 바이러스를 음식 등을 통해 섭취할 경우 독소형 질환인 식중독에 걸릴 위험이 커진다. 복통, 구토, 발열 등의 증상을 유발하는 식중독을 예방하기 위해서는 원칙을 지킨다.

① 손은 30초 이상 꼼꼼히 씻는다

손만 잘 씻어도 식중독의 70%를 예방할 수 있다. 화장실에 다녀온 후, 음식 만들기 전, 식사 전에는 흐르는 물에 손을 제대로 씻어야 한다. 올바른 손 씻기는 비누나 세정제를 사용해 손바닥뿐 아니라 손등, 손가락 사이, 손톱 밑 등을 30초 이상 꼼꼼하게 씻는 것이 중요하다.

② 고객에게 제공되는 모든 음식은 충분히 가열한다

식중독균은 일반적으로 고온에서 증식이 억제된다. 따라서 조리할 때 85℃ 이상의 온도에서 1분 이상 가열한 후 제공하는 것이 좋으며, 특히 달걀, 유제품, 소스류 등은 냉장고에 보관한다 해도 제품이 상할 위험이 있으므로, 유통기한을 철저히 지키는 것이 식중독 예방에 도움이 된다.

③ 음식은 분리 보관한다

음식 간의 식중독균 전염을 막기 위해서는 조리한 음식과 익히지 않은 날음식 간의 접촉을 피해야 한다. 특히 익히지 않은 육류의 경우 많은 균이 있기 때문에 날음식을 놓은 곳에는 익힌 음식이나 곧 섭취할 음식을 놓지 말고, 장소를 분리해서 보관해야 한다.

④ 조리 후 1시간 이내에 냉장 보관한다

여름철에 조리한 음식을 상온에 보존하면 세균이 증식해 독소가 만들어질 수 있다. 따라서 먹고 남은 음식은 조리 후 1시간 이내에 냉장 보관하는 것이 좋으며, 냉장고에 보관할 때는 식품의 특성과 냉장고 온도, 보관량, 보관기간 등을 신경 써야 한다.

⑤ 식재료 관리를 잘해야 한다

식재료를 구매한 후에는 최대한 빠른 시간 내에 사용해야 하며, 선입선출을 반드시 지켜야 한다. 유통기한이 짧은 유제품류, 달걀, 햄 등은 가급적 필요한 만큼만 구매한다.

⑥ 판매하는 상품관리가 중요하다

베이커리카페에서 판매하는 모든 제품은 유효기간을 지켜야 한다. 기간이 지난 상품은 반드시 버리고 유효기간이 남아 있더라도 신선도가 떨어지거나 냄새가 나면 세균증식이 진행될 수 있기 때문에 판매하지 않는 것이 좋다.

⑦ 개인위생 관리를 잘하자

위생복 착용 및 두발을 청결하게 하고 모자를 착용하며, 반지, 목걸이, 귀걸이, 시계 등 장신구를 착용하지 않는다. 또한 손에 상처가 나거나 설사, 구토, 발열 등이 나타나면 주방 출입을 금지해야 한다.

⑧ 기계류 및 기구는 청결하게 관리해야 한다

주방에서 사용하는 소도구는 세척 소독한 후에 사용해야 하며, 칼, 도마는 과일, 생선, 육류 등으로 나누어 용도에 맞게 구분하여 사용한다. 사용 후에는 깨끗이 닦고 소독 하여 칼, 도마 소독기에 보관하고 관리해야 한다.

⑨ 주방의 바닥은 청결하고 건조한 상태를 유지해야 한다

주방의 바닥에 설치된 각종 기계류 밑바닥이나 주변은 항상 깨끗하게 유지하고 싱크대 주변, 청소도구 보관함은 세균의 생식장소이므로 정기적으로 청소하고 소독해야 하며, 항상 건조한 상태를 유지하여 세균의 번식을 사전에 막아야 한다.

⑩ 쓰레기 관리를 잘하자

주방에서 나오는 쓰레기는 분리수거하여 근무가 끝나면 주방에 두지 않고 바로 쓰레기장으로 이동시켜 보관한다. 식중독을 예방하기 위해서는 매일 체크하는 것이 매우 중요하며, 체크사항은 다음과 같다.

식중독 예방 일일 체크리스트

베이커리카페명 :

점검일자 :   년   월   일   시간 (:   )

구분	점검사항	평가		점검자 의견
		적	부	
1. 개인위생	설사 · 발열 · 구토 및 화농성 질환 여부			
	가족 및 동거인의 상기질환 여부			
	위생모 · 위생복 · 작업화 등의 청결 여부			
	손 세척 및 소독의 필요 숙지 여부			
	손톱의 청결 및 장신구(반지 등) 착용 여부			
	종업원의 심리적 안정상태 여부			
2. 원료 및 조리 · 가공 식품 취급	부패 · 변질 및 무신고(허가), 무표시제품 등 사용 여부			
	저장조건, 포장 · 용기 등의 적정상태			
	교차오염 방지를 위한 구분보관 여부			
	적정보관 온도 준수 여부			
	유통기한이 경과된 제품 진열 · 보관 또는 조리 · 가공 등 재사용 여부			
	가열조리식품의 신속냉각 및 적정 보관 여부			
	과채류 등 원료의 절단 시 세척 선행 여부			
	식품 제조 · 가공 · 조리 시 마스크 착용 여부			

구분	점검사항	평가		점검자 의견
		적	부	
3. 조리·가공 설비 및 시설	작업장 내부 수세시설 및 소독시설의 구비 및 작동 여부			
	방충, 방서 및 이물혼입 방지 여부			
	작업장 바닥의 물고임 방지 및 배수구 개폐용이 여부			
	칼·도마·행주 등 조리기구 및 설비 등의 적정 세척, 소독 여부			
	작업장 바닥의 물고임 방지 및 배수구 개폐용이 여부			
	쓰레기 및 쓰레기장의 청결관리 여부			

점검자(위생관리책임자)

16 일일 위생점검현황

베이커리카페 주방 등의 위생 및 청결상태를 점검하여 기록하는 표 형식의 문서를 말한다. 일일 위생점검표를 작성하는 담당자는 종사원의 위생상태, 식품취급, 주방의 청결상태 등에 대한 항목별 해당 내용을 기록한다. 그 밖에 상부의 확인을 받을 수 있는 결재란을 별도로 마련하도록 한다. 일일 위생점검표는 주방의 시설현황 및 상태를 한눈에 파악할 수 있고, 이상이 생겼을 시 즉시 적절한 조치를 취할 수 있는 중요한 자료가 된다.

일일 위생점검현황

번호	점검내용	월	화	수	목	금
		점검자	점검자	점검자	점검자	점검자
	1. 종사원 위생관리					
1	지정한 청결한 위생복, 위생모, 위생(장)화 착용					
	위생모는 머리카락을 완전히 덮어야 함					
2	연 1회 이상 건강진단(장티푸스, 폐결핵, 전염성 피부질환 등의 항목)을 실시하고 건강진단 결과서 보관					

번호	점검내용	월	화	수	목	금
		점검자	점검자	점검자	점검자	점검자
3	손에 상처가 있을 때 근무하지 않음					
	반지, 목걸이, 귀걸이, 시계 등의 장신구 착용 금지					
	매니큐어를 바르지 않고 손, 손톱 등은 항상 청결하게 유지					
4	정기적으로 실시한 안전 및 위생관리 교육 일지를 보관함(위생교육 실시기록, 참석자, 서명 등 확인)					
	2. 주방관리					
5	주방 바닥은 물이 고이지 않고 잘 흐르도록 함					
	주방 바닥은 타일, 콘크리트 등으로 내수처리, 파손되지 않도록 주의					
	가스레인지의 기름때 및 오염물 수시로 제거					
	주방 개수대, 싱크대 등의 청결유지					
6	배수로, 배수구, 배수관 등의 시설에 오수 및 쓰레기가 퇴적되지 않게 설치					
	누적 찌꺼기 발생 여부 확인하여 냄새나지 않도록 청결하게 관리					
7	외부 오염 차단 위해 주방 출입 시 손 세척 및 소독 후 입실					
8	가스, 증기 등을 환기시킬 수 있는 시설을 설치					
	환기시설은 파손된 부분이 없어야 하며, 먼지가 쌓이지 않게 청결하게 관리					
	3. 냉장·냉동고 관리					
9	냉장·냉동고가 정상적으로 작동하는지 정기적으로 확인					
10	냉장·냉동고 안의 식재료는 정기적 유통기한 점검 및 관리					
11	유통기한이 지난 원료를 식품조리에 사용하지 말아야 함					
12	냉장·냉동고에 온도계를 부착하고 적정온도를 유지하도록 관리(냉장고 5℃ 이하, 냉동고 −18℃ 이하)					

번호	점검내용	월 점검자	화 점검자	수 점검자	목 점검자	금 점검자
	4. 식재료 보관관리					
13	원재료보관실 내부(바닥, 벽, 진열대 등)에 거미줄, 오물, 쓰레기 등이 없도록 관리					
14	식재료의 영수증, 거래명세서 등 원산지 증명서류 포함 구매 관련서류 보관					
15	식재료의 구입날짜 등을 기록, 먼저 구입한 재료와 나중에 구입한 재료를 구분하여 사용					
16	정기적으로 실시한 안전 및 위생관리 교육 일지를 보관함(위생교육 실시기록, 참석자 서명 등 확인)					
17	**5. 교차오염 방지** 냉장고 전체 용량의 70% 이하로 채워서 사용					
18	냉장, 냉동고에 완성된 제품 보관 시 오염되지 않도록 밀봉하여 보관					
	교차오염 방지를 위해 완성되지 않은 제품은 하단, 완성된 제품은 상단에 보관					
19	세척 전의 과실 및 채소류와 세척 후의 과실 및 채소류 구분하여 보관					
	세척, 소독한 과일 및 채소류는 별도의 덮개를 덮어 보관함					
20	칼, 도마의 경우 생선, 육류, 채소류의 식자재별로 구분하여 사용					
	칼, 도마는 항상 깨끗한 상태로 세척하여 건조 후 보관한다.					
21	고무장갑은 용도별로 청소용, 조리용, 전처리용으로 색깔 등을 구분하여 사용					
22	행주는 열탕소독, 세척한 후 완전히 건조시켜 깨끗한 행주와 사용한 행주를 분리하여 보관, 사용					
	6. 음식물 쓰레기 취급관리					
23	뚜껑이 부착된 쓰레기통 사용					
	침출수 발생 및 쓰레기가 넘치지 않도록 쓰레기통 주변을 청결히 관리					

번호	점검내용	월	화	수	목	금
		점검자	점검자	점검자	점검자	점검자
24	음식물 쓰레기와 일반 쓰레기를 철저히 분리하여 배출					
	음식물 쓰레기는 반드시 수분 제거 후 배출					
	세제·표백제 등 독성물질이 유입되지 않도록 관리					
	깨끗한 상태에서 유지·관리하여 빠른 시간에 수거·운반					

17 주방에서 사용하는 화학물질의 안전관리

베이커리카페에서 근무하는 종사원은 주방에서 사용하는 각종 세제 등 화학물질에 대해 명칭, 유성분, 취급방법 등을 알고 있어야 한다. 또한 화학물질은 지정된 별도의 장소에 안전하게 보관하고 관리해야 하며, 자료는 작업장 내에 게시해 놓아야 한다.

물질안전보건자료(MSDS, Material Safety Data Sheet)는 미국 노동부 산하 노동안전위생국(OSHA, Occupational Safety & Health Administration)이 1983년 약 600여 종의 화학물질이 작업장에서 일하는 근로자에게 유해하다고 여겨서 이들 물질의 유해기준을 마련하고자 한 것에서 기인하였다. 국내는 「산업안전보건법」 제41조(물질안전보건자료의 작성·비치 등)에 근거하여 화학물질을 제조, 수입, 사용, 운반, 저장하고자 하는 사업주가 MSDS를 작성 비치하고, 화학물질이 담긴 용기 또는 포장에 경고표지를 부착하여 유해성을 알리며, 근로자에게 안전보건교육을 실시하는 제도로써, 화학물질로부터 근로자의 안전과 건강을 보호하고 사고에 신속하게 대응하도록 하기 위하여 1996년 7월 1일부터 시행된 제도이다.

물질안전보건자료란 화학물질에 대하여 유해위험성, 응급조치요령, 취급방법 등 16가지 항목에 대해 상세하게 설명해 주는 자료를 말한다. ILO의 「화학물질조약」(제170호 조약)에서는 CSDS(Chemical Safety Data Sheet)라는 용어로 사용된다. 산업안전보건법 제41조의 규정에 의하여 화학물질을 제조, 수입, 사용, 저장, 운반하고자 하는 자는 MSDS를 작성, 비치 또는 게시하고, 화학물질을 양도 또는 제공하는 자는 MSDS를 함께 제공토록 하고 있다.

〈물질안전보건자료에 기재된 16가지 항목〉

1. 화학제품과 회사에 관한 정보
2. 구성성분의 명칭 및 함유량
3. 위험 · 유해성
4. 응급조치요령
5. 폭발 · 화재 시 대처방법
6. 누출사고 시 대처방법
7. 취급 및 저장방법
8. 노출방지 및 개인보호구
9. 물리 · 화학적 특성
10. 안정성 및 반응성
11. 독성에 관한 정보
12. 환경에 미치는 영향
13. 폐기 시 주의사항
14. 운송에 필요한 정보
15. 법적 규제 현황
16. 기타 참고사항

Part III

베이커리카페 창업 시
커피의 기본을 알아보자

커피의 기원과 역사

제1장

기원전 6세기, 지금으로부터 3천 년 전 커피의 기원에 대한 여러 설 중 대표적인 3가지는 마호메트설, 목동 칼디설, 오마르설 등이다.

마호메트설은 가브리엘 천사가 검정음료를 주었다는 설로 신빙성이 떨어진다. 목동 칼디설이 가장 많이 알려졌는데 에티오피아에 염소를 돌보는 목동 칼디가 있었다. 어느 날 염소들이 흥분했는지 갑자기 날뛰고 춤추며 뛰어다녔고 이를 이상히 여긴 칼디는 염소들이 먹었던 빨간 열매를 따서 먹었더니 잠시 후 피곤이 풀리고 정신이 맑아지는 기분이 들었다. 칼디는 곧바로 빨간 열매를 가지고 이슬람 수도승에게 달려갔다. 이슬람 수도승은 별거 아니라며 모닥불에 커피열매를 던져버렸는데, 잠시 후 팍~ 하며 팝 현상으로 튀어 호기심에 그것을 먹어보니 맛이 좋고 기분이 좋아짐을 느끼게 되었다. 사연적으로 로스팅이 된 것이다. 그 후 '신의 선물'이라 여기며 마시게 하자 기도시간에 조는 수도승이 사라졌다는 이야기가 바로 그 유명한 칼디의 전설이다.

오마르의 전설도 전해지고 있다. 오마르는 아라비아 지역의 치료사인데, 성주의 딸이 중병으로 고생하던 중, 치료를 위해 성으로 들어와 정성껏 딸을 치료하며 돌보는 중, 성주의 딸과 사랑에 빠졌다. 당시 오마르는 평민이었기 때문에 신분이 엄격한 법에 따라 귀양을 가게 되었다. 우연히 새가 쪼아 먹는 빨간 열매를 보고 주린 배를 채우게 되었는데, 피곤함이 사라지고 활력이 생겼다. 그 후 커피로 아픈 사람을 치료하고 구제하여 금의환향했다는 설이 있다.

'커피'의 어원은 에티오피아 북부의 '카파(Kaffa)'라는 지명에서 유래되었다는 설이 유력하며, '기운을 북돋우는 것, 술' 등의 의미를 가진 아랍어 '카와(Quhwah, Kahwa)'에서 유래했다는 설도 있다. 그 후 유럽으로 전해져 이탈리아는 'caffe', 프랑스는 'cafe', 독일은 'Kaffee', 네덜란드는 'koffie', 영국은 'coffee', 일본은 네덜란드의 영향으로 '고히(コーヒー)'라고 불렀다.

커피가 야생으로 자란 아프리카 에티오피아와는 다르게 아라비아 남단에 위치한 예멘은 처음으로 커피를 경작하기 시작했다. 당시 예멘의 모카항구는 무역의 중심지였기 때문에 커피가 전 세계로 퍼져나가는 데 큰 도움이 되었다. 또한 순례를 온 이슬람교도들이 각자 자신들의 나라로 돌아갈 때 커피를 가져가 페르시아, 이집트, 시리아, 인도 등지

로 빠르게 전파되었다. 이후 유럽에도 전해졌지만 가톨릭 사제들에 의해 이교도의 음료로 배척되었다. 그런데 교황 클레멘스 8세가 커피의 맛에 매료되어 가톨릭의 음료로 세례를 주면서 유럽의 상류사회에 급속히 퍼져나갔다. 하지만 직접 경작이 아닌 수입을 통해서만 커피를 마실 수 있었던 유럽에서는 커피 묘목을 얻는 데 번번이 실패했다. 그러던 중 1616년 드디어 네덜란드의 한 상인이 커피 묘목 몇 그루를 암스테르담으로 몰래 빼돌려 1699년 인도네시아 자바섬에서 재배에 성공했다. 네덜란드는 이 커피를 유럽으로 수출해서 많은 이익을 얻었다.

프랑스는 1714년 루이 14세가 네덜란드에서 커피 묘목을 선물받아 왕실 식물원에 심었다. 이후 1723년 장교 가브리엘 마티유 드 클리외에 의해 프랑스령 마르티니크섬에 이식하여 1726년에 첫 수확했다. 이 커피는 서인도제도와 중남미 여러 나라로 퍼져나갔다.

세계 최대 커피 생산국인 브라질은 프랑스와 네덜란드가 영토 분쟁할 때 중재를 위

해 브라질 공무원이 개입되었는데, 그 공무원이 프랑스 관료 부인의 환심을 사면서 몰래 커피 묘목을 건네받았다. 이 묘목으로 인해 1727년 브라질의 커피 생산이 시작되었고, 지금은 세계 최대의 커피 생산국이 되었다.

01 우리나라 커피의 역사

우리나라는 1896년 아관파천으로 고종 황제가 러시아 공사관으로 거처를 옮겨 머물렀을 때 러시아 공사 베베르(Karl, Veber)가 건네준 커피가 최초로 마신 커피라고 전해지며, 러시아 공관에 머무는 동안 고종은 잠을 제대로 이룰 수 없었고 불안한 나날을 보내던 중 베베르 아내(독일여자)의 언니인 손탁이라는 사람에 의해 커피를 계속 제공받아 마시게 되었다. 독일은 1732년 바흐가 커피 칸타타를 작곡할 만큼 이미 커피를 즐겨 마시는 나라였다. 커피를 마신 고종은 심신이 안정되었다고 전해진다. 이후 고종은 덕수궁으로 거처를 옮기게 되었고, 정관헌이란 찻집을 세워 커피를 즐기게 되었다.

공식적으로 고종이 우리나라 커피를 처음 마신 사람이라고 했지만, 이보다 빠른 유길준은 일본/미국 유학 1호의 학자로 미국 유학을 다녀온 후 『서유견문록』이라는 책을 통해 서양 사람들은 우리나라 사람들이 숭늉을 마시듯 커피를 즐겨 마신다고 소개했다. 따라서 우리나라 영토에서 처음 커피를 마신 사람은 고종이며, 커피를 처음 마신 우리나라 사람은 유길준이라고 전해지고 있다.

커피는 서양에서 들어온 국물이라 하여 '양탕국'이라 불리었다. 그 후 손탁이라는 독일여성이 1902년 손탁호텔을 건립했는데 1층에는 우리나라 최초의 커피 하우스로 알려진 정동구락부가 있었다. 비록 특권층만 커피를 즐길 수 있는 공간이었지만 커피가 입소문을 타게 된 계기가 되었다. 일제 강점기에는 다방들이 많이 생겨났는데, 영화인이나 문학인들이 직접 경영하면서 예술인의 모임장소로 활기를 띠었다. 해방 이후 명동에 음악다방이 생기면서 서민들 가까이 자리 잡았다. 그 후 6·25전쟁 때 미군들의 군수 보급품을 통해 인스턴트커피가 시중에 유통되면서 커피의 대중화가 시작되었다.

1960년대에는 대학로에 학림다방이 문을 열었고, 1970년대에 이르러 맥스웰하우스 인스턴트커피가 만들어지면서 다방 커피가 생겨났으며, 1978년에는 커피 자판기가 생겨났다.

1980년대에 동서식품에서 맥심을 출시하여 많은 다방에서 본격적으로 원두커피를 인스턴트커피로 바꾸게 되었고, 1987년에 수입 자율화로 원두커피 시장과 더불어 캔 커피까지 시장이 확대되었다. 1990년대에는 원두커피 카페가 늘어났으며, 1997년 IMF로 원두커피 수입이 어려워지자 생두를 수입해서 직접 로스팅하는 커피회사가 생기면서 본격적으로 국내 로스팅 원두커피가 탄생하게 되었다.

이후 1999년에는 이화여자대학교 앞에 스타벅스 1호점이 문을 열면서 지금의 에스프레소 커피, 테이크아웃과 셀프 서비스 문화가 자리 잡게 되었다.

02 로스팅의 개념

로스팅이란 생두가 가지고 있는 다양한 산(Acid)들을 충분한 열과 시간으로 분해하여 우리가 즐기는 맛과 향으로 만들어내는 작업으로 로스터들은 이런 로스팅 중에 커피가 손상되지 않도록 로스팅 전 과정을 파악하고 이해하며, 적절한 열과 시간을 조절하는 것이 중요하다.

로스팅 전 생두(green bean)는 풋향, 건초향, 매운 향 등의 단순한 향과 비릿한 맛을 가지고 있다. 이러한 생두 자체로는 우리를 흥분시키거나 감동시키기에 부족하다. 생두가 진정한 커피로 변하기 위해서는 '로스팅'이라는 과정을 거쳐야 하고 그래야만 다양하고 복잡한 맛과 향을 지닌 커피로 다시 태어날 수 있다. 품질 좋은 생두를 만나면 흥분되고 호기심이 발동하여 빨리 로스팅하고 싶지만 이것 또한 생두 자체의 느낌일 뿐이다. 커피의 맛과 향은 로스터의 손길을 거쳐서 그린(green)컬러의 생두가 블랙(black)컬러로 변하기까지 우리에게 다양한 모습으로 즐거움을 주기도 하고 실망감을 주기도 한다. 원두의 컬러는 각각의 로스팅 단계에 맞는 생명을 지니고 있다.

로스팅은 생두를 몇 도에 투입하고 몇 도에 불을 줄이고 몇 도가 되면 빼는 단순한 레시피가 있다고 생각하면 아주 편안한 작업이지만, 실제로는 짧으면 6분, 길면 10여 분의 시간 동안 수많은 변수가 발생하고 로스터는 그 변수에 맞게 환경을 조절할 수 있어야 한다.

작은 생두 하나하나의 모양이 모두 다르고 상태가 다르기 때문에 같은 백에서 나온 커피라도 모든 배치는 다른 로스팅 프로파일을 갖게 된다는 생각을 갖고 로스팅을 해야 한다.

또한 커피가 지닌 진정한 맛과 향을 끌어내기 위해 가장 중요한 부분 중 하나인 커피 생두의 산지, 재배고도, 품종, 가공방법, 보관상태에 따라 다양한 맛과 향을 지니기 때문에 로스팅을 잘못하면 그 맛과 향을 변화시킬 수 있기 때문에 신중하게 해야 한다.

로스팅의 핵심은 생두가 가진 수분함량을 4~5%로 감소시킨 다음 생두조직을 최대한 벌어지게 하는 것이다.

생두는 수확하여 건조되는 과정에서 10~13% 정도 수분이 감소하며, 이러한 생두는 로스팅을 거치며 다시 4~5% 정도 감소시켜야 한다. 이렇게 생두가 가진 수분을 최대한 방출시켜 수분함량을 감소시키는 것이 로스팅(Roasting)이다. 또한 로스팅은 커피 생두에 무수히 많은 구멍으로 이루어진 조직을 확장시킴으로써 커피 고유의 맛과 향을 표출하도록 하는 과정이다. 그러나 생두가 제대로 벌어지지 않으면 떫은맛이 나는 커피콩이 된다. 적정하게 로스팅된 커피는 쉽게 부서지고 떨어뜨리면 맑은 소리가 나며, 수분함량이 적어 가볍다. 따라서 로스팅은 커피가 가지고 있는 진정한 맛과 향을 표현하는 가장 중요한 부분이다.

03 추출이란

추출기구는 다양하나 모든 기구들은 다음과 같은 과정을 거쳐 커피를 추출한다.

로스팅한 원두를 분쇄한 후 물을 주입하여 스며들게 하며, 커피를 차가운 물로 우려내는 워터드립이 있으나, 대부분은 뜨거운 물을 사용하여 커피를 추출한다.

추출 시 상큼한 맛의 성분들만 뽑는다고 해서 맛있는 커피가 되는 것이 아니고 맛있는 성분들이 떫은맛, 쓴맛 등의 좋지 않은 성분들과 조화를 이룰 때 한 잔의 맛있는 커피가 될 수 있다. 따라서 커피를 내리고자 하는 사람은 사용하는 추출기구들의 특성을 파악하고 다룰 수 있는 방법을 이해해야 하며, 다음과 같은 여러 가지 요소를 고려하여 추출한다.

- 원두의 종류(원산지)
- 원두의 신선도(로스팅한 날짜와 경과한 시간)
- 원두의 분쇄 입도
- 원두의 로스팅된 정도(시나몬 로스팅~이탈리안 로스팅)
- 사용하고자 하는 물의 종류 및 온도
- 추출시간
- 추출하고자 하는 커피의 양

04 커피 추출기구

① 이브리크(Ibriq)

터키식 커피포트(Coffee Pot)로 이브리크(Ibriq)는 두툼하고 여유로운 밑부분과 몸통의 중간부위보다 높은 곳에 위치한 주둥이 뚜껑 그리고 커피를 따를 때 잡으면 45도의 각도로 만들어주는 손잡이로 되어 있으며, 터키식 커피는 세계에서 가장 오래된 커피 추출방법으로 알려져 있다. 이브리크(Ibriq)라는 긴 손잡이가 달린 구리용기에 수작업으로 분쇄한 원두커피를 끓여서 커피가루를 가라앉힌 다음 마시는 고전적인 추출방법이다.

원두를 곱게 갈아서 추출하기 때문에 진한 맛과 강한 바디감을 느낄 수 있다는 점이 특징이며, 특히 커피가 끓어오르면서 생기는 거품이 커피 본연의 향을 깊게 하고, 미지근해졌을 때 더욱 부드럽고 진한 향을 느낄 수 있다.

② 프렌치 프레스(French Press)

유리관 안에 분쇄된 커피를 담고 뜨거운 물을 부은 다음 금속성 필터로 눌러 짜내는 수동식 추출방식. 커피가루를 끓인 물에 담가서 뽑아내는 방식으로 금속거름망이 달린 막대 손잡이와 유리그릇으로 구성돼 있다. 1.5mm 정도로 조금 굵게 분쇄한 커피가루를 포트에 넣고 물을 부어 저어준다. 그 다음 거름망이 달린 손잡이를 눌러 커피가루를 포트 밑으로 분리시킨 후 커피를 따라 마신다.

1930년대에 이탈리아에서 개발되어 프랑스에서 많은 사랑을 받은 커피 추출도구이다.

커피를 직접 뜨거운 물에 우려내어 다른 커피 추출방법에 비해 향미가 강하고 바디감이 강한 커피를 추출할 수 있으며, 커피오일 성분이 걸러지지 않고 그대로 남아 있기 때문에 약간 거친 굵기의 커피입자가 프렌치 프레스에 적합하며, 오랜 시간 원두가 담겨 있으면 커피의 쓴맛이 강해지기 때문에 한 번 추출한 커피는 바로 마시는 것이 좋다.

〈추출방법〉
① 프렌치 프레스에 커피가루 넣기
② 뜨거운 물을 붓고 3분 정도 기다리기
③ 거름망이 달린 손잡이를 눌러 원두와 커피 분리

③ 모카포트(Mocha Pot)

휴대하기 편리한 모카포트는 가열된 물에서 발생한 수증기의 압력을 이용하여 커피를 추출하는 방법으로 비교적 쉽고 간단하게 에스프레소 방식에 가까운 맛을 낼 수 있으며, 2층 구조인 상, 하부 포트와 그 사이에 커피가루를 넣는 바스켓으로 구성되어 있다.

하부 포트에 물을 넣고 가열하면 수증기가 위로 올라가 커피가루를 통과하여 상부 포트에 에스프레소가 생기는 방식으로 모카포트는 1933년 이탈리아의 알폰소 비알레티(Alfonso Bialetti)에 의해 개발되었고, 대중적인 가정용 에스프레소 머신으로 이탈리아에서는 모든 가정에 비치되어 있다고 할 정도이다.

모카포트로 추출한 커피는 압력이 낮아 에스프레소 특유의 크레마는 적지만 진한 맛과 무게감을 느낄 수 있다.

〈추출방법〉
① 바스켓에 커피가루를 넣기
② 하부 포트에 뜨거운 물 붓기
③ 하부 포트에 바스켓을 끼워 넣고, 상부 포트와 하부 포트 연결
④ 불에 올려 가열

④ 멜리타(Melitta)

가장 자연적인 방식. 중력의 원리를 이용해 뜨거운 물을 천천히 부어 추출하는 필터식 추출방식으로 '멜리타(Melitta Bentz)'라는 독일 여성이 개발했다. 깔때기 모양의 드리퍼는 여과지를 받쳐주는 받침대로 물이 원활하게 흐를 수 있도록 경사지게 만들고 홈을 판 형태다. 이 홈은 물길 역할을 하는 동시에 필터와 드리퍼가 밀착되어 커피액이 역침투하는 것을 방지해 준다. 드리퍼로는 강화 플라스틱 소재로 만든 제품이 많이 쓰인다. 도자기 제품도 있으나 깨지기 쉽고 가격도 상대적으로 비싸기 때문에 많이 사용하지는 않는다.

⑤ 사이펀(Siphon, Syphon)

사이펀은 일본에서만 통용되는 이름이며, 증기의 압력, 물의 삼투압 현상을 이용해 추출하는 진공식 추출방식으로, 1840년경 스코틀랜드 해양학자인 로버트 네이피어(Robert Napier)가 진공식 추출기구를 개발한 후, 일본 고노사에서 '사이펀'이라는 이

름을 붙여 상품화한 데서 이 기구가 유래되었다. 화려한 추출기구로 유명한 사이펀은 진공흡입 추출방식으로, 커피를 추출하는 데 시간이 많이 걸리고 약간 번거롭다는 단점이 있지만 커피의 향이 좋고, 산뜻하고 깨끗한 맛을 낼 수 있는 것이 특징이다.

상, 하단 두 개의 유리용기로 되어 있고, 수증기의 압력으로 하단 용기의 끓는 물을 커피가루가 있는 상단으로 끌어올리고 다시 커피물이 필터를 거쳐 하단으로 내려오게 하여 추출하는 방식이다.

〈추출방법〉
① 상단 용기에 커피가루 넣기
② 하단 용기에 뜨거운 물을 넣고 알코올램프로 가열하기
③ 상단 용기에 생긴 물과 함께 커피가루를 저어서 풀어주기
④ 불을 끄고 하단 용기로 커피 내리기

⑥ **워터드립**(Water drip)

더치커피(Dutch coffee)라고도 하며, 상온의 생수를 한 방울씩 떨어뜨려 커피를 추출하는 방식이다. 물을 머금어서 한 방울씩 추출되므로 와인처럼 숙성된 맛을 느낄 수 있다. 네덜란드 상인들이 인도네시아에서 커피를 운반해 가는 과정에 '오랫동안 커피를 보관해서 마실 수 없을까' 하는 생각에서 고안된 추출법으로 워터드립이라고도 한다. 추출 후에도 일주일 정도 냉장 보관할 수 있으며, 매일매일 다른 느낌의 맛을 느낄 수 있다.

05 블렌딩 커피란?

특성이 다른 2가지 이상의 커피를 혼합하여 새로운 향미를 가진 커피를 창조하는 것을 말하며, 최초의 블렌딩 커피는 인도네시아 자바 커피와 예멘, 에티오피아의 모카 커피를 혼합한 모카 자바(Mocha-Java)로 알려져 있다. 고급 아라비카 커피는 스트레이트(Straight)로 즐기는 것이 보통이지만 원두의 원산지, 로스팅 정도, 가공방법, 품종에 따라 혼합비율을 달리하면 새로운 맛과 향을 가진 커피를 만들 수 있다. 또, 질이 떨어지는 커피도 블렌딩을 통해 향미가 조화로운 커피로 만들 수 있다. 즉 커피 블렌딩은 각각의 원두가 지닌 특성을 적절하게 배합하여 균형 잡힌 맛과 향기를 내는

과정을 뜻한다. 따라서 커피 블렌딩을 위해서는 원두의 특징, 블렌딩 결과에 대한 많은 경험과 이해가 필요하다. 블렌딩은 단종(스트레이트, Straight)커피의 고유한 맛과 향을 강조하면서도 좀 더 깊고 조화로운 향미를 창조할 수 있다. 또한, 개인의 취향에 따라 원두의 종류와 혼합비율을 달리할 수 있으므로 나만의 하우스 블렌드(House Blend) 커피를 만들 수 있고 스트레이트 커피로 즐기기에는 부족한 커피와 고급 아라비카 커피를 혼합하여 맛과 향의 상승효과를 내는 장점이 있다.

커피 소비가 많아지면서 커피산업이 발전되고 스페셜티 커피나 게이샤 커피 등 가격이 비싸고 맛있는 커피를 찾는 사람들이 많아지고 있다. 따라서 자기 브랜드 커피를 만드는 사람이 늘고 있다.

블렌딩은 각 재료의 맛을 살리고 적정한 재료에 최대금액을 투자해 남들이 흉내낼 수 없는 커피를 만드는 것이 목적이다. 또한 적절한 재료를 선택하여, 언제든지 안정적인 재료 수급으로 커피전문점을 찾는 고객이나 각 브랜드의 블렌딩 커피를 언제든 찾을 수 있게 한다.

블렌딩은 각각의 브랜드를 대표하는 커피이기도 하지만 누군가에게 한 잔의 즐거움을 주는 커피이다.

06 　커피 블렌딩 방법

커피를 블렌딩할 때는 먼저 원하는 기호에 잘 맞는 생두를 사용하는 것이 매우 중요하다. 예를 들어 신맛을 강하게 하려면 이르가체페, 탄자니아, 파푸아뉴기니 등을 사용하고, 쓴맛을 강하게 하려면 로부스타 커피를 사용한다. 여기서 중요한 것은 혼합되는 원두의 종류가 너무 많지 않도록 3~5가지의 범위 내에서 사용하는 것이 좋다. 원산지 명칭을 사용할 경우 해당 커피를 30% 이상 사용하는 게 좋다. 이의 블렌딩 방법에는 2가지가 있다.

① 로스팅 전 블렌딩(혼합블렌딩, Blending before Roasting)

좋아하는 취향에 따라 미리 정해 놓은 생두를 혼합해서 동시에 로스팅하는 방법이다. 한번만 로스팅하므로 편리하고, 블렌딩된 커피의 색이 균일하다. 그러나 생두의 특징을 고려하지 않기 때문에 정점 로스팅의 정도를 결정하기 어렵다는 것이 단점이다.

② 로스팅 후 블렌딩(단종블렌딩, Blending after Roasting)

생두를 각각 로스팅해서 블렌딩하는 방법이다. 정점에서 로스팅된 원두가 서로 섞이기 때문에 풍부한 맛과 향을 얻을 수 있다. 그러나 혼합되는 종류만큼 일일이 로스팅해야 하고, 생두에 따라 로스팅 정도가 다르므로 블렌딩 커피의 색이 균일하지 않다.

대표적인 커피 블렌딩

향미	원두	비율	로스팅
신맛 + 향기로운 맛	콜롬비아 엑셀소	40%	시티 로스트(City Roast)
	멕시코	20%	
	브라질 산토스	20%	
	예멘 모카	20%	
중후한 맛 + 조화로운 맛	브라질 산토스	40%	풀 시티 로스트 (Full-city Roast)
	콜롬비아 엑셀소	30%	
	예멘 모카	30%	
달콤한 맛 + 약간 쓴맛	브라질 산토스	30%	풀 시티 로스트 (Full-city Roast)
	콜롬비아 엑셀소	30%	
	인도네시아 자바	20%	
	탄자니아 킬리만자로	20%	
쓴맛 + 약간 달콤한 맛	브라질 산토스	30%	풀 시티 로스트 (Full-city Roast)
	콜롬비아 엑셀소	30%	
	엘살바도르	20%	
	인도네시아 자바	20%	
단맛이 있는 에스프레소	브라질 산토스	40%	프렌치 로스트(French Roast)
	콜롬비아 수프레모	40%	
	과테말라 SHB	20%	

07 커피의 분류

커피는 품종, 가공방법, 생두의 혼합여부, 인위적인 향 등의 첨가여부 등에 따라 분류할 수 있다.

① 아라비카 커피(Arabica Coffee)

세계 커피 생산량의 60~70%를 차지하고, 해발 800m 이상의 지역에서 재배되는 상급의 커피나무이다. 브라질, 콜롬비아, 에티오피아, 인도네시아, 멕시코 등이 대표적인 생산지역이다. 특히 해발 1,500m 이상의 열대 고지대에서는 최상급의 스페셜티 커피(Specialty Coffee)를 생산하고 있다.

② 로부스타 커피(Robusta Coffee)

세계 커피 생산량의 30~40%를 차지하고, 해발 700m 이하의 지역에서 주로 재배되는 저급의 커피나무이다. 주로 인스턴트 커피나 커피의 블렌딩에 사용한다.

③ 원두커피(Roasted Coffee)

커피나무에서 수확한 체리(Cherry)의 씨앗을 박피, 건조하여 생두를 만들고, 로스팅(Roasting)한 후 추출한 것이고 인스턴트 커피(Instant Coffee)는 원두커피 추출액을 열풍건조 또는 동결건조하여 만든 것이다. 건조방식에 따라 향미가 달라질 수 있으며 이 과정에서 기호에 따른 첨가물이 추가될 수 있다.

④ 단종커피(스트레이트커피, Straight Coffee)

우수한 품질의 원두 한 가지만을 추출한 커피로 고급 아라비카 원두 고유의 향미를 즐길 수 있다. 블렌드 커피(Blend Coffee)는 특성이 다른 2가지 이상의 원두(또는 생두)를 혼합(블렌딩, Blending)한 것이다.

⑤ 레귤러 커피(Regular Coffee)

인공적인 첨가물, 향이 추가되지 않은 커피이고 디카페인 커피(Decaffeinated Coffee)는 인위적으로 카페인을 제거한 커피를 말한다. 어레인지 커피(Arrange Coffee)는 베리에이션 커피(Variation Coffee)라고도 하며 주로 에스프레소(Espresso)에 아이스크림, 생크림, 우유, 초콜릿 시럽, 견과류 등을 첨가한 커피이다. 향 커피(Flavored Coffee)는 특정 향기 시럽을 원두에 입혀 만든 것으로 헤이즐넛

(Hazelnut)커피가 대표적이다.

08 맛있는 커피의 기준

스타벅스 커피전문점이 국내에 들어온 지 20년 지난 지금 한국의 커피는 끊임없이 발전하여 오늘에 이르고 있다. 하지만 믹스커피, 달달한 커피 간혹 어른들은 "다방커피가 제일 맛있는 커피다"라는 말도 많이 한다.

맛있는 커피, 물론 달달하고 믹스커피처럼 간편한 커피도 맛있는 커피 기준이 될 수 있다. 그러나 한국의 원두커피 시장은 점점 발전하여, 인스턴트커피 시장을 누르는 통계가 나왔다. 그러면서 사람들은 점차 커피전문점에서 마시는 원두커피, 핸드드립커피, 에스프레소 기계로 추출한 커피, 더치커피 등 많은 원두커피를 즐기는 시대가 왔다. 기본적으로 커피의 소비기준은 커피전문점으로 시작되며, 이러한 커피전문점의 커피를 많이 마시기 시작하면서 한국의 프랜차이즈는 점점 늘고 있고, 현재 가격이 비싼 커피, 스페셜티커피, 저렴한 커피 등 개성과 트렌드에 맞는 커피전문점이 없어지기도 하고 새로 들어오기도 한다.

커피는 초록색 생두에서 시작하여, 열과 기계를 이용하여 볶는다.

이러한 방법을 로스팅이라고 하며, 이렇게 로스팅된 원두를 구입하여 핸드드립이나 가정용 머신 등의 다양한 추출방법으로 내려서 먹기도 한다.

원두커피 자체에서는 단맛, 향미, 자극적인 느낌을 받을 수 있고, 우유를 이용하여 시각적인 커피를 만들 수도 있기 때문에 맛있는 커피를 찾는다.

그러기 때문에 각종 바리스타, 로스팅, 좋은 생두 고르는 법 등 많은 대회가 국내에서 열리고 있다. 그러면 사람들이 바로 볶은 원두가 맛있다는 이야기를 많이 한다. 바로 볶은 커피가 과연 맛있는 커피일까? 갓 볶은 커피는 이산화탄소가 포함되어 있어 각종 가스가 발생된다. 이산화탄소를 가지고 있는 커피가 과연 맛있는 커피일까? 이러한 기준의 답은 어떤 기준으로 어떤 도구를 이용하여 추출하느냐에 따라 다르다. 예를 들어 갓 볶은 커피는 핸드드립으로 내려서 마실 때, 에스프레소 머신으로 내려서 마실 때의 차이라고 생각하면 된다.

갓 볶은 커피가 좋지 않다고 말하는 것은 아니며 커피는 마시는 사람의 생각에 따라 다르기 때문이다. 핸드드립식 추출은 바로 볶은 커피를 갈아서 외부에 노출된 상태에서 추출하게 된다. 그러기 때문에 추출하면서 약간의 시간이 필요하다.

이러한 과정에서 원두에 포함되어 있는 가스는 자연적으로 없어지게 된다.

에스프레소 머신은 추출 전에 분쇄하여 포터필터에 담아 밀폐된 공간에서 고압력으로 커피를 추출하기 때문에 자연적으로 가스까지 추출하게 된다.

이러한 이유로 크레마 상태를 보면 추출을 확연하게 볼 수 있다.

결론적으로 맛있는 커피는 추출도구와 방법에 따라 커피를 선별하는 기준을 찾아야 되며, 드립방식의 커피는 바로 볶거나 2~3일 지난 커피를 마셔보는 것도 좋고, 에스프레소용으로 블렌딩한 커피는 숙성과정을 거쳐 마셔보고 자기 입맛에 맞는 커피를 찾는 것이 중요하다.

09 에스프레소를 이용한 다양한 메뉴

① 에스프레소(Espresso)

14~24g의 커피를 이용하여 약 9기압의 압력과 90~95℃의 물로 고속가압추출하는 더블스파웃(두 개의 출구로)에서 각 30ml씩 두 잔을 뽑은 후 에스프레소 잔에 제공한다. 그중 한 잔은 30ml의 커피로 크레마를 포함하고 있으며, 농도 짙은 진한 맛을 보여준다.

② 도피오(Doppio)

2잔의 에스프레소 50~60ml를 에스프레소 잔에 제공한다. 더블 에스프레소라고 불리기도 한다.

③ 아메리카노(Americano)

에스프레소를 뜨거운 물에 희석한 커피로 미국에서 시작되었으며 물을 먼저 붓고 에스프레소를 부은 것은 롱블랙이라고 한다.

④ 캐러멜 마키아토(Caramel Macchiato)

바닐라 시럽 + 스팀밀크 + 스팀폼 + 에스프레소 + 캐러멜소스를 넣고 만들어 스타벅스가 히트시킨 메뉴로 마키아토 메뉴를 크게 만들고 바닐라 시럽과 캐러멜소스로 풍미를 만든 상품이다.

⑤ 헤이즐넛 커피(Hazelnuts coffee)

헤이즐넛은 견과류의 일종으로 개암나무 열매를 말한다. 헤이즐넛 자체는 커피가 아니며 이 향을 커피에 가향하는 가향커피로 사용한다. 즉 커피에 향수를 입힌 커피로, 대부분 저가의 커피에 입힌다.

⑥ 카페모카(Caffe Mocha)

라테에 초콜릿을 첨가한 것과 모카항에서 출항하는 커피를 모카라고 부르기도 한다.

⑦ 라테(Latte)

에스프레소 + 스팀밀크로 이루어졌으며 카푸치노보다 거품(foam)이 얇다.

⑧ 카푸치노(Cappuccino)

에스프레소 스팀밀크로 이루어지나 세 모금에 나누어 마실 수 있고 첫 모금에 윗입술에 스팀밀크 콧수염을 만들어낼 수 있어야 정통 카푸치노로 인정받을 수 있다. 시나몬 파우더는 카푸치노를 인정받는 것과 아무 상관없는 개인 기호일 뿐이다.

10 커피매장에서 바리스타가 사용하는 기본적인 기계와 도구

① 에스프레소 머신

보일러의 압력과 모터를 이용, 빠른 시간에 추출하는 현대식 추출방식이다. 현대 과학의 결정체라 일컬어지는 커피머신의 발명과 발달은 에스프레소 커피가 현대식 커피의 대명사로 떠오르는 데 결정적인 역할을 하고 있다. 이로 말미암아 커피사업자들은 커피의 경제적 부가가치를 한층 더 높일 수 있는 발판을 마련했으며, 소비자들은 좀 더 맛있는 커피를 더욱 빠른 시간에, 더욱 안정적으로 즐길 수 있게 되었다. 바리스타라는 새로운 직업군이 형성되고 인정받는 데 크게 기여한 것도 에스프레소 커피머신이다. 사람들은 이 작고 아담하고 세련된 모양의 기계에 열광한다. 또 얼핏 보기에 아주 간단하고 쉬워 보이는 바리스타의 손놀림 몇 번으로 그토록 맛있는 커피가 단숨에 만들어진다는 사실에 경탄을 금치 못한다. 오늘날 에스프레소 커피머신은 전 세계의 카페나 커피전문점에서 흔하게 볼 수 있는 필수불가결한 핵심장비로 자리 잡았다.

② 커피메이커

분쇄된 원두가루를 필터에 담아 넣고, 끓는 물이 떨어지게 하여 커피를 만드는 드립식 자동 커피메이커이다.

③ 캡슐머신

분량씩 밀봉으로 포장된 캡슐커피를 사용하여 커피를 추출하는 머신이다.

④ 커피글라인더

볶은 커피를 분쇄하는 기계를 말한다. 크게 나누어 버 그라인더(Burr Grinder)와 롤 그라인더(Roll Grinder) 2가지가 있다. 전자는 어금니로 가는 구조이며, 후자는 그물망 모양의 칼로 순차적으로 커트하는 기구(소위 커팅 밀)이다.

⑤ 탬퍼

탬핑을 하기 위해서는 탬퍼(tamper)가 필요하다. 탬퍼의 종류는 그라인더에 부착되어 있는 탬퍼와 스테인리스 탬퍼, 알루미늄 탬퍼, 플라스틱 탬퍼 등이 있다. 스테인리스 탬퍼는 무거운 편이기 때문에 작은 힘으로 탬핑할 수 있는 반면, 알루미늄 탬퍼는 자기 스스로 탬핑하는 힘을 조절하며 사용할 수 있다는 것이 장점이다. 반면에 플라스틱 탬퍼는 주로 수평을 맞추기 위해 사용한다. 이러한 탬퍼 중에서 자기에게 맞는 탬퍼를 선택해서 사용하면 될 것이다. 바리스타는 많은 에스프레소 추출 연습을 통해 자기에게 맞는 탬퍼를 선택할 수 있어야 한다.

(6) 넉박스

에스프레소(Espresso)를 뽑은 뒤 그 커피 찌꺼기를 버리는 곳을 말한다.

Appendix

1. 안전보건교육
2. SCAE intermediate Class
   필기시험대비

안전보건교육

1

1. 산업안전보건법 제31조, 시행규칙 제33조 등 [안전/보건교육] 실시 의무에 따라 월간 안전보건교육 교재로 활용하여 직원 교육을 실시한다.

주방에서 사용하고 있는 화학약품 & 물질안전보건자료 안내(Material Safety Data Sheet)

- 산업안전보건법 제41조 : 물질안전보건자료의 작성, 비치 등
- 시행규칙 : 제92조의 4 경고표시 의무
- 호텔, 레스토랑 작업장에 비치되어 있는 물질안전보건자료(MSDS)는 무엇인가요?

산업안전보건법 제41조 : 사업주는 화학물질을 제조, 수입, 사용, 운반, 저장하고자 하는 경우 MSDS를 작성 비치하고, 화학물질이 담겨 있는 용기 또는 포장에 경고표지를 부착하여 유해성을 알리며, 근로자에게 안전보건교육을 실시해야 한다. 물질안전보건자료를 취급 근로자가 쉽게 볼 수 있는 장소에 게시한다.

2. 물질안전보건자료 미비치할 경우 과태료 500만 원 부과(시행규칙 제72조 4항)

정의 : 의약품을 구입하면 그 성분 및 함량, 효능, 부작용 등을 알려주는 설명서가 함께 있듯이 우리가 취급, 사용하는 화학물질의 경우에도 안전한 사용을 위한 유해, 위험 정보 자료가 함께 제공되는데 이것을 물질안전보건자료(MSDS)라 한다.(화학물질에 대한 취급설명서임)

3. 시행규칙 제92조의 4 경고표시 의무

사업주는 화학물질을 함유한 제제 단위로 경고표지를 작성하여 화학물질공정, 용기에 부착해야 하며, 취급하는 작업공정별로 관리요령을 게시해야 한다.

경고표시 미부착할 경우 과태료 300만 원 부과(시행규칙 제72조 4항)

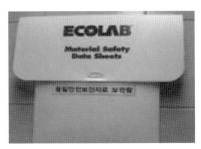

▲ MSDS

▲ 보호구

▲ 경고표지 부착

▲ 약품 취급장소 MSDS 관리

01 MSDS 교육 내용

① 작업장 내 대상 화학물질의 종류와 그 유해성
② 작업장 내 대상 화학물질의 누출 또는 취급
③ 근로자에 대한 노출을 알아내기 위한 방법
④ 긴급대피요령, 응급처치방법 등 물질안전보건 자료상의 주요 내용
⑤ MSDS와 경고표지를 읽고 이해하는 방법

02   MSDS 무엇이 달라지나요?

화학물질의 분류기준 및 경고표지의 그림문자가 국제적으로 통일됨

① 내가 사용하는 물질이 무엇이고 어떤 독성이 있는지 제대로 알고 있어야 한다.

② 공기 중에 화학물질이 섞이지 않도록 약품용기 뚜껑을 잘 닫아야 한다.

③ 환기시설을 잘 가동시켜 작업장의 공기를 깨끗하게 유지시켜야 한다.

④ 개인용 위생보호구를 착용하도록 한다.(방독마스크, 보안경, 보호장갑 등)

⑤ 정기적으로 건강검진을 받아야 한다.(특수검진대상 물질 취급 시에는 배치 전 검진과 특수검진 실시함)

03   레스토랑, 카페에서 사용하는 약품의 종류(주방 & 매장 약품현황)

① 주방에서 사용하는 약품의 종류

- 솔리테어(성분 : 도데실벤젠 설폰산나트륨) : 식품 접촉 용기 기구 세척제
- 데타판골드(성분 : 계면활성제) : 과일, 채소 및 식기용 세척제
- XY-12(성분 : 차아염소산나트륨) : 채소, 과일, 식품 관련 기구, 용기, 포장 등 살균 소독제
- 오아시스 컴팩 콰새니타이저(성분 : 염화 N-알킬디메틸벤질암모늄) : 식품용 기구 등의 살균 소독제
- AB폼 핸드 솝(성분 : 도데실황산나트륨) : 손 소독 및 세척제

04 매장(홀)에서 사용하는 약품의 종류

① 오아시스 컴팩 콰새니타이저(성분 : 염화 N-알킬디메틸벤질암모늄) : 식품용 기구 등의 살균 소독제
② 베지와시(성분 : 차아염소산소다) : 채소, 과일 세척 및 소독기구, 용기, 포장 살균 소독제
③ AB폼 핸드 솝(성분 : 도데실황산나트륨) : 손 소독 및 세척제
④ 전 직원 : AB 크린앤 스무스(성분 : 도데실황산나트륨) : 손 소독 및 세척제 각층 화장실 비치
⑤ 유해 위험성
- 피부와 눈 : 자극을 일으킴
- 섭취 : 위통, 메스꺼움
- 구토 유발함
- 흡입 : 폐와 기도에 자극을 일으킴

05 응급조치 요령

① 눈에 들어갔을 때 : 즉시 다량의 흐르는 찬물로 씻어내고 콘택즈렌즈를 제거한 뒤 눈꺼풀을 들고 계속해서 15분 이상 씻어낼 것, 전문의의 진료를 받을 것
② 피부에 접촉했을 경우 : 오염된 옷과 신발을 벗고 즉시 다량의 흐르는 찬물로 15분 이상 씻어낼 것
③ 먹었을 때 : 즉시 입안을 헹구어내고 1~2컵의 물 또는 우유를 마실 것. 절대 토하지 말 것. 의식 없을 때 아무것도 주지 말 것
- 흡입했을 때 : 즉시 신선한 공기가 있는 곳으로 이동할 것

06 취급 및 저장방법

① 안전취급요령 : 보안경, 고무장갑 등의 보호구를 착용하고 취급할 것
② 보관방법 : 통풍이 잘 되고 안전한 창고에 보관할 것

2

SCAE intermediate Class 필기시험 대비

01 Coffee Botany

(1) 커피의 식물학

① 커피는 식물

커피는 꼭두서니과 코페아속에 속하는 쌍떡잎식물이다. 아마 커피와 관련된 모든 책에서 이 문장을 맨 앞에 등장시키는 것은 가장 중요한 기본적인 개념이어서가 아닐까 생각한다.

커피는 식물의 열매, 그 안에 들어 있는 씨앗이 그 시작점이다. 그렇기 때문에 기본적으로 커피라는 식물이 어떠한 환경에서 자라나고, 어떻게 가공되는지를 아는 것은 커피라는 커다란 퍼즐을 맞춰가는 가장 첫 번째 단계가 아닐까 한다.

② 커피벨트

커피가 재배되는 지역은 적도를 기준으로 북으로 25°, 남으로 25° 부근에 위치하는 지역이다.(우리나라는 37°) 이 지역은 덥고 습윤하며 적도를 중심으로 북, 남으로 25°를 띠처럼 두르고 있다고 하여, 커피벨트(Coffee Belt)라 부른다. 모든 커피 산지는 이 커피벨트에 속해 있고, 각 나라마다 각각의 특징이 살아 있는 커피가 생산된다.

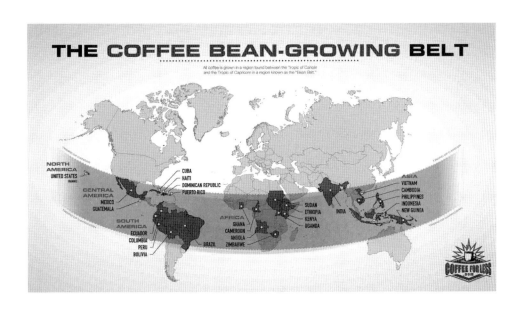

③ 커피의 품종

커피의 품종은 크게 아라비카, 카네포라, 리베리카의 3가지로 나눌 수 있다. 전 세계 커피 생산량의 60% 이상을 차지하는 아라비카와 30% 남짓의 카네포라가 커피 재배를 양분한다고 볼 수 있다. 마지막으로 리베리카의 경우 현재 동남아의 일부지역에 자생하고 있기는 하지만, 생산성이 낮고 병충해에도 약한데다 맛도 없어 재배가 이뤄지지 않고 있다.

먼저 아라비카종은 우리가 흔히 원두커피라 부르는 모든 커피의 원료가 되는 품종이다. 가장 먼저 발견된 곳은 에티오피아 동부 고원지대이다. 이 품종은 기후, 토양, 병충해에 다소 약하지만, 뛰어난 향과 부드러운 맛으로 많은 사람들이 선호하는 품종이라 할 수 있다. 그렇기 때문에 많은 하위 품종들이 존재하고, 새로운 특별한 향미를 개발하기 위해 지속적인 개량과 연구가 이뤄지고 있다. 대표적인 품종으로는 가장 원시적인 종자라 할 수 있는 티피카(Typica)와 버번(Bourbon)이 있고, 현재 재배량이 많은 카투라(Caturra), 카투아이(Catuai), 문도노보(Mundo novo), 카티모르(Catimor) 등이 있다.

또한 양대 산맥을 이루는 카네포라는 다소 익숙지 않은 이름일 텐데, 이는 그 하위 품종 중 하나인 '로부스타'로 대체되어 불리기 때문이다. 이는 카네포라라는 품종의 하위에 로부스타를 포함한 많은 하위 품종들이 존재하는데, 이 중 로부스타가 가장 대표적이고 가장 많이 재배되는 품종이기 때문이다. (아래 표를 통해 대표적인 품종인 2가지에 대해 알아두자.)

품종	아라비카(Arabica)	로부스타(Robusta)
원산지	에티오피아	콩고
고도	고지대 800(600)~2,000m	저지대 200~800m
특징	• 기후, 토양, 질병에 민감 • 청록색	• 기생충, 질병에 대한 저항력이 강하다. • 회색빛이 도는 푸른색
기온	15~24℃	24~30℃
주요 생산국	브라질, 콜롬비아, 코스타리카	베트남, 인도네시아, 인도
카페인 함량	0.8~1.4%	1.7~4.0%
생산량	70%	30%
사용	에스프레소, 스트레이트커피	에스프레소, 인스턴트커피
향기와 맛	• 풍부한 향기　• 부드럽다 • 고급스런 신맛　• 구수한 맛	• 쓴맛이 강하다. • 아라비카보다 향이 부족

④ 커피의 생산국 그리고 대륙별 대표 향미

'테루아(terroir)'라는 말을 한 번쯤은 들어본 적이 있을 것이다. 이는 와인의 향미를 설명할 때 포도나무가 자란 토양과 기후와 환경 등에 의한 변수가 작용함을 뜻한다. 이는 비단 와인뿐 아니라 커피에도 동일하게 적용된다. 물론 포도는 과육을 주로 섭취하고, 커피는 씨앗을 섭취한다는 점이 다르긴 하지만, 식물의 생장과 관련하여 조성되는 환경에 의한 요소가 열매에 미치는 영향이라는 점에서는 유사하다고 볼 수 있다. 그렇기 때문에 커피나무가 자라는 지역의 토양과 기후 등이 직접적인 영향을 미친다고 보는 것이다. 이러한 이유 때문에 커피는 생산국마다 전혀 다른 향미를 지니고, 지역이나 산 비탈면의 위치에 따라서도 향미가 달라지는 것을 확인할 수 있다. 이러한 세세한 사항까지는 아니더라도 기본적인 대륙의 특징 정도는 알아두는 것이 좋다.

- 남미 : 브라질과 콜롬비아가 대표적인 생산국으로 단맛 중심의 부드러운 맛을 내는 커피가 생산된다.
- 중미 : 깔끔하고, 고소한 향미가 도드라지는 커피를 생산한다.
- 아프리카 : 산미가 많고, 꽃향기, 과일 같은 풍미가 풍부한 것이 특징이다.
- 아시아 : 인도네시아가 대표적 생산국으로 나무의 향과 허브류 등이 느껴지는 커피가 생산된다.

(2) 커피 체리의 구조

커피나무에서 열리는 열매가 '체리(Cherry)'처럼 생겼다는 데서 시작된 이 명칭은 현재도 통상적으로 커피나무 열매를 부르는 이름으로 전 세계에서 사용되고 있다. 우리는 이 체리 안에 들어 있는 씨앗을 먹는 것이기 때문에, 이 과정이 어떠한지를 아는 것이 중요한데, 이를 위해서는 체리의 구조를 잘 알아둬야 한다. 먼저 우리의 눈에 보이는 체리의 색상을 나타내는 붉은색 혹은 노란색 껍질이 있다. 이를 외피라고 부르기도 하는데, 이는 체리를 감싸고 있는 첫 번째 껍질이다. 이 껍질을 벗겨내면, 여느 과실이 그러하듯 '과육'이 존재한다. 이 과육 속에는 커피의 종자라 부를 수 있는 파치먼트(Parchment)가 나온다. 하지만 별도의 과정을 거치지 않은 상태라면, 이 파치먼트는 점액질에 둘러싸여 있다. 점액질이란, 과육의 일부라 볼 수 있는 부분으로 끈적끈적한 상태 때문에 점액질(Mucilage)이라 불린다. 이 점액질을 제거해야만 비로소 파치먼트라 부를 수 있는 상태의 종자가 나오게 되는데, 여기서 우리가 볶기 전의 커피인 '생두'를 얻기까지는 2개의 껍질을 더 벗겨내야 한다. 먼저 파치먼트상태의 바삭(?)한 껍질을 벗겨내야 하고, 마지막으로 생두를 감싸고 있는 실버스킨을 벗겨내야만 비로소 우리가 원하는 생두를 얻을 수 있다.

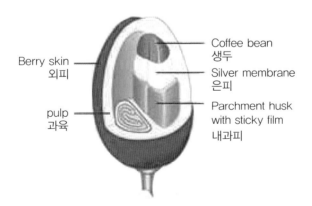

Berry skin
외피

Coffee bean
생두

Silver membrane
은피

pulp
과육

Parchment husk
with sticky film
내과피

(3) 커피의 가공

우리가 커피를 즐기기 위해서는 앞서 설명한 바와 같이 체리 안에 들어 있는 씨앗을 어떻게 꺼낼 것인가가 매우 중요한데, 이를 '가공'이라 부른다. 얼마 전까지만 하더라도 '가공에는 건식, 습식, 반건조식이 있다.'라는 정도의 간단한 설명만 있었지만, 이제 가공을 모르고는 커피 향미의 근본을 찾기가 쉽지 않다. 이러하기에 현재 산지에서 사용되는 가공방법에 대해 하나씩 살펴보기로 하자.

① 내추럴(Natural, 건식, 자연건조)

내추럴 가공은 가장 오래된 방식의 가공으로 수확한 체리를 그대로 널어서 말리는 방식을 뜻한다. 체리상태에서 건조를 바로 진행하게 되면, 수분이 증발하여 건포도와 같은 형태가 되고, 이때 과육에 들어 있던 당분이 씨앗에 영향을 주게 되어 단맛이 증가하고, 과일 같은 향미가 만들어지는 것이 내추럴의 특징이자 장점이라 할 수 있다. 또한 이로 인한 고형성분이 많아 바디감이 더 무겁게 느껴지는 것이 특징이다. 하지만 이때 병충해의 습격이 있을 수 있고, 또한 생두가 지닌 고유의 맛이 아닌 과육의 영향이 크기 때문에 잡맛이 많이 날 수 있다는 단점이 존재한다.

② 워시드(Washed, 습식, 수세가공)

워시드 가공은 19C경부터 시행된 가공방식으로 많은 나라의 커피협회에 문의해 보았지만, 정확한 답변을 얻을 수 없어 어느 나라가 최초로 이 방식을 고안했는지는 정확하게 파악할 수 없다. 하지만 분명한 사실은 현재 가장 일반적으로 많이 사용되는 가공방법이란 점에는 이견이 없을 것이다. 체리를 수확한 후 체리껍질과 과육을 제거하는 '펄핑(Pulping)'을 거쳐 파치먼트에 붙어 있는 점액질을 제거하기 위한 '발효

(Fermentation)'를 거쳐 물로 남은 점액질과 미생물들을 깨끗이 씻어낸 후 햇볕 혹은 기계로 건조시키는 가공을 의미한다. 이렇게 가공을 진행하면 과육으로 인한 맛이 적어지고 콩 자체가 지니는 맛이 뚜렷하게 표현되는 것이다. 조금 다른 말로 풀이하자면, 과육으로 인한 단맛과 잡맛이 줄어들고, 콩이 지닌 뚜렷한 맛이 명쾌하게 표현되어 상대적으로 산미가 높은 것이 특징이다.

③ 펄프드 내추럴(Pulped Natural, 반건조식)

펄프드 내추럴은 이름에도 나오듯 내추럴에 가까운 워시드와의 중간적인 형태의 가공을 뜻한다. 상반되는 특징을 지닌 내추럴과 워시드의 중간적인 형태의 가공으로 브라질에서 개발된 가공법이다.(현재 브라질의 가장 일반적인 가공방법) 체리를 수확한 후 워시드 가공처럼 체리 껍질과 과육을 벗겨내는 펄핑과정을 진행한 후 점액질이 남아 있는 파치먼트 상태로 가공을 진행하는 가공법이라고 간단하게 설명할 수 있다. 이의 특성 또한 워시드와 내추럴의 장점만을 모두 느낄 수 있는 것이다.

④ 세미 워시드(Semi Washed, 반수세식)

　세미 워시드는 워시드와 내추럴의 중간 정도의 가공이라 할 수 있는데, 펄프드 내추럴 프로세싱이 내추럴에 조금 더 가깝다면 세미 워시드는 워시드에 가까운 향미가 표현된다.

　체리 수확 후 1차적으로 이물질을 선별하는 과정을 거치고, 과육을 제거하는 과정(펄핑)까지는 워시드와 같은 수순으로 진행된다. 하지만 펄핑 후 남은 점액질을 제거하는 과정에서 일반적인 워시드의 경우 미생물의 '발효'작용을 이용하지만, 세미 워시드는 기계(점액질 제거기 : Demucilager)를 사용하여 점액질을 제거한다. 이는 물소비가 많은 워시드 가공에 비해 물이 절약되고 이 때문에 '에코프로세싱'이란 이름이 붙기도 한다.

02　Espresso

(1) Espresso란?

　에스프레소란 빠르다(Express)에서 유래된 이름으로 빠르게 추출된 커피를 의미한다. 에스프레소 머신에서 만들어진 높은 압력(9~10바)을 이용해 그라인딩된 커피에 고온의 물을 고압으로 투과시켜, 커피가 지닌 농축된 성분들을 빠른 시간(20~30초) 내에 뽑아낸 음료를 의미한다.

　일반적으로 에스프레소란, 20~30초 사이에 추출된 30ml(1oz)의 커피 원액을 의미한다. 이보다 짧은 시간 동안 추출된 작은 양의 커피는 '리스트레토(Ristretto)', 에스프레소를 기준으로 보다 많은 양을 길게 추출한 메뉴는 '룽고(Lungo)'라 하여 엄연히 다른 메뉴이기 때문에 에스프레소를 추출하는 데 있어 가능한 30ml(1oz)를 지키는 것이 중요하다. 일반적으로 사용되는 샷 글라스의 1oz 눈금을 기준으로 크레마 포함 30ml를 추출해야 한다.(단, 로스팅된 지 얼마 지나지 않은 커피는 크레마의 추출량이 많으므로, 1oz선을 기준으로 1cm 이상은 더 추출해야 안정화된 후 1oz가 맞춰진다.)

① 에스프레소 메뉴

- 리스트레토(Ristretto) : 리스트레토는 이탈리아어로 '농축하다/짧다'라는 뜻으로 15~20ml 정도만 추출하는 커피이다. 강한 신맛을 느낄 수 있다.
- 에스프레소(Espresso) : 에스프레소는 모든 커피 메뉴에 중심이 되는 커피이며 20~30ml 정도를 추출하여 단맛, 신맛, 쓴맛이 조화를 이루는 커피이다.
- 룽고(Lungo) : 룽고는 '길다'라는 의미이고, 35ml 이상을 추출하여 쓴맛이 도드라지게 느껴지는 커피이다.
- 도피오(Doppio) : 2배, 'double'이라는 의미를 가진 이탈리아어이고, 데미타세(demitasse)에 에스프레소 2샷을 제공한다.

② Espresso의 TDS

좋은 에스프레소는 총고형분함량(TDS)이 18~22% 안에 들어와야만 한다. 이를 TDS측정기를 통해 계산하는 방법은 다음과 같다.

- TDS meter에서 나온 값 × 6.8(전기전도계수) = A ppm
- A / 1,000,000 × 100 = 농도
- 추출량 × 농도 = 커피고형분의 무게
- 커피고형분의 무게 / 사용한 커피 무게 × 100 = 수율

〈적정추출 & 과소추출 & 과다추출〉

- 적정추출이란 정확한 분쇄도의 커피를 정해진 양을 알맞게 레벨링하여, 적당한 힘으로 탬핑한 후 추출하여, 20~30초 사이에 추출한 에스프레소를 뜻한다.
- 과소추출이란 좋은 에스프레소에 비해 성분이 적게 추출된 경우를 뜻하며, 추출 속도가 매우 빠른 추출을 의미한다. 이는 분쇄도가 지나치게 굵거나, 패킹한 양이 작거나, 탬핑이 약한 경우를 그 원인으로 꼽을 수 있다.
- 과다추출이란 좋은 에스프레소에 비해 성분이 지나치게 많이 추출된 경우를 뜻하는데, 이 경우 커피와 물이 만나는 시간이 지나치게 길어지게 된 것을 의미한다. 그

원인으로는 분쇄도가 너무 곱거나, 패킹한 커피의 양이 많거나, 탬핑이 강한 경우를 꼽을 수 있다.

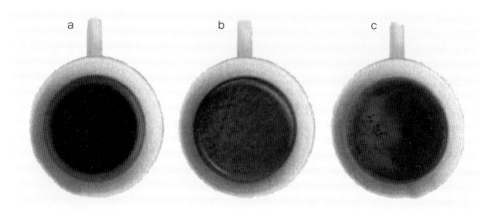

a 과소추출
물과 커피가 만나는 시간이 짧아 성분이 제대로 추출되지 못하였고, 크레마가 없거나 아주 연한 색상을 띤다. 신맛이 도드라지게 남

b 적정추출
물과 커피가 만나는 시간 그리고, 커피 케이크에 가해지는 압력이 일정해, 타이거 스킨 무늬의 황갈색 크레마가 생성되고, 그 지속성 또한 우수하다. 맛도 밸런스가 잘 맞음

c 과다추출
커피와 물이 지나치게 오랜 시간 동안 만나 커피의 오일성분이 추출되어 크레마 위에 얹어진 모습. 지나치게 쓴맛이 남

(2) Espresso 추출에 필요한 요소

① Coffee

에스프레소를 추출하기 위해 제일 먼저 커피가 필요하다. 에스프레소를 위한 커피로는 대개 '블렌딩(Blending)'된 커피를 사용하는데, 이는 에스프레소의 경우 모든 메뉴의 기초가 되므로 다채로운 맛이 조화롭게 어우러진 편이 더 유리하다고 볼 수 있기 때문이다.(요즘은 하나의 산지의 커피로 에스프레소를 추출하는 싱글오리진 에스프레소(Single Origin Espresso)나 하나의 산지의 다른 지역 혹은 다른 가공방식의 커피를 블렌딩하여 사용하는 싱글 에스테이트(Single Estate)를 에스프레소에 사용하기도 한다.)

에스프레소의 고향인 이탈리아의 경우 에스프레소 자체를 즐기거나 카푸치노를 즐기는 문화가 있는데, 이들 커피에서 빼놓을 수 없는 커피가 바로 '로부스타(Robusta)' 품종이다. 흔히 로부스타를 저급한 커피의 대명사로 생각해 왔다면, 그건 잘못된 편견이다. 좋은 로부스타 커피는 좋지 않은 아라비카 커피보다 높은 가격대를 형성하고 있으며, 이에 대한 수요 또한 굉장히 많다. 여하튼, 이탈리아의 모든 에스프레소 블렌딩 커피에는 10% 이상의 로부스타가 들어간다. 로부스타는 에스프레소에 있어서 크레마의 생성을 돕고, 고급스런 쓴맛과 바디감을 더해 보다 풍부한 커피맛을 만들어주며, 우유와 혼합되더라도 커피의 맛이 길게 이어지는 것을 돕는다.

하지만 아라비카 커피만으로 블렌딩하는 경우도 상당수 있으며, 이 맛이 로부스타가 첨가된 커피에 비해 뒤처지는 것은 아니다. 다만, 로부스타가 주는 특유의 풍미*에 대한 호불호가 있기 때문에 각 고객의 취향에 맞는 블렌딩을 선택하는 것이 우선시되어야 한다.

② Espresso Machine

에스프레소 머신의 역사는 어떤 이가 몇 년도에 어떤 걸 만들었고, 어떤 걸 만들었고 하는 대목으로 시작된다. 물론 중요한 것은 알아두면 도움이 되겠지만, 본 교재에서는 보다 실질적인 내용을 다루고자 그 내용은 제외하기로 한다.

〈머신의 원리〉

모든 에스프레소 머신은 보일러를 가지고 있다. 그 보일러를 관통하는 열코일이 물을 끓여주게 되고, 이때 수증기가 만들어진다. 이상이 모든 에스프레소 머신의 구조라고 볼 수 있는데, 여기서 보일러의 용량이 어떠하며, 숫자가 어떠하며, 온도의 유지와 급배수가 어떠한지에 따라 커피머신의 등급이 나누어진다고 볼 수 있다. 커피의 추출에 있어서 가장 중요한 요소를 꼽으라면, 단연코 추출수의 온도라 할 수 있고, 에스프레소의 추출에 있어서는 일정한 압력이 매우 중요하다. 이 둘을 어떻게 기계적으로 컨트롤할 것인가가 에스프레소 머신의 가장 큰 고민일 것이다.

---

*로부스타의 장점은 묵직한 바디감과 긴 여운, 고급스러운 쓴맛, 우리나라 사람들이 사랑하는 소위 누룽지맛이라고 한다. 하지만 단점은 다소 거친 맛과 나무 같은 맛, 날카로운 잡맛이 있다.

⟨에스프레소 머신 각 부위의 명칭과 쓰임새⟩

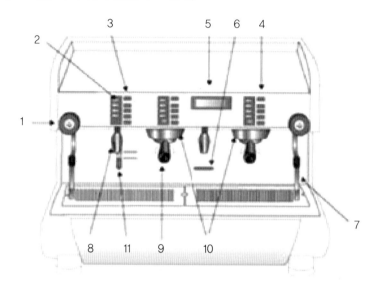

1. 스팀밸브
보일러에서 발생한 수증기로 우유를 스티밍할 때 스팀을 열어주는 개폐장치

2. 온수표시등
머신에 들어 있는 물이 추출에 적합한 온도인지 표시하는 장치

3. 온수추출버튼
머신에서 끓인 뜨거운 물을 뽑아주는 버튼(Tea, 아메리카노, 단 사용 No.)

4. 추출버튼패널
커피를 추출하는 패널. 원하는 물의 양으로 버튼을 세팅할 수 있다.

5. 추출압력게이지
추출에 필요한 압력이 제대로 걸리는지 확인하는 장치

6. 보일러압력게이지
머신의 보일러가 적정한 압력을 유지하는지 확인하는 장치

7. 스팀분사기
보일러 안의 수증기를 분사시켜, 우유를 스티밍하는 노즐(스팀완드)

9. 필터홀더
포타필터를 장착하는 부분(일반적으로 그룹헤드에 포함)

10. 그룹헤드
추출할 수 있는 추출구 부근의 모든 장치를 의미

11. 수량측정계
보일러 물의 양을 표시하는 장치

③ Grinder

커피를 분쇄하는 장치인 그라인더는 크게 에
스프레소 그라인더와 리테일 그라인더로 분류
할 수 있다. 에스프레소 그라인더는 에스프레소
를 위한 고운 입자의 분쇄를 목적으로 한 그라
인더로 핸드드립이나 프렌치 프레스 등의 추출
에는 부적합하다. 리테일 그라인더란 에스프레
소에서부터 프렌치 프레스까지 모든 입자의 커피
분쇄가 가능한 그라인더라고 볼 수 있는데, 에스
프레소 분쇄에는 부적합하다고 보아야 한다.

자료 : 박창선(2017), 커피플렉스, 백산출판사

▲ 자동 그라인더　　▲ 수동 그라인더
　 (도징 없음)　　　　 (도징)

일부 저가형 그라인더의 경우 파쇄식을 채택하고 있지만, 파쇄의 경우 콩을 가는
것이 아니라 깨는 방식이라고 보아야 하기 때문에 커피의 향미손실이 발생한다. 대부
분의 그라인더는 간격식 분쇄를 사용하는데, 이는 2개의 날 사이의 간격이 넓어지면
굵은 입자가, 좁아지면 고운 입자가 만들어지게 되는 방식으로 그 원리가 맷돌과 유사
하다고 볼 수 있다.

모든 그라인더의 부위별 명칭은 대동소이하다. 제일 먼저 홀빈이 담기는 호퍼, 분
쇄도를 조절하는 입자조절 손잡이, 분쇄된 커피가 잠시 보관되는 도저, 도저의 커피를
포타필터에 담기 위한 손잡이인 커피추출레버, 포타필터를 거치하는 받침대, 전원스
위치. 이 정도만 알면 모든 그라인더를 손쉽게 조작할 수 있다.

얼마 전부터 많은 사람들이 자동식 그라인더(On demand)를 선호하기 시작했다.
자동식 그라인더란 작동스위치를 켜면 분쇄된 커피가 도저를 거치지 않고, 바로 포타
필터로 떨어지게 되는 방식을 뜻한다. 즉 자동식 그라인더는 도저가 없고, 포타필터
를 그라인더에 거치하면서 스위치를 누르면, 세팅해 놓은 양의 커피가 쏟아지게 된다.
(이때 작동스위치는 포타필터를 거치하면 눌리게 되는 방식이거나, 별도의 버튼을 누
르는 방식이 모두 존재한다.) 자동식 그라인더는 이러한 원리로 작동되는데, 장점으로
는 정확한 양을 계량하지 않고도 맞출 수 있다는 점, 도저에 커피가 머물지 않으므로
신선한 커피를 사용할 수 있다는 점, 낭비를 방지할 수 있다는 점 등이 장점으로 꼽힌다.

그라인더의 생명은 날이다. 날의 마모도가 많이 진행되면 점차 고운 입자로 분쇄되
는데, 이는 날 사이의 간격이 더욱 좁아져야만 분쇄가 이뤄지기 때문이다. 커피를 분
쇄했을 때 균일도가 떨어지거나 쇳가루가 나오거나 지나치게 고운 미분이 많이 발생
한다면, 날의 교체시기를 확인하는 것이 필요하다.

호퍼
(Hopper)

도저
(Doser)

입자 조절 손잡이

포타필터 받침대
(Fork)

커피추출레버

받침대
(Drip Tray)

작동 스위치
(On/Off)

〈Flat or Conical〉

그라인더에 대해 기계적으로 조금 더 깊이 들어가자면, 날(burr)의 타입 정도를 알아두면 좋다. 그라인더에 장착된 날의 크기가 클수록 비싼 가격대를 형성하는데, 이는 커피의 분쇄 가능량과 비례한다고 볼 수 있다. 이와는 별도로 일반적인 날은 평평한 모양(Flat)인데, 이의 성능을 개량한 조금은 다른 방식의 날이 바로 코니컬(Conical) 타입이다.

표에서 보는 것처럼 플랫보다 회전수는 적지만, 열발생이 적어 향미의 손실을 적게 한다. 날의 수명 또한 길어 최근 코니컬을 선호하는 바리스타가 늘고 있다.

종류	Flat Burr	Conical Burr
이미지		
분당 회전수	1,400~1,600RPM	400~600RPM
특징	열이 발생하여 향 손실 많음	상대적으로 열이 덜 발생하며 향의 손실이 적음
교체시기	약 600파운드(약 272kg)	약 2,000파운드(약 907kg)

④ Barista

바리스타라는 말이 포괄하는 범위는 매우 넓다. 바 안에서 일하는 모든 사람을 바리스타라고 할 수 있는데, 이제는 '커피 만드는 사람이 바리스타'라는 공식이 굳어진 듯하다. 바리스타가 하는 일의 구체적인 범위는 물론 커피 전반에 대해 알아야겠지만, 적어도 로스팅이 완료된 커피를 보는 눈부터 바리스타의 업무가 시작된다. 어느 정도 로스팅이 되었는지, 어떠한 커피들이 블렌딩된 커피인지를 파악하여, 이에 따른 최적의 분쇄도를 설정하고 완벽한 한 잔의 음료를 만들어내는 것이 바리스타의 가장 중요한 역할이다. 이를 위해서는 반드시 커피에 대한 지속적인 공부가 필요하며, 지속적인 맛에 대한 공부가 필요하다.

이뿐만 아니라 우유를 스팀하고, 라테와 카푸치노 등의 메뉴를 만드는 작업도 매우 중요한 작업이라 할 수 있다. 다양한 디자인의 라테아트가 가능하다면 좋겠지만, 이에 대한 스킬이 부족하다 해도 실크(silk) 혹은 벨벳(velvet) 같은 폼을 만들 수 있는 능력은 반드시 요구된다. 이는 음료 자체의 품질과 직결되는 요소이기 때문이다.

(3) Espresso 추출의 순서

앞에서 배경적인 내용에 대해 살펴보았다면 이제 실전으로 들어가보자. 직접 에스프레소를 추출해 보고 이 에스프레소가 어떠한 품질인지를 살펴보자.

① 그라인더 세팅

커피의 로스팅 정도와 특성에 맞는 분쇄도를 설정해야 한다. 20~30초 사이에 30ml의 에스프레소를 뽑아낼 수 있는 분쇄도를 설정하는 것이 가장 먼저 해야 할 과정이다. Fine 쪽으로 돌리면 곱게, Coarse로 돌리면 굵게 분쇄된다. 메저社의 경우 분쇄도를 미세하게 조절할 수 있는 게 장점이지만, 똑같은 점이 조절하는 데 난해한 점이 될 수 있다. 안핌社의 제품은 선으로 그어져 있는데 검정색의 폭이 좁은 쪽으로 돌리면 곱게, 넓은 쪽으로 돌리면 굵게 분쇄된다.

이 제품들의 경우 분쇄도 조절 간격이 크므로 미세조절이 안 되는 것이 단점이며, 이것 또한 분쇄도를 쉽게 맞출 수 있다는 장점으로 작용한다.

현재 커피플랜트아카데미에서 보유한 그라인더는 메저社의 코니컬(conical), 슈퍼졸리 플랫(flat)과 안핌社의 카이마노 제품이다. 시험에 사용될 그라인더는 메저 코니컬이다.

② 도징

분쇄도를 설정했다면, 분쇄한 커피를 포타필터에 담아내야 한다. 이를 위해 포타필터를 거치대에 올려놓고, 도저에 붙어 있는 레버를 당겨주면 커피가 포타필터에 담긴다. 이 과정에서 지나치게 많은 커피를 낭비하는 경우가 발생하는데, 적정한 양을 담아내는 연습이 필요하다.

③ 레벨링

레벨링이란 내가 원하는 양의 커피를 정확하게 포타필터에 담아내는 작업을 의미하는데, 이뿐만 아니라 포타필터 안에 고르게 커피분말을 분포시켜 주는 것도 중요한 목적 중 하나이다.

포타필터에 커피를 담은 후 원하는 커피양을 고르게 분포시켜 주는 것이 레벨링의 궁극적인 이유라고 할 수 있다. 이 과정에서 너무 많은 양의 커피를 담은 후 레벨링을 진행하면, 낭비되는 커피가 많이 발생하게 되므로, 이를 줄이는 것도 숙련도 높은 동작을 위해서는 꼭 필요한 과정이라 할 수 있다.

④ 탬핑(1차)

탬퍼를 이용해 포타필터에 분포한 커피입자를 압착시키는 과정이 바로 탬핑(tamping)이다. 탬핑과정이 꼭 필요하냐고 묻는다면 그건 아니다. 하지만 탬핑은 보다 농밀한 커피맛을 구현하기 위해 필요한 과정이다. 에스프레소에서 쏟아지는 높은 압력의 온수를 잠시 지탱하는 저항값을 만들어주는 과정으로 커피와 물이 보다 안정적으로 만나게 한다.(약 3kg 정도의 힘)

자료 : 박창선(2017), 커피플렉스, 백산출판사

▲ 탬핑

Test

종류	탬핑한 커피	탬핑하지 않은 커피
특성		

⑤ 태핑(Tapping)

태핑이란 탬퍼의 뒷부분을 이용해서 포타필터 벽에 붙어 있는 커피를 털어내는 것을 뜻한다. 결국 포타필터 벽에 붙어 있는 커피들도 레벨링 단계에서 내가 원하는 커피양을 담은 것에 속하기 때문에 털어내서 함께 담아주는 것이 정확한 추출을 가능토록 한다. 하지만 너무 강하게 태핑하면 위에서 탬핑한 커피 케이크에 균열이 생겨 물이 그리로 흐를 수 있다.(채널링)

자료 : 박창선(2017), 커피플렉스, 백산출판사

▲ 태핑

⑥ 탬핑(2차)

1차 탬핑에 이어 태핑까지 마쳤다면, 2차 탬핑을 해야 한다. 1차 탬핑이 레벨링한 커피를 가볍게 눌러주는 정도라고 한다면, 2차 탬핑은 체중을 실어 꾹 눌러준다고 할 수 있다. 9~10기압이라는 높은 압력을 버틸 수 있도록 물이나 압력이 바로 흘러내리지 못할 만큼 견고한 저항값을 마련하는 것이 탬핑의 목적이기 때문에 2차 탬핑은 1차 탬핑에 비해 조금 강한 힘이 가해져야 한다. 또 한 가지 중요한 점은 수평 맞추기이다. 탬핑을 할 때 수평이 맞지 않으면, 높은 쪽에서 낮은 쪽으로 흐르는 물의 특성 때문에 물이 낮은 쪽으로 흘러내려 맛이 묽어질 수 있고, 반대쪽은 추출이 제대로 이뤄지지 않을 수 있으므로 수평을 맞추는 작업 또한 매우 중요한 목적으로 보아야 한다. (약 13~15kg 정도의 힘으로 탬핑)

⑦ 열수 배출 후 장착

열수 배출은 보일러에서 그룹헤드까지 연결된 관에 고여 있는 온도가 낮아진 물을 빼는 목적과 동시에 샤워스크린에 붙어 있는 커피의 찌꺼기를 털어내는 것을 2번째 목적으로 한다. 물을 뽑아낸 후 45도를 왼쪽으로 틀어 포타필터의 날개 부분이 그룹헤드의 홈에 정확히 맞도록 부드럽게 장착해야 한다. 장착할 때 그룹헤드에서 떨어지는 물은 없어야 하며, 물이 떨어진다면 더 이상 떨어지지 않을 때까지 기다렸다가 장착해야 한다. (왜냐하면, 물이 떨어져 커피에 닿게 되면, 해당 부위만 먼저 추출이 일어나기 때문이다. 정확하고 균일한 추출을 위해서는 한번에 머신에서 물이 쏟아져 동일한 추출이 이뤄지도록 해야만 한다.)

⑧ 추출

잔을 가져다 놓고 추출버튼을 눌러도 무방하지만, 보다 숙련된 동작은 버튼을 누르고 잔을 내리는 것이다. 주의할 점은 포타필터를 장착함과 동시에 5초 이내에 추출이 이뤄져야 한다는 점을 잘 기억하자.

- ②, ③, ④, ⑤, ⑥의 동작을 모두 합쳐 패킹(Packing)이라 부르는데, 이때 주의해야 할 사항이 있다. 바로 채널링(Channeling)이다. 채널링이란 패킹 동작에서 레벨링 시 커피의 분포가 지나치게 적거나 태핑 시 너무 강한 힘이 가해져 커피 케이크에 물이 흐르는 길이 만들어지는 현상을 말하는데, 이러한 채널링이 발생할 경우 커피의 품질에 매우 큰 악영향을 끼치므로 반드시 주의해야 한다.

03 Milk Steaming

우유는 커피음료에 있어서 필수에 가까운 요소라고 할 수 있다. 라테, 카푸치노뿐만 아니라 캐러멜 마키아토, 모카 등 모든 응용 메뉴에는 우유가 들어간다고 볼 수 있다. 외국의 경우 우유를 여러 가지 성분의 차이에 따라 구분해서 사용하고 있지만, 우리나라의 경우 몇몇 브랜드의 제품이 판매 중이며, 그 라인업 또한 일반, 저지방, 무지방쯤으로 구분된다. 커피에 사용되는 우유의 경우 지방함유량이 너무 적거나 없으면, 고소한 맛이 줄어들게 되고, 스티밍 시 거품이 제대로 생성되지 않고, 광택 또한 떨어지기 때문에 지방을 함유한 우유를 사용하는 것이 더 낫다. 서울우유의 경우는 다른 브랜드에 비해 당성분이 많이 들어 있어 단맛이 많이 나고, 매일우유의 경우 깔끔하고 깨끗한 맛을 내는 것이 특징이며, 남양유업의 경우 성분의 차이는 크게 다르지 않지만, 고소한 맛이 더 두드러지는 특징이 있다.(우유에 예민한 반응을 나타내는 경우 우유에 함유된 유당에 의한 것으로 두유나 대체품을 권하는 것도 필요)

또한 주의할 점은 우유는 유통기한이 짧은 동물성 원료이기 때문에 유통기한을 잘 준수해야 하는데, 우유가 변질된 경우 냄새로 감지할 수 있으나 감지하지 못한 경우라 할지라도 스티밍 시 악취가 나거나, 우유가 커드와 유청이 분리되는 현상 혹은 응고된 덩어리가 스티밍 우유 상단에 몰리는 현상이 발견되면 즉시 폐기해야 한다.

(1) 스티밍의 원리

우유를 스티밍하는 데는 2가지의 목적이 있다. 첫 번째는 우유의 온도를 높이는 것이고, 두 번째는 거품을 만드는 것이다. 많은 사람들이 두 번째 목적은 간과한 채 무작정 온도를 높이는 것에만 몰두하게 되는데, 사실상 메뉴의 품질은 거품을 만들고, 이를 잘게 부숴주는 과정에서 결정된다고 할 정도로 매우 중요하다.

(2) 스티밍의 단계

① 스팀완드 위치 설정

스팀 레버를 작동하기 전에 적절한 위치에 스팀완드를 위치시킨 후 레버를 작동시키면, 우유가 저절로 회전한다. 그렇기 때문에 첫 단계에서 위치를 잡으면 된다. 즉 스팀완드를 위치시키면 되는데, 이 위치는 피처를 위에서 보았을 때 좌우, 상하 모두 2:1이 되는 위치라고 볼 수 있다. 피처의 손잡이와 스팀완드의 방향을 고려하여 4개의 지점 중 어느 곳에 스팀완드를 담가도 상관없지만, 가장 중요한 건 자신이 가장 자세를 편하게 잡을 수 있는 곳이 좋은 위치라는 것이다.

② 스트레칭(공기 주입)

스트레칭이란 머신에서 분사되는 수증기와 우유의 표면이 마찰을 일으켜, 우유 거품이 만들어지는 과정을 의미한다. 이때 메뉴에 따른 거품의 양을 스트레칭의 시간으로 조절하여, 메뉴에 맞는 양의 거품을 만들어주는 것이 필요하다.(라테 : 3초, 카푸치노 : 5초)

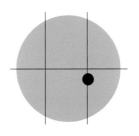

스팀노즐이 우유에 1cm 미만으로 담긴 채 스팀밸브를 작동시키면, 스트레칭이 이뤄지며, 깊이가 더 깊어지면 더 이상 스트레칭이 이뤄지지 않는다.

③ 롤링(혼합)

스트레칭을 마친 커피는 롤링(혼합)을 시작해야 한다. 롤링이란 스트레칭에서 만들어진 거품을 잘게 쪼개며, 하부의 우유와 상부의 거품을 고르게 섞어주는 역할을 하는 것인데 이 또한 매우 중요하다.

사실상 스티밍의 과정 중 롤링의 비율이 스트레칭의 2배가량을 차지하며, 이때 스티밍의 품질이 결정된다고 보아도 과언이 아니다.

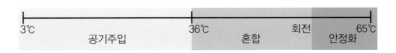

④ 스피닝

스트레칭과 롤링을 마친 피처를 돌리는 과정이다. 롤링에서도 일부의 혼합이 이뤄지지만, 완성된 스팀밀크를 회전시켜 다시 한 번 우유와 거품이 고르게 섞이도록 한다. 가운데 축을 중심으로 회전시키는 것이 포인트이며, 이에 따라 적절한 우유 거품의 분배가 이뤄진다. (스피닝과정에서는 피처를 바닥에 톡톡 쳐주어, 표면의 굵은 거품을 깨는 과정이 포함된다.)

(3) 스팀한 우유 붓기

스티밍을 마친 후 스피닝까지 마친 우유를 이제 커피에 붓는 일만이 남았다. 우리가 생각하는 것처럼 커피잔에 그려진 하트나 로제타 등의 라테아트를 하기 위해서는 바로 이 단계가 매우 중요하다. 스팀피처에 담긴 스팀밀크를 잔에 따를 때는 우유가 떨어지는 모양을 잘 관찰해야 한다. 스팀피처 끝에서 약 5cm 남짓까지는 스팀피처 끝의 주둥이 모양 때문에 우유가 살짝 회전하며 떨어지고, 그 후로는 직선으로 떨어지는 것을 관찰할 수 있다.

이는 꼬여서 떨어지는 부분에는 우유와 거품이 혼합되어 떨어지는 것이고, 직선으로 떨어지는 부분에서는 우유만 부어지는 것으로 보면 된다. 그렇기 때문에 우리가 원하는 모양과 상태를 만들기 위해서는 잔의 얼마만큼을 꼬이지 않은 줄기로 부을 것이며, 어디부터 꼬이는 줄기로 어떤 모양을 그려낼 것인지가 매우 중요하다. 우유가 들어간 메뉴의 외관평가에 있어서 흰색 거품을 크레마의 황금색이 감싸고 있는 골드링(Gold Ring)의 뚜렷하게 보이는 것이 비주얼적으로 좋은 메뉴라고 할 수 있다.

〈Key〉
① 꼬이지 않은 줄기로 자신이 부은 우유의 자국을 지운다는 느낌으로 살살 돌려가며 부어준다. 이 단계는 크레마를 안정시키는 단계이다.(잔을 기울인 상태에서 우유를 약 8부까지 붓는다.)
② 그 후 피처를 잔에 대고, 거품과 우유가 한 번에 쏟아지도록 부어준다. 이때 기울였던 잔을 함께 같은 속도로 세워주는 것의 붓기의 Key이다.

〈실전 순서〉
① 충분히 스피닝시킨다.(우유와 거품을 충분히 혼합시켜 준다.)

② 스피닝을 마친 후 최대한 빠른 시간 내에 우유에 붓는다.(붓는 시간이 늦어질수록 분리가 가속화됨)

③ 처음 부을 때는 피처의 높이를 에스프레소로부터 5cm 이상 높이를 주어 꼬이지 않는 줄기로 붓는다. 이때 에스프레소에 우유가 들어간 흰색 자국이 생기지 않게끔 살살 피처를 돌리며 크레마를 안정화시킨다. (기울인 잔의 80%가량 : 크레마와 우유의 색 조화 시 매우 중요한 과정)

④ 안정화를 마친 Esp + 우유에 거품을 올린다. 이때는 꼬여서 떨어지는 줄기가 필요하므로, 피처를 잔에 대고 피처로 잔을 밀어 세우는 느낌으로 쭉 밀어서 부어준다. (피처에서 쏟아지는 우유의 속도와 잔이 서는 속도는 가능한 비슷하게 붓는 것이 포인트. 잔 안쪽 1cm 부근에서 부어야 한다.)

⑤ 붓기를 마무리하며, 하트를 만들기 위해서는 피처를 잔 안쪽으로 끌고 들어가지 말고, 비행기가 이륙하는 것처럼 위로 상승시킨 후 얇고, 꼬이지 않은 줄기로 쭉 부어서 마무리해 준다.

⑥ 잔에 찰랑찰랑 혹은 살짝 봉긋하게 올라오는 정도의 높이로 부어준다.

⑦ 마무리할 때는 피처를 앞뒤로 움직이지 말고, 우유 붓는 부분을 위로 들어준다.

04 Bar 구성하기

(1) 효율적 Bar

Bar를 구성하는 데 있어 가장 기본이 되는 사항은 효율성의 확보이다. 그렇기 때문에 바리스타가 작업하는 데 있어서 필요한 기물들은 항상 바로 옆에 위치시키는 것이 좋다.

① 기기의 배치

기기의 배치에서는 함께 사용하는 기기를 바로 옆에 놓아 움직임을 최소화하는 것이 필요하다. 예를 들어 에스프레소 머신 옆에는 그라인더가 놓여야 하고, 요즘엔 온수기도 별다른 이동 없이 손에 닿을 만한 곳에 배치하는 것이 일반적인 사항이고, 제빙기의 경우 블렌더 및 빙삭기 등과 함께 구성하는 것이 필요하다.(여기에는 넉박스 등의 기물 배치도 마찬가지이다.)

② Bar의 높이

bar의 높이는 바리스타의 키에 비례해서 구성하는 것이 필요하다. 만약 신장(키)에 비해 bar가 너무 높게 구성되었다면, 탬핑 시 너무 많은 힘을 인위적으로 가해야 하고, bar가 너무 낮게 세팅되었다면, 지나치게 많은 힘이 저절로 가해져 양쪽 모두 관절이나 허리 등에 통증이 유발될 수 있다.

③ Rush 대비

Cafe의 피크타임은 상권에 따라 상이하겠지만, 점심시간 즈음이 될 것이다. 아침에 출근한 바리스타는 기본적인 매장의 청소와 정리정돈을 마친 후 이에 대비해야 한다. 그 방법으로는 컵이나 우유 및 커피를 미리 준비해 두고 작업대나 넉박스에 필요없는 물품이 올려져 있지 않도록 하는 것이 좋다. 또한 미리 테이크 아웃 컵에 홀더를 끼워 둔다든지 하는 등의 준비도 바람직하다. 하지만 에스프레소를 미리 추출해 잔에 담아 둔다든지, 미리 만들어둔 음료를 제공하는 일은 없어야 할 것이다.

05 머신 유지관리

(1) 반자동 에스프레소 머신 관리요령

필요한 청소도구 : 청소용 솔, 청소용 약품, 청소용 필터 바스켓, 넉박스

물 역류세척(매일 마감 시)
① 포타필터에서 필터를 제거하고 청소용 필터 바스켓을 장착한다.
② 포타필터를 그룹에 장착한다.
③ 연속추출버튼을 누른다.
④ 3초 후에 다시 연속추출버튼을 눌러 가동을 중지시킨다.
⑤ 위 방법을 약 5회 반복한다.

청소약품 역류세척(일주일에 1~2번)
① 청소용 필터 바스켓 안에 청소용 약품을 한 스푼 담는다.
② 포타필터를 그룹에 장착한다.
③ 연속추출버튼을 누른다.

④ 30초 후에 연속추출버튼을 다시 눌러 가동을 중지시킨다.

⑤ 포타필터를 그룹에서 분리해 깨끗이 헹군다.

⑥ 위 동작을 약 10회 이상 반복한다.

스크린 세척(일주일에 1~2번)

① 그룹 안에 있는 스크린 고정나사를 드라이버로 빼낸다.

② 그룹 안에 있는 스크린을 뺀다.

③ 청소용 솔을 이용하여 스크린 고정나사와 스크린을 청소한다.

④ 청소 후, 약품을 푼 뜨거운 물에 넣어 커피 찌꺼기를 제거한 후 깨끗이 헹군다.

⑤ 물 추출상태를 확인한다. (추출물은 일직선으로 앞쪽을 향해 나오니 주의)

⑥ 스크린을 그룹에 넣고 고정나사를 이용해 고정한다.

⑦ 조립이 완료되면 버튼을 눌러 물을 내려본다.

포타필터 세척(매일 마감 시)

① 일자 드라이버를 사용하여 포타필터와 필터바스켓을 분리한다.

② 포타필터에 있는 스프링을 빼낸다.

③ 포타필터 내부와 필터바스켓을 청소용 솔로 깨끗이 청소한다.

④ 약품을 녹인 뜨거운 물에 포타필터를 담가 스파웃 안쪽의 커피찌꺼기를 청소한 뒤
   깨끗이 헹군다.

⑤ 포타필터에 스프링을 끼워준다.

⑥ 포타필터에 필터바스켓을 소리가 나도록 끼운다.

스팀노즐 청소(매일)

① 피처에 뜨거운 물을 받아 스팀노즐을 약 10분간 담가 놓는다.

② 스팀노즐을 깨끗한 천으로 닦아준다.

③ 수증기를 빼준다.

(2) 그라인더 관리요령

일일청소(매일)

① 호퍼와 그라인더 본체에 있는 원두를 완전히 제거한다.

② 디스펜서 안의 분쇄된 커피를 완전히 제거한다.

③ 호퍼와 그라인더 받침대를 물로 깨끗이 세척한 후 완전히 건조시킨다.(세제 사용 금지)

주간청소(일주일에 1~2회)

① 호퍼와 그리인더 본체에 있는 원두를 완전히 제거한다.

② 디스펜서 안의 분쇄된 커피를 완전히 제거한다.

③ 그라인더 약품을 소량 분쇄시킨다.

④ 다시 원두를 분쇄시켜 약품을 완전히 제거한다.

⑤ 호퍼와 그라인더 받침대를 물로 깨끗이 세척한 후 완전히 건조시킨다.(세제 사용 금지)

월간청소(한 달에 1~2회)

① 일일청소의 ①, ②, ③과 같이 한다.

② 조정접관을 시계방향으로 돌려 그라인더 날을 분리시킨다.

③ 그라인더 본체 안의 날은 청소기를 이용하여 청소하고, 분리된 날과 조정접관은 물 세척 후 완전히 건조시킨다.

④ 디스펜서 안의 도저를 고정시키고 분리한다.

⑤ 디스펜서 안은 청소기로 커피가루를 제거하고 조정접관과 도저, 스프링은 물 세척 후 완전히 건조시킨다.

⑥ 도저, 스프링은 역순으로 조립한다.

06 위생

해마다 여름철이 되면 단골처럼 뉴스에 등장하는 카페와 관련된 이야기는 단연 '위생'이다. 제빙기의 세균이 어떻고, 빙수의 세균이 어떻고… 카페는 식음료를 제조하는 공간이기 때문에 당연히 위생에 심혈을 기울여야 할 것인데, 이를 간과하면 돌이킬 수 없는 결과가 나올 수 있으므로 주의해야 한다.

① 개인위생

바리스타는 항상 청결한 개인위생을 유지해야 한다. 특히 커피나 기타 식재료를 만지는 손을 늘상 깨끗이 하여 손으로 인한 교차오염이 발생하지 않도록 하는 것이 필요하다. 또한 머리는 항상 단정하게(머리카락이 제조에 영향을 미치지 않도록), 손톱에 네일아트는 금물, 향이 너무 강한 로션이나 크림 등은 사용하지 않는 것이 중요하다. 이는 단순히 개인의 위생이지만, 매장 전체의 이미지와 직결될 수 있으므로 항상 신경을 써야 한다.

② 교차오염

교차오염이란 1차의 오염물로 인해 2번째, 3번째의 오염이 발생되는 경우를 뜻한다. 가장 대표적으로 행주의 교차사용을 예로 들 수 있다. 스팀을 닦는 행주와 바닥을 닦는 행주는 분명히 구분해서 사용해야 함에도 불구하고, 바닥 행주로 스팀완드를 닦는 등의 잘못된 행동을 하지 않도록 절대적으로 주의해야 한다.

참고문헌

- 국내 베이커리 시장 동향과 소비트랜드 변화 연구, 김태환
- 물질안전보건자료(物質安全保健資料), Material Safety Data
- 베이커리 경영, 비앤씨월드
- 베이커리 파티시에 카페창업 경영론, 신광출판사
- 소상공인시장진흥공단, 2018년 10월 1일
- 안전수칙 매뉴얼, 한국이콜랩㈜
- 에센스 제과제빵, 지구문화사
- 창업을 준비하기 전 체크포인트, 악마수호
- 커피의 기원과 역사, 피터세상
- 커피플렉스, 백산출판사
- 토탈베이커리시스템(www.tostembakery.com)
- 프랜차이즈 베이커리 창업 준비 방법, 창업나라

【저자소개】

신태화

백석예술대학교 외식학부 교수
경기대학교 관광학 박사
대한민국 제과기능장
사)외식경영학회 부회장
2014년 전국자원봉사대상 국무총리 표창
제과명장, 제과기능장 심사위원
JW Marriott Hotel Executive Pastry Chef
Seoul Palace Hotel Pastry Chef
Seoul International Bakery Fair 심사위원
U.S.C Cheese Bakery Contest 심사위원
ACADECO 심사위원
NCS 제과제빵 개발위원
KBS 무엇이든 물어보세요, MBC, EBS 등 다수 출연
프랑스 Vairhona Chocolate 학교 단기연수
독일 CSM 단기연수
일본 동경제과학교 단기연수
일본 과자전문학교 단기연수

저서
제과제빵 이론 및 실무, 제과제빵 기능사 실기, 홈메이드 베이킹, 달콤한 디저트
세계 외 다수

저자와의
합의하에
인지첩부
생략

베이커리카페 창업경영론

2020년 3월 25일 초 판 1쇄 발행
2023년 7월 30일 개정판 2쇄 발행

지은이 신태화
펴낸이 진욱상
펴낸곳 (주)백산출판사
교 정 성인숙
본문디자인 신화정
표지디자인 오정은

등 록 2017년 5월 29일 제406-2017-000058호
주 소 경기도 파주시 회동길 370(백산빌딩 3층)
전 화 02-914-1621(代)
팩 스 031-955-9911
이메일 edit@ibaeksan.kr
홈페이지 www.ibaeksan.kr

ISBN 979-11-6567-541-7 93320
값 22,000원